SVITTE
DES MEMOIRES
DE MICHEL
DE
MAROLLES,
ABBE' DE VILLE-LOIN.

CONTENANT DOVZE TRAITEZ
*sur diuers Suiets Curieux, dont les Noms sont
imprimez dans la page suiuante.*

A PARIS,
Chez ANTOINE DE SOMMAVILLE, au
Palais, sur le deuxiesme Perron, allant à la Sainte-
Chapelle, à l'Escu de France.

M. DC. LVII.
AVEC PRIVILEGE DV ROY.

Premier Discours. Qu'il est iniuste d'appeller Paris & les François Barbares, & que les François ne sont point plus legers que les autres peuples de l'Europe. 5.

Second Discours. De l'amour que chacun doit porter à sa Patrie. 41.

Discours Sceptique de Monsieur SS. sous le nom d'Alethophile à Philotime, pour monstrer que Paris & les François ne sont pas exempts de toute sorte de Barbarie. 53.

Second Discours Sceptique du mesme, à Ariste, en faueur des Bestes & du Gouuernement Despotique. 80.

Troisiesme Discours. De l'excellence de l'homme par dessus le reste des Animaux, contre les sentiments d'Alethophile. 89.

Quatriesme Discours. Pour monstrer que le Gouuernement Monarchique Royal est preferable au Gouuernement Despotique. 101.

Troisiesme Discours Sceptique d'Alethophile, de la fausse prudence du Siecle. 113.

Cinquiesme Discours, Seruant de reponse à celuy d'Alethophile touchant la fausse prudence du siecle, qui est reiettée comme tres-pernicieuse à l'Estat, à la bonne Conscience, & à la Société ciuile. 131.

Sixiesme Discours. De l'honneste Homme & de l'Homme de bien. 144.

Septiesme Discours. De la Vertu. 149.

Huictiesme Discours. Pour monstrer que l'on ne peut estre veritablement eloquent ny bon Politique, sans estre l'Homme de bien. 157.

Neufuiesme Discours. Du Balet. 167.

Dixiesme Discours. De la Version de quelques lieux dificiles des Poëtes. 196.

Onziesme Discours. Contenant diuers Eloges de plusieurs personnes illustres. 217.

Douziesme Discours. De l'excellence de Paris entre toutes les Villes de l'Europe. 254.

Illustrissimi Viri L. H. Haberti Monmorij libellorum
Supplicum Magistri, EPIGRAMMA in Effigiem
MICHAELIS DE MAROLLES Abbatis de Villeloin.

Nobilitas, Virtus, Pietas, Doctrina MAROLLI
Debuerant Sacra cingere fronde comam.
Nanteüil ad vivum faciebat 1655

SVITTE DES MEMOIRES DE MICHEL DE MAROLLES, ABBE' DE VILLE-LOIN,

QVATRIESME PARTIE.

A MONSIEVR DE MON-MOR
Conseiller du Roy en ses Conseils, & Maistre
des Requestes.

ONSIEVR,

M'estant insensiblement engagé à continuer les Entretiens que i'ay donnez au Public dans la seconde Partie de mes Memoires, que vous auez honorez d'vn ac-

A ij

cueil fauorable, ie quitte fans peine des labeurs plus dificiles, où ie pouuois neantmoins me promettre quelque forte de fuccez, par l'habitude que ie m'y fuis acquife apres vne longue eftude, dans vn grand loifir. Mais fans vous ennuier d'vn compliment fuperflus, dont l'on embellit fouuent les Prefaces & les Epiftres liminaires, permettez moy, Monfieur, que i'examine dés l'entrée de mon Liure, fi c'eft vne action bien glorieufe de blafmer fon propre Païs: Et fi des François qui fe font acquis beaucoup de reputation dans les Lettres, & qui ont demeuré quelque temps chez nos Voifins, dont les mœurs & les coûtumes ne leur ont pas depleu, font fort equitables, ou pluftoft s'ils difent la verité, quand ils appellent la France Barbare, ou qu'ils preferent toutes les Nations de l'Europe à la Françoife, fi peut-eftre ils nous font la grace d'en excepter celles qui ont fuccedé au Getes, aux Sarmates, & aux Scythes des Anciens.

 Vn Sçauant homme entre plufieurs que i'ay connus, m'en a fourni le fuiet depuis peu dans vne Lettre où il parle de moy à Philotime (c'eft à dire à Monfieur de Martel perfonage de beaucoup de merite) laquelle ie raporteray à la fin de mes deux premiers Difcours qui concernent cette matiere. Vous connoiftrez bien par là, Monfieur, que i'entreprens la defenfe d'vne bonne caufe contre vn Aduerfaire eloquent, qui nous impoferoit prefque vne obligation de croire qu'il parle felon fes fentiments, par le choix qu'il a fait du nom d'*Alethophile* qu'il fe donne, fi nous ne fçauions d'ailleurs, qu'il eft trop éclairé pour l'auoir fait autrement que par maniere de recreatió; bien que ie fouhaitterois qu'on ne mift iamais en jeu les Queftions ferieufes que pour les agiter ferieufement, & felon les perfuafions de fon cœur. Ce qui me pourra encore fournir la matiere d'vn autre Traité que me fuggere vn Theologien de grand merite, qui témoigne auoir tant de paffion pour les importantes Veritez, par les recherches qu'il en fait inceffamment, auec vn efprit parfaitement éclairé & vn foin tres-laborieux.

PREMIER

PREMIER DISCOVRS.

S'il faut adiouster foy aux raisons de ceux qui appellent Paris & les François Barbares.

C'ESTOIT enuiron la fin du mois de Septembre de l'année 1656. que les grandes chaleurs de l'Esté estant passées, nous iouïssions dans Paris de toutes les douceurs du repos & de la belle saison. Il n'y auoit que dix iours que la Reine Christine de Suede, qui nous a laissé tant d'admiration de son esprit & de ses rares qualitez, après auoir tesmoigné l'estime qu'elle faisoit de la France, & de l'accueil qu'elle auoit receu dans la Capitale du Royaume, estoit allée à Compiegne, où la Cour l'attendoit auec beaucoup d'impatience, quand nous entretenant de cette admirable Princesse dans vne compagnie de gens doctes où furent leus quelques vers composez en sa loüange par les plus beaux Esprits du temps, & entre autres vn Sonnet de Monsieur l'Abbé le Camus, qui fut estimé digne de la reputation de son Autheur, nous vinsmes à parler du bon-heur & de la gloire des Nations, lors qu'elles se trouuent honorées de personnes d'vn tel merite. Là-dessus venant aussi à considerer les auantages de la France par les grandes esperances que donne la ieunesse du Roy, qui ioint la valeur, la sagesse, & la pieté à la beauté de sa personne, ie ne sçay comme, sans y penser, nous estant engagez à parler de l'humeur des Nations, Monsieur de S.S. qui a voyagé en diuers païs, & qui sçait mille belles choses, entreprit de blasmer les François, & voulut bien mesme donner le nom de barbare à la ville de Paris. Ie croy que c'estoit de gayeté de cœur; & cela fut ainsi iugé par toute la compa-

Le 25. de Septemb.

gnie : mais comme il nous parut vn peu fort dans les raisons qu'il alleguoit, pour maintenir son opinion, ie luy dis que tous les païs auoient leurs biens & leurs maux; & qu'à le bien prendre, ils estoient tous bons, & tous mauuais, parce qu'il n'y en a pas vn seul où il n'y ait de fort bonnes choses, ny pas vn seul aussi qui se puisse glorifier d'estre exempt de malice & de corruption : Mais qu'entre toutes les Nations de l'Europe, la nostre auoit ce mal-heur auec toute son abondance, & toute la ciuilité de ses peuples, d'auoir éleué plusieurs personnes fort sinceres & pleines de grande opinion d'elles mesmes, qui ne faisoient point de scrupule de dechirer sa reputation, & de se deshonorer par leurs propres tesmoignages. Que neantmoins la France en auoit vn bien plus grand nombre d'autres parfaitement éclairez, qui n'estoient pas de leur auis : mais que quand cela ne seroit pas, il y auoit lieu de croire par la suffisance de ceux qui disoient si franchement leur pensée sur ce sujet, que la France estoit trop heureuse de leur auoir donné le jour, & que par la mesme raison, il falloit donner des loüanges à ce que l'on auoit iugé si digne de Blasme; puis qu'il faut estre mesme indulgent à vne grande multitude, pour le merite extraordinaire de peu de personnes, & s'abstenir d'appeller folle vne Nation qui se peut vanter d'auoir tant de Sages. Si autresfois dans quelques villes de l'Idumée, il y eust eu dix hommes de bien, auec la famille d'vn seul Citoyen, l'Ange exterminateur ne leur eust pas imputé le crime dont elles furent chastiées auec le souffre & le feu, & peut-estre qu'elles eussent esté iustifiées ; & vn nombre considerable d'honnestes gens, ne sera pas capable de purger la France d'vne accusation si outrageuse!

On repliqua bien là-dessus, que puis que tant de personnes habiles se trouuoient dans le mesme sentiment, il y auoit lieu de se persuader qu'on en pouuoit tirer vne consequence toute contraire. Mais l'on dit que ces personnes éclairées en beaucoup d'autres choses, ne l'estoient possible guere en cela, ou que du moins elles auoient peu de soin de leur propre reputation, & s'exemptoient mal-heureusement du blasme qu'elles attribuoient à toute la Nation; puis qu'en voulant signaler leur prudence & leur capacité singuliere, deuant des gens qu'elles ne pouuoient estimer, n'estant pas de leur sentiment, elles s'exposoient elles mesmes auec tout le reste, à la raillerie de toute la terre, quoy que nos voisins & nos propres Ennemis n'eussent peut-estre pas si mauuaise opinion de nous par la prosperité de nos affaires, & par la longue durée de cet Empire florissant.

 Voyons donc sur quoy nos cruels Amis fondent en cela leur raisonnement, qui estant debité auec l'eloquence, qui ne leur manque pas, seroit capable d'étouffer dans les esprits foibles les tendresses de cet excellent amour que chacun de nous doit auoir pour sa chere Patrie; puis qu'ils s'efforcent de leur en oster l'estime. A les ouïr parler, on s'imagineroit que les Disciplines n'ont point d'accez en ce Royaume, & qu'il n'y a point de Magistrats (ie le laisse à penser)ny de Puissances capables d'y faire obseruer les iustes loix contre le desordre & la confusion. Cependant, où est-ce que les Sciences & les Arts florissent dauantage que dans nos grandes villes, & sur tout dans Paris? Et l'authorité absoluë est-elle plus inuiolable chez nos illustres voisins, que chez nous? *Si est-ce*, nous dit-on, *qu'il faut renouueller fort souuent les mesmes Edicts, pour reprimer la licence du peuple, & si l'on en vient encore rarement à bout.* Il est vray qu'on a fait plusieurs Edicts; mais ce n'a pas tousiours esté pour reprimer l'insolence: & il s'en est fait de diuerses especes, les vns pour vn temps & dans des occasions singulieres, quelques autres pour imposer sur les peuples des charges vn peu pesantes, quoy que ce soit pour son bien; puis que c'est pour la necessité des affaires, ou pour des interests d'Eftat, ou des caufes politiques qu'il n'appartient pas à tout le monde d'examiner : plufieurs pour abolir de mauuaifes coûtumes, ou pour en établir de bonnes: & quoy que tous foient dignes de refpect, eftant emanez de la puiffance venerable de la Royauté, fi eft-ce que tous ne font pas cheris egalement, ny obferués de la mefme forte, pour n'eftre pas authorifez ny maintenus par des vigilances pareilles. Mais les Edicts qui ne tendent qu'à l'eftabliffement de quelque formule de droit ou de iuftice, ou de reglement pour les vfages, ne font-ils pas auffi religieufement obferuez que les anciennes coûtumes de chaque Prouince?

On nous dit, *que les Italiens, par exemple, font beaucoup plus graues que nous dans toutes les ceremonies, & qu'ils y gardent bien mieux les loix de la bien-feance, fans qu'il s'y paffe les moindres defordres.* Ils ont peut-eftre plus de loifir que nous d'y penfer, & ils en font vne partie de leur effentiel : mais pour en parler fainement, cela depend de la vigilance & des foins de ceux qui commandent, comme nous l'auons veu fouuent pratiquer du temps du feu Roy, fous la puiffance de M. le C. de R. qui auoit fi bien trouué l'art de fe faire obeïr. Sans cela, les foules du peuple, qui à la verité ne font pas tousjours fort difcrettes, peuuent bien faire le defordre en France, comme en tout autre païs, où l'on luy donne toute forte de licence. Mais quoy qu'il en foit, dans les grandes villes comme Paris où le peuple eft fi nombreux, l'ordre en certaines chofes s'y met plus malaifément qu'ailleurs, & depend feulement des Officiers eftablis auec les marques de l'authorité fouueraine pour les faire obferuer; De forte que s'il y a quelque chofe à defirer en cela, on n'en doit point tant attribuer le blafme au naturel de la Nation, qu'au peu de foucy qu'en prennent les Seigneurs, qui d'ailleurs voudroient contenter tout le monde, & ne defobliger perfonne : ce qui eft beaucoup moins vne marque de Barbarie, que de quelque forte de ciuilité, quoy qu'elle

ne

ne soit pas tousiours la plus commode du monde.

Au reste, pour toutes ces Processions, Caluacates, & Entrées de ville qui se font à Rome, & dans les autres villes d'Italie & d'Espagne auec tant d'ordre, que le peuple ne s'empesche point dans les ruës pour les voir, & pour les admirer tout ensemble, nous n'auons pas grand sujet de leur en porter enuie, non plus qu'aux ceremonies des Festins & des Diettes d'Allemagne, parce que, pour en parler sainement, tout cela n'en vaut pas la peine, n'estant que des amusements & des spectacles inutiles : outre que l'on en fera bien autant parmi nous, toutes les fois qu'on le iugera à propos, comme nous auons appris de l'histoire, qu'il se fit aux nopces de Monsieur de Ioyeuse sous Henry troisiéme, au Couronnement de la Reine Marie de Medicis sous Henry quatriesme, & au Carousel de la place-Royale en l'année 1612. sous le feu Roy, sans parler de la ceremonie des Cheualiers du S. Esprit que ie vis à Fonteine-bleau, le iour de la Pentecoste de l'année 1633. où toutes choses furent si bien reglées, qu'il n'y eut rien à desirer & qu'il ne s'est rien veu de plus ajusté. Mais quand cela n'auroit point esté si bien qu'il le fut, pour montrer qu'il se pourra tousiours, si l'on s'en veut donner la peine, & quand le peuple se presseroit encore auec plus d'indiscretion qu'il ne fait pas pour voir quelque nouueauté, à quoy la curiosité porte assez tous les hommes ; quel si grand sujet y a-t'il en cela d'insulter sur son naturel, pour vne chose legere & si passagere où il employe peu de temps, au lieu que les autres y en perdent beaucoup, faisant leur capital de choses inutiles dont il ne demeure que des fantosmes ridicules dans l'esprit?

Curiositas abesto nimia, & sancta est ignorantia.

Si les François, dit-on, *auoient la preuoyance & le iugement de nos voisins, leurs villes seroient-elles vilaines, comme elles sont ? Leurs maisons ne seroient-elles pas mieux aiustées ? Elles auroient de belles auenuës, & leurs meubles seroient propres, s'ils ne pouuoient estre somptueux.* On adioutoit à cela pour montrer nostre barbarie, *que les desseins de nos grands bastiments demeuroient tousiours imparfaits, sans excepter celuy du Louure*, quoy que d'ailleurs on ne puisse nier qu'il ne soit merueilleux, sans oublier *le peu de soin qu'on a comme en Italie des riches ameublements, des peintures, des statuës, des iardinages, des bassins de fontaines, des bocages & des canaux.* Considerant d'ailleurs la ruine de nos grands-chemins, *la depence excessiue que l'on fait dans les hostelleries en voyageant, la pauureté des villages, la desolation de toute la campagne, & la patience nompareille des pauures Païsants qui gemissent depuis si long-temps.* Comme si c'estoit vne barbarie, d'obeïr & de souffrir pour la crainte des loix & pour les respects qui sont deubs à la Souueraine authorité.

Certes voilà bien des choses, dont s'il est permis à quelqu'vn des Nostres d'aigrir nostre douleur par des reproches amers, qui nous font monter la rougeur sur le front, il ne nous sera peut estre pas defendu de nous conseruer, si nous pouuons, la bonne renommée, qui est le bien le plus precieux qui nous reste. On veut dire d'abord que nos villes n'ont pas les graces ny la beauté de la ieunesse, comme plusieurs villes d'Allemagne & des Païs-bas : & ie voy bien qu'on veut parler des bouës de Paris, des vieilles murailles, & de quelques portes assez laides de cette grande ville, de ses ruës mal pauées, de ses gués, & de ses ports mal entretenus Mais quand tout cela seroit de la sorte qu'on le dit, que demande t'on de ses Citoyens pour en reparer les défauts? N'y contribuent-ils rien autre chose que leurs souhaits ? Et puis ces sortes d'incommoditez se peuuent-elles tousiours éuiter dans vn grand peuple? Rome n'en estoit pas exempte, quand elle estoit dans son plus grand lustre.

C'est auec la mesme iustice qu'on nous fait des comparaisons des superbes entrées des Palais d'Italie auec celle du Chasteau du Louure, qui n'est que dans le pinacle d'vn jeu de paulme. Nos Roys qui occupent cette demeure, ne se sont pas encore donné le loisir d'en acheuer les bastiments qui sont si bien commencez. Mais quelques imparfaits qu'ils soient, ne sont-ils pas d'vne structure merueilleuse? Et si l'edifice en estoit accompli, y en eut-il iamais vn plus grand & vn mieux entendu? Il le sera peut-estre quelque iour: & si les choses continuent dans Paris de l'air que nous les auons veu auancer depuis quarante-cinq-ans, il y a grande apparence que dans vn siecle d'icy, Paris sera la plus belle chose du monde. Cependant que peut-on trouuer à redire à la magnificence des sales & de toutes les chambres du Palais où l'on rend la iustice? Celuy d'Orleans n'a-t-il rien d'auguste? & tout le luxe de l'Italie n'a-t-il pas esté porté dans ceux qui ont esté honorez du seiour & des soins de deux Cardinaux Ministres l'vn apres l'autre, sans parler de plus de cinq cents maisons admirables de Particuliers, ou hostels de Princes semez en diuers endroits de cette opulente ville? De sorte que si l'on veut iustifier la politesse d'vne Nation par ce moyen-là, il y en aura peu d'autres qui le puissent emporter au dessus de la France, dont la Campagne ne se trouue pas moins ornée que les villes. Et de fait sans sortir les enuirons de Paris, on y peut nommer à dix lieuës à la ronde dix mille villes ou chasteaux, ce qui seroit pres-qu'incroyable, si des Etrangers mesmes qui en ont fait la recherche, ne l'auoient exactement obserué, auoüant franchement qu'ils n'ont rien veu de semblable dans tous les païs où ils ont voyagé. *Leandro.*

Il me semble que si i'auois entrepris de faire la description de quelques-vns des principaux Hostels de Paris, outre les maisons Royales qui sont si amples & si magnifiques, on n'en conceuroit pas vne moindre idée, que de tout ce qu'on a conté de rare & de merueilleux des païs éloignez. N'est-ce pas vne chose étonnante, que dans vn seul village autour de Paris, l'on puisse compter plus de vingt maisons ou iardins considerables, qui seroient ailleurs de grands Palais: & que d'vne seule montagnette, ie veux dire du seul mont-Valerien, l'on decouure de la veuë en se tournant de tous les costez, iusques à cent trente-deux Villes ou Clochers, à compter l'admirable Paris pour vn seul? Quelles sont les fontaines de S. Clou, de Ruel, de Rongis, d'Essune, de Fontaine-bleau, & de Liancour? Quels parcs sont plus amples & plus diuersifiez que ceux de Bologne, de Vincennes, de S. Germain en Laye, & de Grosbois? Quelles terraces sont de plus grande depence que celles de Chilli, de Maisons, de S. Mandé, & de Meudon? D'où decouure-t'on de plus riches païsages que de Dammartin, de S. Germain, de Mont-Moranci, de Mont-le-Heri? Où est-ce que les plants d'arbres, & les vignobles sont mieux cultiuez pour porter des fruicts en abondance? Il ne faut donc pas que l'on die qu'il y a des choses qui nous manquent de ce costé-là, puisque l'industrie n'y contribuë pas moins que la Nature du Climat, qui est sans mentir l'vn des plus doux & des plus heureux qui soit sur la terre; sans que pour cela, nous soyons d'auis d'en tirer aucun auantage pour insulter aux autres Prouinces, ny au reste des Nations, qui ont toutes leurs beautez & leurs perfections: car pour en dire la verité, la Nature a ses agréements & ses commoditez en tous lieux: & chaque païs est content de ses coûtumes & de ses façons d'agir, *Naturam minus veremur, quam ipsam consuetudinem.*

Quant aux meubles somptueux, nous pouuons dire que ceux qui sont deuenus riches en France en fort peu de temps par l'incommodité de tout le reste, à cause des miseres que la guerre porte en tant de lieux, n'ont en cela que trop imité nos voisins, qui ont pris le luxe des siecles & des Nations Barbares.

Barbarico postes auro, spoliisque superbi
  Procubuére.

Car, quoy qu'il en soit, cet or est appellé corrupteur.

Corruptore auro fluxit adulterium.

Et les Anciens qui n'auoient pas le sens mauuais, en detestant l'auarice, donnoient aux Richesses le nom de Barbares.

Barbaricæ ingeniis anteferantur opes.

De là vient qu'vn Payen qui se plaignoit sous l'Empire de Domitien, des maux que l'Abondance auoit apportez de son temps, disoit que l'argent tousiours accompagné de l'insolence, auoit ietté parmy les bons Citoyens les mœurs des Estrangers, & que les molles richesses auoient corrompu le siecle par vn infame luxe.

Prima peregrinos obscæna pecunia mores
Intulit, & turpi fregerunt sæcula luxu
Diuitiæ molles.

Iuuenalis Sat. 6.

Et descriuant ailleurs l'origine du debordement des vices. Autresfois, dit-il, vne petite fortune maintenoit la chasteté des femmes Romaines : & le trauail, les veilles, l'exercice continuel aux ouurages de laine de Toscane, les mains endurcies à la peine, Annibal aux portes de la ville, & les Maris en garde sur la porte Colline, ne permettoient point que les vices approchassent des petits toicts. Maintenant nous souffrons les maux d'vne longue paix. Le luxe *plus dangereux & plus* cruel que les armes nous surmonte à son tour, & vange l'Vniuers que nous auons assuieti.

Nunc patimur longæ pacis mala, sæuior armis
Luxuria incubuit, victumque vlciscitur orbem.

Il adiouste en suitte; nul crime ne s'est absenté de nous, il n'y a point de mauuaise action causée par les impudicitez, qui nous ait abandonnés. Dés le moment qu'a peri la pauureté Romaine, les vices des Sybarites, accompagnez du luxe de Rhodes, de Milet & de Tarente, ont passé iusques sur nos montagnes.

Nullum crimen abest, facinusque libidinis, ex quo
Paupertas Romana perit.

Il ne faut donc pas conclure des meubles somptueux,

ny des statuës de marbre ou de porphire, ny de ce luxe fameux dont les Riches peuuent seulement ioüir, que les Nations qui s'y appliquent dauantage, soient plus polies ou plus ciuiles que celles qui s'en soucient le moins, ou bien il faudroit condamner toute la modestie des Philosophes qui se pouuoient si aisement passer de tant de choses superfluës : Et la vertu de ces illustres Romains, qui du char de triomphe s'en retournoient à la charruë, auroit bien perdu son credit, si son austerité meritoit le nom de Barbare. Les Anciens à ce conte-là eussent deu preferer le siecle de Neron à celuy de Saturne: & la constance des Martyrs durant les persecutions les auroit rendus ridicules, au lieu de leur auoir mis des palmes glorieuses entre les mains.

Pour les Peintures, les Statuës, & les nobles Architectures, quoy que l'art de les mettre au point qu'elles sont auiourd'huy parmy nous, ne soit pas originaire de la France, si est-ce qu'il y regne de longue main: & les Italiens mesmes dont l'on celebre si fort l'industrie à cet egard, l'ont tiré des Grecs & des autres Nations qu'ils appelloient barbares, ce que Varron, Pline & Vitruue iustifient en diuers endroits de leurs liures, & Virgile ne s'en taît pas dans son 6. liure de l'Eneide, où il fait ainsi parler Anchise à son fils Enée, l'instruisant dans les Champs-Elysiens des Auantures de sa posterité. Il y en aura plusieurs, dit-il, qui sçauront animer leurs ourages sur le cuiure auec tant de politesse qu'ils sembleront respirer. Ie me persuade encore qu'ils sçauront tirer sur les marbres des visages viuants. D'autres plaideront des causes deuant les Tribunaux des Iuges auec vne eloquence merueilleuse : ils descriront le cours du Ciel, & representeront les mouuements des Astres qui se leuent sur l'horison. Mais toy, Romain, & qu'il t'en souuienne, tu regiras les peuples sous ton Empire, ton métier sera de prescrire des loix durant la paix, d'espargner les Sujets, & de domter les Superbes.

Excudent alij spirantia mollius æra,
Credo equidem, viuos ducent de marmore vultus:
Orabunt causas melius: cœlique meatus
Describent radio, & surgentia sydera dicent.
Tu regere imperio populos, Romane, memento. &c.

Tout cela pour montrer que les Romains vertueux ne cherchoient pas de ce costé-là leurs auantages au dessus des Barbares. Ce n'est pas en effet que ie blasme aucune de ces belles connoissances, ie les tiens mesmes dignes de loüanges, & les François les cultiuent depuis fort long-temps auec beaucoup de soin : mais ie veux montrer par là, que si nous en auons tiré quelques-vnes des Étrangers, & si l'on veut, des Romains, qui étendirent autrefois leur Empire dans les Gaules, ceux dont l'on nous fait en cela des comparaisons odieuses, les ont prises egalement d'ailleurs comme nous : & nos Academies si florissantes, depuis la ruine de cet orgueilleux Empire, auec tous les beaux arts que nos peres ont portez à vn si haut point, montrent bien que nous ne deuons pas estre si lasches que d'auoüer qu'ils soient nos Maistres, ou que nous leur sommes inferieurs, nous qui à nostre tour auons tenu l'Empire du Monde, & qui auons esté si recommandables pour la discipline militaire & pour la gloire des lettres.

Mais apres cela vn François qui veut appeler la France *barbare*, & qui la nomme *sa chere Patrie* en mesme temps, adioutant, *que la ruine de nos grands chemins luy aprend assez aussi bien que nos ruës d'Enfer, de Vallée de misere, des Mauuais garçons, & des Mauuaises paroles, dont on n'a pû empescher de se plaindre & d'exprimer les peines qu'on y endure, que nous aimons le desordre & la confusion*, nous fait vn reproche bien iniuste : Car, par exemple, que veut-il que le peuple fasse au paué qui se ruine tous les iours dans le grand-chemin depuis Orleans iusques à Paris, que d'y contribuer, comme il fait, par les taxes qui se leuent pour ses reparations, & que les temps de guerre

<small>Lettre d'Aletophile à Philotime.</small>

empefchent que l'on n'ait pas les commoditez de les y employer?

Quant aux noms des ruës que l'on allegue, ie n'en fçay pas la raifon, & ceux qui s'eftudient à la recherche de nos Antiquitez, auroient bien de la peine à nous l'apprendre : mais c'eſt auoir beaucoup de fiel que d'en tirer des confequences fi ameres, pour ne rien obmettre de tout ce que l'on s'eſt pu imaginer d'iniurieux à la reputation de l'humeur & de la politique des François, fans y oublier les arbres que Monfieur de Sully pendant fon Intendance des finances fit planter le long de quelques grands-chemins, où les arbres expofez aux paffants ne durerent pas long temps, parce qu'ils n'eurent pas le loifir de croiſtre, comme à la verité les chofes de cette nature-là eſtant vn peu negligées parmy vn grand peuple, font en danger de ne profiter gueres bien, & fur tout quand l'Entrepreneur du deffein n'a pas trouué l'art de fe faire aimer du peuple, ou que la neceſſité de fes emplois y apporte de l'empefchement. Mais quoy qu'il en foit, bien qu'il n'y ait pas lieu de fe promettre beaucoup de difcretion de noſtre petit peuple, fi eſt-ce qu'auec toute cette licence effrenée qu'on luy attribuë, nous auons en diuerfes Prouinces force chemins couuerts d'arbres bien plantez, & des palliffades naturelles, comme le long des leuées de la riuiere de Loire : & tant de belles & longues auenuës fur les plus grandes routes du Royaume, qui en font fi agreablement ombragées autour d'vne infinité de Chaſteaux & de maifons de plaifance, ne font-elles pas affez connoiſtre que les inclinations de nos Villageois ne font pas fi defefperées qu'on nous les a voulu figurer? D'ailleurs la Normandie, la Bourgongne, le Languedoc, la Prouence, la Touraine, le Poiċtou, & l'Iſle de France, fe plaignent-elles qu'on leur arrache leurs Pommiers, leurs Vignes, leurs Oliuiers, leurs Orangers, leurs Noyers, leurs Pruniers & leurs Cerifiers, qui font plantez par

allées

allées au milieu des champs? N'auons-nous pas aux portes de Paris des campagnes entieres de choux & d'herbes potageres, d'où l'on recueille les denrées qui se portent au marché? Ces melons & ces fruicts qu'on fait semblant de souhaitter pour les passants, ne sont-ils pas en plusieurs endroits du Royaume sur le bord des grands chemins?

Que veut-on dauantage? on ne se plaint pas seulement de ces beaux arbres de Monsieur de Suilly, qu'on a couppez, on trouue que la depence qui se fait dans les hostelleries, est excessiue. Certes elle l'est à present, & ne l'estoit pas du temps de Monsieur de Suilly, sous le regne du Roy Henry IV. ny bien long-temps depuis. Mais à qui en doit-on attribuer la cause? Pourquoy s'en prend-on à l'humeur auare de la Nation, & non pas à la necessité publique, qui encherit toutes choses, & qui reduit le peuple de la campagne dans vne grande pauureté? N'y a-t-il point de Maltostiers en France? Cependant ceux qui ne sont pas encore bien vieux, & qui ont voyagé, sçauent que les meilleures hostelleries du monde se trouuoient sur nos grands chemins, & que la propreté admirable de celles de Hollande, ny les peintures par dehors de celles d'Italie, n'estoient pas capables de leur oster cette reputation.

Apres qu'on s'est efforcé de montrer par diuers moyens, *qu'on ne recherche point en France l'vtilité publique, & que tout ce que l'on y voit de grand & de beau, s'y trouue par hazard*, on s'apperçoit mesmes, *que dans les ruës de Paris, & dans les places de cette grande Ville, il n'y a point de Symmetrie, en quoy elle est non seulement fort diferente de l'ancienne Rome, dont la moderne retient tant de graces, de sagesse, & de Maiesté; mais encore de ces villes de Hollande, où toutes les proportions sont si bien gardées.* Cependant sans parler de plusieurs villes de ce grand Royaume, qui bien que fort anciennes, & fort populeuses, sont pourtant fort belles, & dans des situations agreables & auantageuses, toutes les ruës de Paris sont-elles si vilaines que l'on dit? N'y en a-t-il point de droites sur vne grande longueur, ny d'ornées de bastiments somptueux? Les Places Royale & Daufine sont-elles irregulieres? & les edifices n'en sont-ils pas construits d'vne mesme Symmetrie, aussi-bien que ceux des Ponts nostre-Dame, S. Michel, du Palais, & de quelques autres lieux? Ce n'est pourtant pas à mon auis qu'vne proportion si reguliere fasse tousiours vn si bel effet à la veuë. Les diuerses Architectures plaisent souuent dauantage, & marquent ie ne sçay quoy de plus riant & de plus nombreux, dont ie ne voudrois point d'autre exemple que les nouueaux Palais qu'on a bastis dans les quartiers de Richelieu & des Marets du Temple.

Mais quoy qu'il en soit, cette grande Rome dont l'on parle, auoit-elle toutes ses proportions si merueilleuses dans ses quatorze Regions, où l'on contoit vn si grand nombre d'Isles? (c'est ainsi que les Anciens appelloient les maisons entourées de ruës, & presque chaque maison faisoit vne de ces Isles) Il ne faut que lire tant soit peu les Autheurs qui en ont escrit l'histoire, & l'on verra qu'Auguste qui la trouua de bouë, c'est à dire fort mal bastie auec de mechants materiaux, la laissa toute de Marbre pour en auoir encrusté quelques vns en diuers endroits : que neantmoins Neron qui vint depuis, ne la trouua point si admirable qu'il n'y mist le feu pour la rendre plus belle, ou pour la faire deuenir vne seule maison, selon la pensée d'vn Ancien, tant il y en auoit dessiné vne grande & ridiculement spacieuse pour son seul logement,

Vnaque iam tota stabat in vrbe domus.

Et qu'en suitte Domitien eut de la peine à la souffrir, tant elle estoit incommode & de mauuaise grace. Ce qui fit escrire à vn fort bel esprit de son temps. Y a-t-il

Iuuenal. Sat 3.

„ dans Rome quelque logis de loüage qui puisse admet-
„ tre le sommeil? Certes on ne sçauroit dormir à Rome,
„ sans auoir de grandes incommoditez, d'où beaucoup
„ de maladies prennent leur origine : & le passage difi-

cile des charrettes dans les détours des ruës étroittes „
auec le bruit iniurieux des Chartiers, en frappant sur „
leurs bestes, seroient capables d'oster le sommeil à „
Drusus & à des veaux marins. „

 ----*Nam quæ meritoria somnum*
 Admittunt ? Magnis opibus dormitur in vrbe,
 Inde caput morbi. Rhedarum transitus arcto
 Vicorum inflexu, & stantis conuicia Mandræ
 Eripiunt somnum Druso, vitulisque marinis.

Et en suitte : Si, dit-il, vn homme riche est inuité à
quelque solemnité, il y est porté parmy la foule qui „
s'écarte pour luy faire place : & de grands valets de Li- „
burne le portent à force de bras, en courant dans vne „
litiere faite exprés, où il peut lire en mesme temps, „
ou escrire, ou dormir : car on y prend aisément son „
repos, quand la fenestre est fermée. [Cela ne ressemble- „
t-il pas fort à ce que nous voyons tous les iours à Paris?] „
Auec cela neantmoins il arriuera plustost que nous, où „
il veut aller, quoy que nous puissions faire pour nous „
presser, parce que la foule de deuant nous empesche de „
passer, & celle qui nous suit, nous choque afin d'auancer. „
Celuy-cy frappe du coude, cet autre de la rude barre „
d'vne chaise : l'vn nous blesse à la teste d'vne piece de „
bois, l'autre d'vn gros vaisseau qu'il porte : mes iambes „
sont toutes fangeuses, puis on me foule de tous costez „
auec des pieds plats, & le clou d'vn solier de quelque sol- „
dat s'enfonce dans mes orteils. „

 Ante tamen veniet : nobis properantibus obstat
 Vnda prior, magno populus premit agmine lumbos
 Qui sequitur : ferit hic cubito, ferit assere duro
 Alter : at hic tignum capiti incutit, ille metetram.
 Pinguia crura luto, planta mox vndique magna
 Calcor, & in digito clauus mihi militis hæret.

A ce conte, le peuple de Rome n'estoit gueres plus
discret en ce temps-là, que celuy de Paris le peut estre
à present. Au reste, adioute-t-il, les iupes recousuës „
se dechirent dans la foule. On voit éclater de loin vn „

C ij

» long Sapin dans vn brancar qui auance,& d'autres char-
» rettes entrainent vn Pin qui chancelle sous sa hauteur,
» & qui menasse le peuple en passant, Que, si l'essieu qui
» porte des marbres, vient à se rompre, cette montagne
» renuersée écrase tous ceux qui sont autour.

Scinduntur tunicæ sartæ. mox longa coruscat
Sarraco veniente abies, atque altera pinum
Plaustra vehunt, nutant altæ, populoque minantur.
Nam si procubuit, qui saxa Ligustica portat
Axis, & euersum fudit super agmina montem.
Quid superest de corporibus?

Mais peut-estre que l'on pouuoit marcher la nuict en seureté dans cette grande ville, comme l'on fait à present par la bonne police qu'y apportent les sages Magistrats. Ecoutons encore ce que dit le mesme Autheur. Regarde maintenant les dangers qu'on y court
» pendant la nuict, & quel espace il y a du haut en bas
» des maisons, quand de quelque pot felé ou rompu
» tout à fait qu'on iette par les fenestres, & qui marque
» sur le paué l'effort de sa pesanteur, tu as couru for-
» tune d'en auoir la teste cassée. Tu serois mal-auisé, si
» n'ayant point preueu vn tel accident, tu allois soup-
» per en ville, sans auoir fait ton testament. Tu te mets
» en autant de dangers allant ainsi de nuict par les ruës,
» qu'il y a de fenestres ouuertes. Souhaite donc & fay en
» toy-mesme ce miserable vœu, qu'elles se contentent de
» vuider les grands bassins.

Respice nunc alia, ac diuersa pericula noctis
Quod spatium tectis sublimibus, vnde cerebrum
Testa ferit, quoties rimosa, & curta fenestris
Vasa cadunt, quanto percussum pondere signent,
Et lædant silicem: positis ignauus haberi
Et subiti casus improuidus, ad cœnam si
Intestatus eas. adeo tot fata, quot illa
Nocte patent vigiles, te prætereunte, fenestræ.
Ergo optes, votumque feras miserabile tecum,
Vt sint contentæ patulas defundere pelueis.

Il represente en suitte l'indiscretion des Valets, & la rencontre des Filoux, qui oftent le manteau & qui battent les Passants. Cependant on n'appelle point Rome barbare pour cela, & Paris seul est digne de cette iniure, pour se permettre beaucoup moins de licence. La Sagesse des Romains paroissoit dans leur police admirable pour ce regard, & les François sont accusez d'vne imprudence intolerable, pour ne mettre point la seureté toute entiere contre les voleurs allant de nuict par les ruës de Paris.

Voilà donc quelque peinture de ce que l'on reproche à nostre Capitale, auec cette diference neantmoins que de tout ce qui s'en peut colliger des liures anciens, & entre autres de la troisiesme des Satires de Iuuenal, il est aisé de iuger que Rome estoit beaucoup moins belle auec ses theatres, ses obelisques & ses colomnes, que Paris n'est laid auec *toutes ses bouës, la mauuaise Symmetrie de quelques vnes de ses maisons, & la saleté de ses Hales & de ses marchez* : car c'est vn autre moyen dont l'on se sert pour blasmer sa police. Ie m'asseure que l'on voudroit que toutes choses y fussent arrangées comme dans vn cabinet fort propre, ou tout au moins comme des boites & des phioles peinturées dans la boutique d'vn Apoticaire : que ny les herbes, ny les fruicts, ny les paniers, ny les gibiers de tant de sorte d'especes, n'y laissassent point tomber d'ordure, & que le bled, ny les charrettes n'y portassent point de paille. On dit pourtant qu'il ne se voit rien au monde de comparable aux Hales de Paris, & que le seul couuert de la Foire S. Germain est vne ville toute entiere, où se trouuent en certaine saison vne infinité de choses pour la satisfaction des Curieux, comme il n'y a rien qui se puisse desirer pour les delices de la bouche, qu'il ne se vende aux Hales, où il y a plusieurs places iointes ensemble, l'vne pour le bled, l'autre pour les herbes & les fruicts, vne autre pour la Marée, d'autres pour la Friperie, des ruës toutes entieres pour des pourpoints, d'autres pour

C iij

des chauffes, & quelques-vnes pour des fouliers, comme au reste de la ville on en voit de tres-longues pour les Libraires, pour les Orphéures, pour les Peletiers, pour les Marchants de foye, pour les Pannachers, pour les Couteliers, pour les Tanneurs, pour les Rotisseurs, & ainsi des autres, sans que la saleté qu'on fait mine de detester si fort, & que ie n'ay iamais veuë que telle qu'elle doit estre dans vn lieu tres-abondant & tres-frequenté, comme celuy-là, gaste ces presents tres-exquis que la Nature nous y fait auec tant de profusion. Les autres places destinées pour le mesme vsage, comme la Greue, le Cimetiere S. Iean, la Place Maubert, la Valée de Misere, & le Marche-neuf ne sont point plus horribles, quoy que l'on s'en serue aussi bien que des Hales pour y faire les executions publiques: qui ne le seroient presque point si on les faisoit dans vn lieu separé, ou mesmes hors de la ville, quand ce seroit à Montfaulcon, ou sur quelqu'autre montagne. De là vient, que pour l'exemple, on les a sagement ordonnées dans les lieux les plus frequentez : mais il n'est point du tout iuste pour cela de dire *que les denrées & les viures en sont fort mal traitez* : car en effet le sang des miserables que la iustice punit, ne reiaillit point dessus, on s'en donne de garde, & l'on ne les en approche pas de si prés : & *cette fange si prodigieuse* dont l'on se plaint, souille à peine les manequins, les hottes & les panniers qui les enferment. On ne les rauit point tumultuairement; car chacun veut son compte; mais aussi, comme on a bien d'autres choses à faire, on ne s'y arreste pas trop long-temps : & la grauité, ny vne certaine lenteur melancholique à la mode de qui l'on voudra, ne semble pas extremement iudicieuse en ce lieu là, où il ne seroit gueres plus à propos, de faire marcher des cheuaux à petit pas, au trauers d'vne multitude qui a besoin d'euiter l'embarras : cela est bon dans les grandes villes qui ne sont pas peuplées, ou pour les entrées triomphales.

On dit de gayeté de cœur, *que l'on puise les eaux pour boire, entre les batteaux, où se lauent les ordures des Boucheries & des Hospitaux, & où se degorgent les cloaques & les égouts.* On les prend en des lieux plus nets, sur peine d'amende : & il n'y a point d'eau de riuiere meilleure à boire que celle de la Seine. Ce qui fit dire vne fois à vn Ambassadeur d'Espagne, qui auoit le goust fort delicat pour les eaux (ie croy que c'estoit le Comte de Mirabel) que les Parisiens en auoient d'admirables, qui couloient sous leurs Ponts, dont tout le monde ne connoissoit pas le pris ny la valeur. D'ailleurs n'y a-t-il pas en diuers quartiers de Paris des fontaines d'eau viue, que nous apportent des Aqueducs somptueux ? Ie voudrois bien sçauoir, s'il y a des eaux en Hollande, & dans tous les païs du Nord, qui se pussent comparer à celles-là, & si le Canal du Tybre est plus epuré que celuy de nostre grand fleuue, selon ce qu'en a dit vn de nos Poëtes. Nous ne manquons pas aussi de fontaines & de belles eaux dans la pluspart des autres Villes du Royaume : & quoy que l'on en die, les vins & les cidres que nous y auons en diuerses Prouinces s'y font assez proprement, & auec assez de soin.

On maintient *qu'il ne se peut rien voir de plus sauuage que les demeures de nos Païsans, & que nos Villages sont en desordre.* Certes il n'y en a que trop, dont la guerre & beaucoup d'autres miseres sont causes en partie. I'ay veu neantmoins beaucoup de Villageois mieux logez que plusieurs Gentilshommes & Seigneurs ne le sont en Pologne & en Suede, de la façon que i'en ay ouy depeindre fort souuent les maisons : & les moindres chaumieres de nos Païsans, quand elles sont entieres, ont leurs petites commoditez telles qu'elles doiuent estre ; mais non pas à la verité sans ces Bourbiers & ces Lacs deuant leurs portes, ou qui n'en sont pas fort éloignez, qui sont bien souuent des fumiers pour engraisser leurs guerets, & des abreuuoirs pour leurs Bestes : car sans cela, vne maison de Village en France, est denuée de ce qui luy est le plus necessaire, où il ne faut point rechercher *les balustres, ny les peintures* qu'on donne si liberalement *aux moindres villageois de Hollande,* qui ne labourent & ne sement presque point ; mais l'odeur des champs fertiles, qui ne leur deplaist nullement & que ie ne pourrois haïr. *Odor fily mei tanquam odor agri pleni.*

On nous oblige encore de retourner à Paris, pour nous y faire obseruer, *qu'il n'est ny construit, ny gouuerné auec toute la politesse & tout le raisonnement que l'on se peut imaginer, ou que l'on remarque ailleurs.* Ie ne veux rien dire dauantage des edifices de cette grande Ville, ny de ce que l'on allegüe sur ce propos des imperfections de la maison Royale du Louure, qui seroit à la verité le plus beau bastiment du monde, s'il estoit acheué. Ie croy que nos Roys ont esté occupez à de bien plus grandes pensées. Ie voudrois bien neantmoins que ses Officiers, & ses Intendants en eussent pris quelquesfois vn peu plus de soin, au lieu de faire tant de depences ailleurs pour leur interest particulier. Et pour le gouuernement de la Ville, ie veux dire pour ceux qui ont soin de sa Police, c'est à la seule authorité Souueraine d'y donner les ordres necessaires : Ce qu'elle fera tousjours, quand il luy plaira, par le moindre tesmoignage de ses volontez : Et ie ne veux pas nier que nostre grand Prince ne soit quelquesfois assez mal seruy. Mais quoy qu'il en soit, ie ne voy pas aussi que ceux qui sont auiourd'huy honorez des charges publiques, ne s'en acquittent tres-dignement, dont nous sommes instruits par les belles œuures qui s'offrent tous les iours à nos yeux; de sorte que i'aurois bien de la peine à croire que les villes de dehors eussent des Magistrats plus sages & plus vigilants.

Quand on dit, *que le desordre, la confusion, & la temerité des mouuements qui changent à toute heure la face de cette monstrueuse ville, sont plus agreables & plus diuertissants que l'uniformité d'actions, la grauité ou la modestie dans les autres*
villes

villes telles que Rome, c'est vne pure raillerie. Il y a bien d'autres choses dans Paris, qui peuuent agreer à vn esprit bien fait, que *des Crocheteurs qui se battent, des Filoux qu'on arreste, des Harangeres qui s'iniurient, des Voleurs qu'on meine pendre, des Embarras qui se forment ou qui se dissipent, des Affiches de Comediens & de Libraires, des Billets de Charlatans, des Chançons badines, des Etalages de Marchandises, & des Rencontres de visages differents.* I'y aimerois mieux, pour mon particulier, ce charmant repos, dont il est si facile à chacun de ioüir dans sa maison, sans que le voisin l'incommode ou l'importune, ce prompt secours qui s'y trouue si aisement pour ses besoins pressants, cette consolation admirable de s'y entretenir auec ses Amis, cette abondance merueilleuse de toutes choses, tant de sortes de Diuertissements selon les humeurs differentes, les Conuersations des Doctes, le concours des Nouuelles de toutes les Parties du monde, les Spectacles & les actions publiques, les Saints lieux, les visites des Hospitaux, des Prisons, & des maisons Religieuses, les exercices Academiques, la plus belle Cour de la terre, les galeries, les cabinets, les statuës, les peintures, les curiositez, les raretez singulieres, la bonne chere, la Musique, la promenade, & les jeux; afin que ie ioigne à mes inclinations, tous les diuertissements imaginables qui s'y trouuent si facilement, selon d'autres humeurs. Ie ne veux pas mesmes douter, que ceux qui ont nommé Paris *vne ville barbare*, quand ils seroient aussi mauuais François, que leurs paroles, en cela seul, sont peu obligeantes, ne la trouuassent au moins dans la splendeur des personnes riches, l'vne des plus belles & plus delicieuses villes du monde. Ce qui se peut encore facilement iuger par la ioye que tant de grands Seigneurs, & de personnes de conditions diferentes, sans en excepter les plus graues & les plus saintes, ont de quitter leurs Prouinces, auec leurs fonctions importantes & necessaires, pour la venir habiter fort souuent, sans crainte *ny de ces Filoux,*

D

ny de ces crottés, ny de cette foule temeraire, dont l'on nous faisoit n'agueres tant de peur.

Ie ne veux point dire qu'il n'y ait point de vices qui regnent parmy les François. Ie ne veux point éleuer aussi la gloire de la France sur la ruine des autres Nations; mais ie maintiens que la France n'est point inferieure à aucune qui soit sur la terre : que Dieu mesmes l'a ornée de grands dons, que ses Peuples sont Sçauants & Belliqueux : que la politesse, & les nobles exercices se trouuent dans la Cour de ses Princes, & dans ses Academies : que ses Prestres sont venerables, ses Magistrats prudents, sa Noblesse genereuse, ses Citoyens ciuils, ses Artisans adroits, & ses Villageois laborieux; de sorte que de l'oüir appeller barbare par la bouche d'vn François, il n'y a pas moins de sujet de s'en étonner, que de peine à l'endurer, quand ce seroit mesmes Alethophile, cet amateur de la verité, que i'estime & que i'honore pour toutes les bonnes qualitez qui sont en luy, puis qu'à peine le pourroit-on souffrir d'vn Estranger, qui auroit moins d'interest à nous epargner.

Si les François sont legers.

On dit donc par le reproche le plus ordinaire qui se fasse aux François, & dont Alethophile demeure d'accord dans sa lettre, ou dans sa satyre à Philotime; *que l'humeur des François est legere, qu'on leur souhaite la fermeté, la discretion, les desinteressements, & la fidelité*. Les Anciens ont parlé des Gaulois auec des termes bien plus honorables, bien que la Religion Chrestienne, & le throne d'vne Monarchie de treize siecles, n'eussent point acheué de les polir, & de leur acquerir la grande reputation qu'ils ont euë depuis. Cesar qui les auoit si bien connus, ne leur donne point ces miserables eloges; mais au contraire il en parle en beaucoup d'endroits auec honneur, aussi-bien que Tacite en décriuant leur valeur. Suetone, Herodian, Dion, & Vopiscus leur donnent des loüanges considerables : & Virgile, sans leur dire d'iniures, n'ayant dessein que

de donner des loüanges aux illustres Romains, les dé-
peint ainsi sur le Bouclier du magnanime Enée. Là, ”
dit-il, par des galeries de fin or voletoit vne Oye au ”
plumage d'argent, auertissant que les Gaulois estoient ”
à la porte du Capitole: car les Gaulois en montant par ”
des sentiers dificiles, se rendoient Maistres de la forte- ”
resse à la faueur de la nuict. Ils auoient leurs cheueux ”
dorez, aussi-bien que le poil des joües : leurs cottes- ”
d'armes estoient rayées de couleurs diuerses : ils en- ”
tortilloient d'or leur col qui auoit la blancheur du ”
laict, & chacun d'eux faisoit reluire en sa main deux ”
iauelots des Alpes, se couurant tout le corps de longs ”
pauois.

Horace pour marquer leur generosité dans sa neufuiesme Epode, dit que les Gaulois ne pouuant souffrir ”
la honte d'Antoine, l'abandonnerent, & firent tourner ”
teste à deux mille cheuaux contre luy, en faueur de Ce- ”
sar, dont ils chanterent les loüanges.

Ad hunc frementes verterunt bis mille equos
Galli canentes Cæsarem.

Et dans l'Ode quatorziesme du quatriesme Liure à l'Empereur Auguste il dit que la Gaule ne s'épouuante point
de la mort, *non pauentis funera Gallia*, parce que cette Nation est parfaitement genereuse. Ce qu'Aristote auoit
bien remarqué long-temps auparauant, dans son troisiesme liure des Morales, où il écrit que les Celtes (ce
sont les Gaulois) ne craignent ny les tremblements de
terre, ny les tempestes de mer : dont parle aussi Ælian
au 12. liure de sa diuerse histoire, apres Cesar qui dans
le liure 6. de sa guerre ciuile, écrit que les Druides
ou les Gaulois, se persuadant que les ames ne meurent
point (cette creance n'est point indigne de personnes raisonnables) sont non seulement valeureux, mais
encore exempts des craintes de la mort. Et Lucain
dans le premier Liure de sa Pharsale en parlant de ces
peuples, leur addresse ainsi son discours: O Druides,
à qui seuls, ou la connoissance des Dieux est donnée,

« aussi-bien que de tous les secrets du Ciel, ou qui estes
« les seuls qui les ignorez.

Solis nosse Deos, & cæli numina vobis
Aut solis nescire datum.

« Vous habitez de profondes forets dans les plus gran-
« des solitudes de vos bois sacrez, & vous pensez que les
« Ames separées des corps ne tombent point dans les
« Enfers, & qu'elles ne cherchent point les tristes de-
« meures de l'Erebe; mais qu'elles vont en quelque mon-
« de étrange [*selon l'opinion de ces Philosophes qui mettent des*
« *mondes dans la Region des Estoiles*] où elles se reuestent de
« nouueaux membres, la mort n'estant qu'vn interuale
« au milieu d'vne longue vie, si les choses que vous di-
« tes, vous sont des veritez connuës. Peuples certaine-
« ment heureux dans vostre erreur sous la froideur des
« Climats que vous habitez, puis que la crainte de la
« mort la plus violente de toutes les craintes, ne peut
« rien sur vostre esprit. Ce qui fait que vous vous pre-
« cipitez auec tant de generosité dans les perils, & que
« vous regardez la mort sans étonnement, tenant à infa-
« mie d'epargner vne vie qui doit retourner.

Claudien dans son premier Liure des loüanges de
Stilicon, y décrit en peu de mots la noble fierté des Gaulois auec leur armeure.

Gallia crine ferox, euinctaque torque decoro
Binaque gesa tenens animoso pectore.

Iuuenal dans la 8. Satyre dit qu'ils estoient redoutables
aux Romains,

Horrida vitanda est Hispania, Gallicus axis.

<small>Iuuenalis Sat. 13.</small> Mais dans vn autre endroit, il appelle la Gaule diserte
qui enseigne les Bretons à faire des plaidoyers.

Gallia Causidicos docuit facunda Britannos.

Et ailleurs; que la Gaule, dit-il à quelqu'vn, te re-
çoiue chez elle, ou plustost l'Afrique nourrisse des
Aduocats, si tu veux donner quelque prix à ta langue
diserte.

——— *Accipiat te*
Gallia, vel potius Nutricula Caufidicorum
Africa, si placuit mercedem imponere linguæ.

Sous l'Empire de Claudius, les Gaulois, dont les peres auoient brulé la ville & affiegé la Capitole, furent receus dans le Senat par l'authorité de l'Empereur, qui protesta de suiure en cela l'exemple de ses Predecesseurs qui auoient empli cette compagnie des plus illustres personnes qu'ils auoient pû trouuer parmi les autres Nations. Et ne sert de rien de dire icy que les Gaules estoient dans l'Empire, & que les Gaulois estoient Citoyens Romains. Quand cela seroit, cette qualité si recommendable de Citoyen Romain en ce temps-là, faisoit elle que les Peuples qui en estoient honorez, fussent plus polis & moins barbares qu'ils n'ont esté depuis, estant gouuernez par des Princes plus humains & plus vertueux que les Empereurs Romains? Mais enfin ces Gaulois furent les premiers des Peuples belliqueux, qui secoüerent le ioug de la Tyrannie de Neron, sous la conduite de Vindex & de Rufus, dont l'histoire se lit dans Suetone & Tacite.

Au reste, voicy vn tesmoignage de Procope de Cesarée dans son sixiesme liure, en parlant des François sous l'Empire de Iustinien, lequel merite bien d'estre allegué. *Les François*, dit-il, *sont doüez & remplis de tres-bonnes mœurs, & ils sont fort ciuils.* Puis il les loüe merueilleusement, les estime beaucoup pour leurs vertus & pour la iustice dont ils vsent egalement vers tout le monde, admirant aussi la concorde qui estoit entr'eux: & apres en auoir dit plusieurs choses singulieres, il adioute. *Les Suiets de leurs Roys peuuent en seureté conuerser les vns auec les autres, sans auoir de haine cachée: & par là,* continuë t-il, *on peut voir comme ils aiment la Iustice, & leur païs ensemble: & comme leurs Princes, quand l'occasion s'en presente, se montrent doux & faciles à obeïr. Les François donc se surmontent premierement eux-mesmes, & puis surmontent leurs voisins. Les fils succedent au Royaume de leurs peres.*

Voila le tefmoignage que Procope rend des François, fans eftre preocupé de l'amour de la Patrie, que nul ne pourroit pourtant blafmer, quand il ne le voudroit pas loüer, puis qu'il n'eftoit pas François. Cependant les Anciens & les Etrangers nous feront honneur, tandis que des François naturels s'efforceront de nous en ofter la douce gloire, en donnant le nom de Barbare à leur chere patrie.

Ie ne vois pas comment on s'en pourroit exempter de blafme, fi l'on en parloit tout de bon, ny où la galanterie fe trouueroit en perdant le refpect pour vne chofe fi venerable. Sans mentir, fi ie l'ofe dire, ie craindrois qu'il n'y euft en cela quelque forte de ftupidité feroce, fi l'on n'en parloit dans le mefme deffein que l'Autheur de l'efcrit que ie refute : car ce fçauant homme ne l'a entrepris que pour nous donner fuiet de parler, & de compofer ce petit difcours, contre le langage de plufieurs, qui fe tenant fort habiles, croyent fe rendre fort confiderables en meprifant tout le refte.

Mais voyons fi les François meritent plus le nom de legers que les autres peuples de l'Europe ? Voicy la grande obiection. Paul Ioue qui eftoit Italien, & peu affectionné à la France, la maintenuë quelque temps? Mais les liberalitez de noftre Roy François Premier, luy firent changer d'auis. Toutesfois cet Autheur, & Pierre Crinit Italien comme luy, fe font peu fouciez de la France, & n'ont recherché que l'honneur de leur païs, en quoy ie ne leur fçay pas mauuais gré, fuiuant en cela l'exemple de Tite-Liue qui eftoit ennemi du nom Gaulois, parce qu'il aimoit fa patrie; de forte qu'il ne pouuoit fouffrir l'efclat des Gaulois, à caufe des armes victorieufes qu'ils auoient tant de fois portées en Italie : & dautant que ces peuples belliqueux ne voulant point endurer le ioug de la domination Romaine, s'efforçoient continuellement de le fecoüer par des entreprifes nouuelles, contre leurs vainqueurs, il eft vray que Cefar mefme qui les tenoit en affez grande estime dailleurs, les a nommez *Legers*, aussi-bien que quelques autres Escriuains d'Italie : mais la seule & veritable raison qu'ils en ont euë, n'est que de l'illustre impatience qu'auoient les Gaulois de reconquerir la liberté qu'on leur auoit rauie. Autrement Cesar eust-il escrit en parlant des Druydes ; *qu'ils s'assembloient toutes les années sur les frontieres du païs des Carnutes, au milieu de la Gaule, & que là, faisant droit à tous les Gaulois, ils se tenoient fermes à leurs sentences, comme à des arrests inuiolables* ? Et de fait Vopiscus raporte dans son histoire vne lettre de l'Empereur Aurelian au Senat, où il luy mande: *Nous auons establi au delà du Rhin pour nostre Lieutenant general Posthumu* [c'estoit vn Gaulois] *digne à mon auis de la seuerité des Gaulois, & qui fera bien garder la Maiesté de l'Empire, & le bon droit à tout le monde*.

Ce païs s'estendoit le long de la riuiere de Loire, & ce n'est pas seulement le païs Chartrain.

Dailleurs, quelle Nation a esté plus constante que la nostre à conseruer la pureté du Christianisme depuis qu'elle l'a receu ? C'est ce qui a fait dire à S. Hierosme que la Gaule seule n'auoit point de monstres: mais qu'elle estoit pleine d'hommes tres-valeureux & tres-eloquents. *Sola Gallia monstra non habuit, sed viris fortissimis & eloquentissimis semper abundauit.* Et depuis que de tant de sortes d'Estats qu'il y auoit autresfois dans les trois parties de la Gaule, que les Romains appelloient Transalpine, cette illustre Prouince s'est soumise sous le gouuernement d'vn seul, l'a t-on veuë changer, comme l'Italie & Rome mesme à qui l'on attribuë tant de fermeté? L'Empire depuis Iules Cesar n'a duré que quatre cents ans, parmy toutes les vicissitudes que l'histoire nous apprend de Princes chassez, precipitez, assassinez, pendus ; quelques-vns de familles Patriciennes, d'autres éleuez de la lie du peuple par la violence des Legions, & plusieurs Etrangers sous l'authorité desquels de ieunes garçons, des femmes debauchées, des Histrions, des Esclaues, des Bouffons, & des Enragez ont exercé la souueraine puissance. Depuis, les Goths, les Huns, les Vandales, les Lombards, les

Hier. aduers. Vigil.

François, les Alemans, les Normans, & les Espagnols ont dominé l'Italie, qui s'est trouuée en suitte partagée par les factions des Guelphes & des Gibelins, & demeure auiourd'huy dechirée en petites Principautez, aussi-bien que l'Alemagne & les Païs-bas. La France, au contraire, qui contient tant de peuples diferents auec des coûtumes diuerses qui n'ont point changé depuis les anciens Gaulois, demeure constamment reünie depuis treize siecles sous vne Couronne auguste, que nulles factions, nulles guerres intestines, nulles pretentions etrangeres, nulles entreprises, n'ont pû demembrer, ny mettre en pieces. Nos Academies, les premieres du monde Chrestien, instituées depuis six cens ans, sont encore debout. Les plus anciens Monasteres de la Chrestienté subsistent encore en France depuis leur fondation. Quelques-vnes de nos Eglises sont les seules qui n'ont point receu de nouueautez: certains vsages en chaque Prouince se sont conseruez inuiolables. Tousiours les François ont esté valeureux. Nos Communautez Religieuses qui ont embrassé les reformes, selon leur premier Institut, perseuerent dans vne grande vertu interieure, & modestie & bien-seance exterieure. Nos Iuges paroissent tousjours graues & maiestueux comme des Roys sur les tribunaux, où ils rendent la iustice: Nos Artisans changent rarement de metier: Les Diuorces dans les familles n'y sont point authorisez: on y a grande horreur des alliances incestueuses. Les Valets y vieillissent d'ordinaire au seruice de leurs Maistres. Quelques sages à la verité y peuuent deuenir fols, comme en beaucoup d'autres païs: mais les fols y deuiennent malaisément sages, qui est vne malheureuse espece de constance: & ie croy qu'il y a peu de ces derniers, qui s'estant preoccupez de quelque chose mauuaise, soient capables de changer pour quelque bonne raison qu'on leur puisse alleguer.

Il n'y a que les modes qui changent si souuent aux
habits

habits des hommes & des femmes, d'où l'on prend
sujet de faire croire au peuple, qu'il n'y a que le seul
François, qui marque en cela vne extreme inconstan-
ce. Cependant nos voisins se conforment assez à cette varieté : & quelques-vns s'efforçant de nous imiter, n'y reüssissent pas tousiours heureusement: d'autres
prennent des modeles tout contraires: & tous suiuent
l'vsage des temps & des saisons, proportionné au climat & au temperament du païs. Il est vray que les
François, c'est à dire les ieunes gens de la Cour, & des
grandes villes (car les vieux, non plus que les villageois, & tout le peuple rustique n'y prennent point
de part) paroissent auoir vn peu plus d'inclination
que les autres Nations de l'Europe à suiure des modes
diferentes. Aussi peut-on dire, qu'ils ont plus de gen-
tillesse & de gayeté d'esprit. Ils portent auiourd'huy *Cecy fut*
des trois cens aulnes de ruban de diuerses couleurs sur *composé vn peu auant*
les chausses, ils en portent autour de leur chappeau, *que l'Edict fust publié*
& ils en parent leurs cheuaux & les rideaux de leurs *contre cette*
carrosses. Ces rubans s'appellent galants, & les fem- *mode inu-tils.*
mes trouuent cela beau; mais la durée n'en doit pas
estre longue : & comme tout change sous le Soleil, il
ne faut pas douter aussi que la vie de cette mode ne
soit courte, & qu'elle ne finisse bien-tost. La Nature
muable ne souffre point de violence qui l'empesche
d'agir, selon ses caprices : & mesmes puisque tout
change icy bas, ce seroit vne sotte grauité de demeurer tousiours d'vne mesme façon. N'y a-t-il pas
des aages & des estats diferents, ausquels il se faut accommoder ? Et les personnes les plus augustes & les
plus venerables, n'admettent-elles pas aussi du changement dans leurs habits, dans leurs coûtumes, & dans
leur exterieur?

 Le Pape Iules second fut le premier qui porta la
barbe longue, au lieu que ses predecesseurs l'auoient
courte, ou rasée, par l'vsage que les Moines auoient introduit dans l'Eglise, depuis qu'ils furent éleuez au Pon-

E

tificat. La Couronne Cléricale a esté diuerse, selon les temps diuers, & aussi, pour marquer les dignitez Ecclesiastiques, & les familles diferentes des Religieux. Les Mitres, & la Thiare Papale, n'ont esté portées que depuis huict cens ans, & les premieres n'auoient garde d'estre si éleuées qu'elles sont à present. Au commencement cette Thiare du Pape n'auoit qu'vne bande de poupre en broderie, comme vn Diademe autour du front, pour montrer la Royauté du Sacerdoce : depuis, cette bande fut enrichie de fleurons d'or, & s'appella couronne : & finalement, on y en mit trois l'vne sur l'autre, pour marquer la toute-puissance du Souuerain Pontife au Ciel, sur la Terre, & dans Enfers, selon la pensée du R. Pere Iean de Varennes de la Compagnie de Iesus dans son liure du Roy d'Armes, en la page 382. ou, selon la plus veritable opinion, pour montrer sa iurisdiction pleniere sur les trois Parties du Monde, qui estoient alors connuës, pensant qu'il n'y en eust point d'autre sur la terre : mais vne quatriesme Partie que nous appellons l'Amerique s'estant trouuée depuis, & n'estant pas impossible qu'il ne s'en decouure encore quelque autre auec le temps, & sur tout vers les Regions Australes, dont l'on a desia eu quelques indices, on a trouué bon de surmonter ces Couronnes Royales de la figure d'vn Monde pour ne rien obmettre, & comprendre tout l'Vniuers en Mystere.

    Les Vestements Sacerdotaux ont aussi changé. Les Chasubles des Prestres qui sont auiourd'huy si commodes, & si bien échancrées sur les espaules, estoient autresfois toutes rondes, & se retroussoient sur le bras par le costé, afin de les auoir libres pour les ceremonies sacrées ; c'est pourquoy les Clercs qui seruoient à l'Autel, soûleuoient le derriere de cette robe, quand le Prestre leuoit le Sacrement pour le montrer au peuple par dessus la teste, afin de l'adorer : & ce qu'on en fait à present, n'est plus qu'vne ceremonie qui ne sert de rien, & qui n'est peut-estre par fort de la bien-seance.

Les Chappes qui font des manteaux d'Eglife auoient vn chaperon par derriere, que les Miniftres mettoient fur leur tefte: mais ce chaperon s'eft changé en vne demie ouale d'eftoffe, qui defcend fur le dos, de la couleur des Orfrayes, c'eft ainfi qu'on appelle les bandes en broderie qui tombent fur le deuant de ces manteaux, auec la piece où l'on met les agraffes.

Le Camail des Euefques & des Abbez n'eftoit qu'vn petit mantelet, qui auoit vn pareil capuchon qui leur feruoit de bonnet: mais il eft à prefent fi petit & fi eftroit, qu'à peine y pourroit-on cacher le poing.

Les Chappeaux des Cardinaux auec leurs grands cordons de foye, enrichis de houpes vermeilles, ont pris la place des chappeaux que les gens d'Eglife mettoient fur le capuchon de leur camail, allant par la campagne, pour fe garentir de la pluye ou du Soleil: & de peur que ces chappeaux ne fuffent emportez par le vent, ils y mettoient des cordons pour les lier fous le menton. On les a enrichis d'vne teinture de pourpre depuis le Pape Innocent IV. comme le refte de l'habit de ces Patrices Romains, qui precedent les Euefques de l'Eglife Catholique, depuis deux cent cinquante ans (car il n'en eftoit pas ainfi du commencement, ny mefmes d'abord que leur dignité fe trouua honorée dans leurs Eglifes, comme celle de quelques Abbez, des droicts Epifcopaux, bien qu'ils ne fuffent que Preftres, Curez, ou Diacres.) Ils portent le tiltre d'Eminentiffimes depuis la conftitution du Pape Vrbain VIII. en l'année 1629. car on fe contentoit auparauant de les appeller Illuftriffimes & Reuerendiffimes: mais comme ils font eleuez à vne dignité fupreme, &, felon l'opinion de quelques Canoniftes, comparable à la dignité Royale, afin de diftinguer leurs qualitez de celles des autres Prelats, fa Sainteté choifit le tiltre d'*Eminentiffimes*, qui luy fut propofé auec celuy de *Dominantiffimes*, afin que l'on puft dire: voftre Eminence, ou voftre Domination, pour leur conferuer le refpect

E ij

qui leur est deub, où l'on a compris les trois Electeurs Ecclesiastiques, & le grand Maistre de Malthe; mais dans vn degré inferieur.

Les habits des Moines & des Religieux ont varié de la mesme sorte, & le Scapulaire de quelques-vns estoit vne robe sans manche & courte qu'on leur donnoit pour le trauail: mais enfin il est deuenu vn habit essentiel de l'Ordre, & la sainte Vierge en a donné plusieurs, & sur tout celuy des Carmes, à qui l'on a conferé de merueilleuses indulgences. l'ay veu les chaperons des Peres Iacobins de trois formes diferentes, le premier auec vn bonnet quarré sous le froc, le second auec vne espece de creste au dessus de la teste, & le troisiesme large & bas, comme ils le portent à present, auquel ie me souuiens que le Pere des Landes depuis Euesque de Triquier, s'accoûtumoit si malaisément, que se detournant quelquesfois pour tousser, il ne rencontroit que le dedans de son chaperon, qui ne suiuoit pas le mouuement de sa teste, comme celuy qu'il portoit auparauant, dont il estoit vn peu incommodé. Les habits des Benedictins, & des Religieux des Ordres de S. Augustin, & de S. François, ont aussi esté portez en diuers lieux, & en diuers temps, selon des formes fort diferentes: & chacun a crû en cela auec beaucoup de raison, qu'il pouuoit suiure l'aduis des sages Superieurs, & des Congregations particulieres, outre les coûtumes des païs & des lieux.

N'est-ce pas aussi de nostre temps que les ornemens des Autels ont changé pour suiure l'exemple de Rome? Tous les degrez qui y sont à present, pour y monter, n'y estoient pas du commencement: on n'y arrangeoit pas, comme on fait auiourd'huy, beaucoup de petites images, d'Agnus, & de pots peinturez ornez de fleurs naturelles & contrefaites: & les Custodes suspenduës au bout d'vne Crosse de bois-doré, ont esté ostées en faueur des tabernacles. On ne se met plus en peine, sur le mesme modelle de Rome, de tourner les Eglises du costé de l'Orient, selon l'ancien vsage : nous y allumons vn grand nombre de chandelles, en suitte du besoin qu'en auoient nos Peres, quand on faisoit les temples obscurs à dessein, pour representer les anciennes Criptes sous terre, où les premiers Chrestiens celebroient leurs Synaxes. Les anciennes Assemblées Synodales duroient autresfois trois iours, ou vne semaine au plus pour des affaires importantes, concernant la doctrine & la discipline des Eglises, & auiourd'huy elles passent les années entieres; & il semble mesmes qu'il ne soit plus necessaire detenir des Conciles Generaux ou Nationaux, sur beaucoup de difficultez qui se pourroient offrir, non plus que de consulter les Liures, & les anciens vsages de l'Eglise, pourueu qu'il plaise au S. Pere de prononcer ses Oracles. Celuy qui est auiourd'huy sur la Chaire Apostolique, & de qui le sçauoir, la modestie & la pieté se sont tant fait admirer, qu'on le considere comme le plus grand Pontife qui soit monté sur le Thrône Ecclesiastique depuis S. Leon, a changé quelque chose dans la coûtume de l'adoration qu'on rendoit au Pape sur l'Autel, le iour de sa creation : Il a iugé à propos de se tenir à genoux estant porté sur les épaules de quelques Estafiers ou Officiers le iour de la feste du S. Sacrement, quand il le suit en procession, ce que ses predecesseurs faisoient autrement, soit allant à pié par les ruës, ou à cause de leur infirmité, se tenant assis dans vne chaise. Sa modestie a esté si grande qu'il s'est abstenu iusques icy de ce que les autres Pontifes s'estoient permis en la personne de leurs Neueux, qu'ils eleuoient à la seconde dignité de l'Eglise, apres le Pontificat. On aime quelquesfois dans Rome la simplicité Apostolique, & quelquesfois la magnificence Royale. En des temps on y renuerse les monumens des Payens, & en d'autres on les y releue : & ces Vignes, & ces Palais si superbes dont l'on tire des arguments si specieux pour eleuer la politesse de cette

E iij

ville au dessus des autres, n'y estoient pas, quand le Pape Gregoire onziesme, le dernier des François, y reporta son Siege d'Auignon, où six de ses Predecesseurs l'auoient tenu deuant luy : Et de fait cette pauure ville estoit alors si barbare, au sens de ceux qui cherchent la politesse dans la pompe & dans le luxe, que le Pape n'y retourna par les prieres instantes que luy en fit alors sainte Catherine de Sienne, que pour satisfaire aux purs deuoirs de sa charge & de la pieté, qui requeroit de sa vigilance Pastorale, qu'il residast dans l'Eglise qui luy estoit principalement commise, & qu'il laissast celle d'Auignon au gouuernement de son propre Euesque, erigé depuis en dignité d'Archeuesque par le Pape Sixte IV. mais qui est merueilleusement obscurcie, & qui n'a comme point d'authorité en la presence de Monsieur le Legat, qui represente sa Sainteté.

Ceux qui m'obligent d'escrire ce discours pour defendre l'honneur de ma chere Patrie, disent qu'on souhaite aux François, *la fermeté, la discretion, le desinteressement, & la fidelité*. Certes ie voudrois que tous les François fussent veritablement François : & ie sçay bien qu'il n'y en a que trop parmy nous de lasches, de vicieux, d'imprudents, d'auares, d'impies, de perfides, de temeraires, de fous, d'ignorans, de presomtueux, & d'iniurieux : mais ie sçay bien aussi qu'il n'y a point de Nation au monde, où il se trouue tant de braues, de vertueux, de discrets, de liberaux, de pieux, de fidelles, de prudents, de sages, de sçauants, de modestes, & de genereux.

Cette fermeté que l'on souhaite aux François, est vne vertu heroïque, qui ne se trouue que dans les grandes ames, & le Vulgaire la connoist si peu, qu'il n'est pas croyable qu'elle soit plus commune ailleurs que chez nous. Il n'y a pas neantmoins lieu de douter que nous n'en ayons plusieurs, que nulles menaces des puissances illegitimes ne sçauroient ebranler,

& que nulles promesses ne sçauroient flechir, pour les detacher des solides fondements de la pieté, ou de la fidelité qui est duë au Roy, pour son seruice & pour la gloire de l'Estat, ce qui se rencontre rarement autrepart, & sur tout au lieu où des gens s'appellent Creatures de ceux qui ne leur font du bien que pour leurs propres interests. Ce que plusieurs parmy nous n'imitent que trop à present, les meilleurs naturels se trouuant d'ordinaire corrompus par les mauuais exemples, & par les doctrines pernicieuses qui ne s'insinuent que trop parmi le peuple. Mais nos Voisins sont-ils plus exempts que nous de cette contagieuse peste? N'y a-t il des Fourbes, des Impies, des Blasphemateurs, des Meurtriers, des Traitres, des Impudiques, que parmi nous? L'Espagne, l'Angleterre, & l'Italie, se trouuent-elles exemptes de Criminels, de Voleurs, & de Bandits? N'exerce-t'on point de chastiments dans tous ces lieux là? Certes il n'en faut pas douter, mais quoy qu'il en soit, ie me donneray bien de garde de les appeller Barbares. Il y a par tout des Mechans, & par tout des gens de bien, il y a par tout des Poltrons, par tout des Braues. On trouue en tous païs des gens Interessez & des Genereux, des Dissolus & des Chastes, des Cruels & des Pitoyables ; mais par toute la terre le nombre des Fous est plus grand que celuy des Sages : & si vne Prouince se peut glorifier d'auoir vne douzaine de Vertueux, quand tout le reste ne le seroit pas, on luy feroit iniure de l'appeller Barbare : à plus forte raison si les Loix diuines & humaines y sont respectées, comme elles le sont en France, où l'on pourroit compter tant de Galands hommes, tant de Valeureux, tant de Polis, tant de Sçauants & tant de Pieux.

Rex erat Æneas nobis, quo iustior alter
Nec pietate fuit, nec bello maior, & armis.

D'où nous conclûmes auec tous les honnestes gens, à qui nous fismes part de cet Entretien, que la France auoit esté assez iniustement accusée de Barbarie, & que ceux des nostres qui ont dit, ou qui ont escrit que les François sont legers, ont eux mesmes suiuy legerement les paroles de quelques Anciens qui les ont ainsi nommez, pour des causes particulieres où ils auoient interest, & que nous auons touchées en passant. Et certes si vn Italien, vn Espagnol, ou vn Hollandois en auoient dit serieusement autant de leur propre patrie, outre que ie n'y adioûterois point de foy, i'auoüe franchement que ie ne l'estimerois point du tout, quelques bonnes qualitez qu'il pust auoir d'ailleurs.

Eneid. 1. *Quod genus hoc hominum? quæve hunc tam Barbara morem Permittit patria?*

Ce n'est pas mon dessein que cecy tombe sur l'Autheur de l'Escrit auquel i'ay essayé de repondre: car ie le tiens trop genereux & trop bien nai, pour dire autrement que par maniere de deuis, ou par vne espece de petite Satyre de plusieurs choses qui luy peuuent deplaire, que Paris & les François sont Barbares, puis qu'en effet & sans nous en faire trop à croire, il n'y a point de ville au monde plus belle ny plus ciuile que Paris, ny de peuples sur la terre plus sçauants, plus sinceres, plus vaillants, plus adroits, ny plus polis que les François, de la façon que l'on peut dire que les Nations sont valeureuses, ou qu'elles ne le sont pas, puis que tout n'y sçauroit iamais estre egal ny dans la derniere perfection.

Au reste la Patrie ne peut iamais estre si ingrate à quelqu'vn, qu'il ne la doiue tousiours considerer, comme vne mere, à laquelle il est obligé de rendre du respect: & ie croy qu'il n'y a point de violences ny doutrages qu'il ne falust endurer pour sa gloire, quoy que l'on y fust rarement reconnu pour quelques bonnes qualitez que l'on pust auoir.

DISCOVRS

DISCOVRS DEVXIESME.

Que tous les Païs sont egaux en certain sens, & qu'il faut aimer sa Patrie.

OVTE la terre est le païs des honnestes gens, & tout le monde est comme vne grande ville, dont chacun de nous est Citoyen, pour l'habiter tout le temps de nostre vie : les vns vers les portes d'Orient, les autres vers celles du Couchant, plusieurs du costé du Nord, & quelques-vns vers les aspects du Midy. Tous les quartiers y ont leurs commoditez & leurs beautez, & quelques eloignez qu'ils soient les vns des autres, vn mesme Soleil les éclaire également tour à tour. La communication n'en est pas tousiours facile par la distance des lieux, qui sont separez de riuieres, de lacs, & de montagnes. C'est pourquoy les Habitans, qui ont peu de commerce les vns auec les autres, ne s'entendent pas le plus souuent, tant leur langage est diferent : & les Voisins sont si quereleux & quelquesfois de si mauuais sens, qu'ils ont bien de la peine à s'empescher de se faire la guerre. Il y en a mesmes qui se dechirent impitoyablement, quand ils se rencontrent : plusieurs se portent des enuies etranges les vns aux autres, & chacun affecte ses deuotions, ses coutumes & ses loix. Les vns viuent sous des Gouuerneurs, les autres sous des Princes absolus, vn grand nombre sous des Magistrats instituez, ou sous des Chefs tirez des principales familles, & quelques-vns sans Discipline & sans Conseil. Mais comme le Souuerain Roy qui exerce par tout sa puissance, selon son bon-plaisir, ne sort iamais de son Palais pour se rendre visible à ses Suiets,

F

aussi faut il auoüer que fort peu le connoissent, bien que tous sentent son pouuoir. De là vient qu'il est serui auec tant de diuersité, & que plusieurs confondent bien souuent ses Ministres auec luy-mesme, & leur rendent des honneurs qui n'appartiennent qu'à luy seul. Quelques autres veulent qu'il ait des compagnons d'vne egale puissance, & les nomment diuersement; d'où sont venus de si grands & de si longs debats depuis plusieurs siecles, qu'il n'a pas encore esté possible de les terminer, & il n'y a pas d'apparence d'y voir iamais de fin. Cependant si nous estions tous bien sages, nous viurions en repos : & de ce que nous sommes en guerre continuelle, c'est vne marque que le nombre des fous est beaucoup plus grand que celuy des gens bien sensez, & qu'il n'y a point de lieu sur la terre qui se puisse glorifier d'estre exempt de cette deplorable fatalité. De quoy donc nous mettons-nous en peine de voyager si loin, & de changer de païs ? Serons-nous mieux sous vn autre Climat, où l'on ne vit pas plus long-temps, ny sous de meilleures loix ? La societé nous y sera-t-elle plus agreable parmy des gens qui ne sont pas plus ciuils, ou qui ne valent pas mieux que nous ?

„ Heureux est celuy qui a passé tout le temps de sa
„ vie dans son propre heritage : que sa Maison a veu
„ dans son Enfance, & qu'elle voit encore dans sa vieil-
„ lesse : qui se soutient de son baston sur le mesme sa-
„ ble où il rampoit dans son bas aage : qui conte plu-
„ sieurs années de son séiour sous vn mesme toict : que
„ la fortune n'a point entraîné apres-elle parmy des
„ troubles infinis : & qui n'a point bû des eaux incon-
„ nuës, sortant de son païs : qui ne s'est point fait Mar-
„ chand pour aprehender les tempestes de Mer : qui n'a
„ point aussi souffert les crieries du Barreau, où la voix
„ des Plaideurs deuient enroüée, n'ayant point apris le
„ stile des affaires, & qui ne s'estant iamais soucié d'aller
„ à la ville, a ioüi commodement à la campagne de

l'aspect du Ciel : qui conte le années par les moissons „
alternatiues, & nullement par les Consuls : qui mar- „
que l'Automne par les fruicts, & le Printemps par les „
fleurs : à qui vn mesme champ cache le Soleil, & re- „
donne le iour : qui mesure sa iournée par son trauail „
ordinaire : qui se souuient qu'vn grand chesne n'estoit „
autresfois qu'vn petit rameau, & qui voit ses arbres „
vieillir auec luy. C'est ce que disoit autresfois vn Il- Claudian.
lustre Escriuain, du temps de l'Empereur Honorius,
parlant d'vn vieillard de Verone, aussi eloigné de cette
ville, pour n'y auoir iamais mis le pied, que des Indes où les peuples sont bazanez : & les riues de Benac
estoient pour luy les riuages de la Mer-rouge.

Proxima cui nigris Verona remotior Indis,
Benacumque putat littora rubra lacum.

Toutesfois sa santé estoit vigoureuse : il auoit les bras „
forts, & il estoit robuste Ayeul dans le troisiesme aage „
de sa vie. Et en suitte. Qu'vn autre, dit-il, coure „
donc le païs, & que sa Curiosité le porte sur les fron- „
tieres de l'Espagne. Il aura plus couru, mais l'autre „
aura plus vescu. „

Erret, & extremos alter scrutetur Iberos,
Plus habet hic vitæ, plus habet ille viæ.

Sans mentir cet homme prit vn bon conseil de ne
bouger de son village, & de se contenter de son petit
champ, puis qu'il ne luy refusoit rien des choses necessaires à la vie pour la passer doucement : & ie croy
qu'il auoit le sens assez bon, pour ne s'imaginer pas
que d'autres païs fussent meilleurs que le sien. Aussi
ne puis-je douter que la Nature & l'accoustumance
ne les rende tous egaux à ceux qui en tirent leur origine. Les Negres ne se plaignent point de l'ardeur &
de la seicheresse de leur climat : & nous apprenons

F ij

d'vne relation de Groeland que des gens de ce païs de Neiges & de Frimats, pour estre fort Septemtrional, ayant esté amenez en Dannemarc, du temps de Christierne III. conceurent des pensées de desespoir, de se voir si loin de chez eux, bien que le Dannemarc soit sous vn climat beaucoup plus temperé, & preferoient pour leur breuuage de l'huile de poisson, au vin le plus delicieux. Les Braziliens s'accoutument mal-aisément en Europe : & les Sauuages des Monts Hyperborées, ne font point estat de nos fruicts ny de toutes nos moissons ; tant il est vray que les habitudes & la naissance naturalisent à l'homme toute sorte de païs. C'est d'où i'ay pretendu iustifier que tous sont bons du costé de la Nature, & que l'vn ne vaut gueres mieux que l'autre : mais tous aussi se trouuent corrompus par la malignité de la condition humaine qui croist de iour en iour, & qui seme tant de guerres & de diuisions dans le monde, que nous pouuons dire que tous sont mauuais, & que l'vn n'a gueres plus suiet que l'autre de se glorifier de n'estre point barbare.

D'où vient, que pour nous vanter d'estre si ciuils & si polis, & qui certes le deurions estre par les principes de la sagesse qui nous sont enseignez, nous sommes tous les iours à nous battre comme des Animaux furieux : En quoy il n'y a peut-estre guere de diference de nous d'auec ceux qui se mangent les vns les autres. Ie parle de tous les Peuples de l'Europe, sans en excepter vn seul : & ie n'ay garde de taxer mon païs d'estre plus cruel ou plus inhumain que ceux qui sont autour de nous : mais ie ne l'excuse pas aussi d'estre tombé dans la mesme corruption. Que si tout se trouue egal de la sorte, vn homme d'Esprit croira-t-il auoir grand sujet d'honorer de ses loüanges les Nations voisines, pour les qualitez naturelles, & de blasmer son païs pour la mesme raison ? S'il iuge à propos d'en vser de la sorte, n'est-ce pas vne marque qu'il n'en fait point d'estat, & qu'il seroit plus insensé que ceux qu'il accuſe de n'eſtre gueres ſages: ſi apres cela, il vouloit exhorter quelqu'vn à expoſer ſa vie pour ſa gloire & pour ſon ſalut? Du moins puis-ie croire qu'il s'en diſpenſeroit aiſement pour ſon particulier; & ſi ie ne ſuis le plus trompé de tous les hommes, Atilius Regulus euſt eſté ridicule à ſon iugement, de ſe determiner comme il fit par vne valeur incomparable à vn illuſtre banniſſement, pour ſa patrie, s'il euſt eſté François: il ne ſe fuſt point abſtenu de conſentir à des conditions honteuſes, & n'euſt point fait de ſcrupule de laiſſer vn exemple pernicieux. Il euſt peu harangué pour émouuoir les Romains à reconquerir les enſeignes arrachées d'entre les mains des ſoldats, ſans effuſion de ſang. Les bras des Citoyens libres attachez derriere le dos, ne luy euſſent pas fait beaucoup de pitié. Iunius Brutus qui commença l'Empire Conſulaire, ſe fuſt bien diſpenſé pour l'amour de la liberté, d'vſer de la puiſſance rigoureuſe de ſes haches & de ſes faiſceaux, en puniſſant de mort ſes propres Enfans, qui voulurent émouuoir de nouuelles guerres: l'extreme deſir de loüange n'euſt eu garde de l'emporter ſur la tendreſſe de ſes ſentiments. Les Decies & les Druſes n'euſſent point merité par leurs actions memorables les loüanges que leur donne toute l'Antiquité. Torquate n'auroit point marqué ſa ſeuerité auec les enſeignes de ſa puiſſance. Fabrice auec peu de biens ne ſeroit point deuenu ſi redoutable, ny Serranus enſemençant les ſillons, n'auroit point eſté conſideré pour ſa valeur. Caton ne ſe ſeroit nullement ſoucié d'vne Vertu ſi extraordinaire que la ſienne. Ciceron auroit fauoriſé les deſſeins de Catilina & de Cetegus, & il ne ſe fuſt point broüillé comme il fit auec Antoine. Car le moyen de conceuoir des penſées ſi hautes pour vne fole Patrie, qui ſeroit indigne d'auoir des Citoyens ſi genereux?

Il faut donc auoir bonne opinion du lieu de ſa naiſſance, afin d'eſtre émeu de faire de belles actions pour sa gloire & qui seruent d'exemple à la posterité.

La Patrie ayant éleué chacun de nous auec tendresse, comme vne bonne Mere, qui nous a fait voir le iour, & qui nous a presenté la premiere, auec tant de liberalité, tous les thresors de la Nature, nous luy deuons des reconnoissances toutes particulieres, & nous sommes mesmes obligez de l'honorer, sur peine d'ingratitude, & de passer pour sauuages, ou si l'on veut, pour Barbares, afin de nous seruir du mesme mot qui nous a donné sujet d'escrire ce Discours auec celuy qui le precede. Ie parle icy generalement de toutes les Nations, & ce que ie dis de l'vne, en certains egars, ie l'entens de toutes les autres. Pour moy ie n'estimerois point vn Espagnol, qui voudroit estre Italien, ny vn Italien qui voudroit deuenir François, & beaucoup moins encore vn François, qui prendroit le parti de l'vn & de l'autre contre ses compatriotes; parce que tous les païs estant bons, chacun se doit tenir content du sien, l'estimer & l'aimer, par les raisons de son institution & de la Nature maistresse de toutes choses, qui luy en doit auoir inspiré les sentimens. Vlysse dans Homere ne trouue rien de si doux que son Itaque, bien que ce fust vne Isle rude & presque sauuage, & le sejour delicieux des Isles de Calipso & de Circé, ne fut point capable de le retenir, ny de l'empescher de dire.

Rien ne nous est si cher que le païs Natal.

Odiss. l. 9.

D'ailleurs, qu'y a-t il de si rare chez nos Voisins, que nous ne trouuions point chez nous? Tous les païs ont des Plaines, des Valons, des Montagnes, des Riuieres & des Bois. Les Maisons & les Villes sont en tous lieux assez semblables les vnes aux autres, à la diference du plus & du moins, comme des hommes de statures diuerses: mais à le bien prendre, le petit & le grand ne laissent pas d'auoir du raport entr'eux : & defait que sont toutes les Villes qu'vn assemblage de Maisons separées par quartiers & par ruës, les vnes larges, les autres etroites? N'y a-t-il pas touſiours des murailles & des portes? Et les Habitans n'y ſont-ils pas en tous lieux de diuers aages & de diuerſes conditions? Rome & Gobio ſont egalement habitables, à proportion de leur eſtenduë : & Conſtantinople pour renfermer dans ſes remparts vn plus grand eſpace que Nicée ou Calcedoine, n'a pas dauantage la qualité de ville. Quelle commodité reçoit vn bon Citoyen des foules d'vn peuple nombreux, quand, ſans cela, il iouït de tout le commerce qui luy peut eſtre agreable ou neceſſaire? Ie croy que Londres eſt beau, qu'Anuers & Amſtredam ſont auſſi de fort belles villes. Ie feray le meſme iugement de Rome en l'eſtat qu'elle eſt auiourd'huy, de Naples, de Florence, de Milan, de Veniſe, de Seuille, de Lisbone: mais ie ſuis auſſi fort perſuadé que Paris n'eſt pas denué de ſes auantages, & que toutes nos Capitales des Prouinces ſont egalement agreables à leurs Citoyens, qui n'ont pas perdu le iugement.

Quand ie vais dans vne ville où ie n'ay iamais eſté, i'en ſuis bien-toſt ſatisfait, & il me ſemble que ie n'ay iamais veu autre choſe, tant elle reſſemble à toutes celles où i'ay paſſé : car enfin c'eſt touſiours la meſme proportion, & la diference conſiderable ne conſiſte qu'aux coûtumes ciuiles, au langage, & aux diuers viſages dont les vns nous ſont connus, & les autres ne le ſont pas : Mais les perſonnes auec qui nous n'auons nulles habitudes, ſont Amis d'autres gens qui ſont faits comme nous. Au reſte le plus & le moins dans la ſtructure des baſtiments, & dans l'alignement des places ou des ruës, eſt de ſi peu de conſequence, que cela ne vaut preſque pas la peine d'en parler : & tous les Idiomes reuiennent à vne meſme ſorte de raiſonnement.

Ie ſuis donc perſuadé, que ſi la Ciuilité & le bon ſens veulent que nous ſoyons retenus à blaſmer les autres Nations, & ſur tout celles qui font profeſſion d'vne meſme Religion que nous, ils exigent bien dauantage de nostre deuoir que les Compatriotes s'entre aiment, qu'ils s'estiment reciproquement, sans insulter sur les Voisins, & qu'ils s'abstiennent soigneusement de se des-honorer eux-mesmes, & de se dechirer cruellement.

Dans la bataille Actiaque, Cesar Auguste menoit les Italiens au Combat auec le Senat & le Peuple, ayant aupres de soy les Penates & les grands Dieux, [c'est à dire l'Amour de la Patrie.]

Hinc Augustus agens Italos in prælia Cæsar
Compatribus, populoque, Penatibus, & magnis Diis.

Virgile nous represente aussi son Heros magnanime, qui porte Ilion & ses Penates vaincus en Italie. Il portoit auec luy dans ses vaisseaux les Dieux domestiques qu'il auoit arrachez d'entre les mains de ses Ennemis. Il en recommande les soins à son Pere, tandis qu'il reprend les armes, pour s'aller exposer derechef aux hazards qu'il auoit courus, afin d'essayer de rendre quelque seruice à sa Patrie : Car pour en dire la verité, quelque miserable que pust deuenir la Patrie d'vn honneste homme, apres qu'vn injuste Vsurpateur l'auroit desolée, il en faudroit tousiours cherir le nom, & se rendre soigneux de reparer sa gloire. Au reste le Prince Troyen inuite à la table sacrée de l'anniuersaire de son Pere, les Penates qu'il auoit amenez de son païs & ceux de son hoste Aceste.

O Patria, & rapti nequicquam ex hoste Penates
Nulla ne iam Troiæ dicentur mœnia? &c.

Ainsi ce grand Poëte le fait paroistre en diuers endroits rendant ses honneurs aux mesmes Dieux, dont il auoit si souuent le nom en la bouche, peut-estre afin de nous apprendre par vn si noble exemple que l'Estime & l'Amour de la Patrie ne nous doiuent iamais abandonner. Et certes il faut defendre la terre de son païs par le courage & par les armes, comme pour faire honneur à ses Parents, il ne leur faut point denier le secours dont ils ont besoin.

Proptere

Propterea magnam armati matrem comitantur,   *Lucritius.*
Aut quia significant diuam prædicere vt armis   *l.2.v.640.*
Ac virtute velint Patriam *defendere terram;*
Præsidioque parent, decorique parentibus esse.

Que s'il est doux & honorable de mourir pour la Patrie, sera-t-il agreable, & glorieux de la dechirer, ou serons nous loüez d'obscurcir sa reputation?

    Dulce & decorum est pro Patria mori.   *Horat.*
                                        carm. 3.

Pindare estoit bien d'vn autre sentiment, quand il disoit que le genereux Citoyen qui combatoit pour sa Patrie, laissoit à sa famille, & à sa posterité vne grande gloire, viuant & mourant. Lucien escrit en quelque endroit, *que le seul nom de la Patrie rend vaillants les plus timides, ne se pouuant rien imaginer de plus beau qu'vn guerrier qui meurt pour la Patrie entre ceux qui combattent au premier rang,* selon l'aduis de Tyrteus : Et Homere maintient que c'est vn bon augure de voir quelqu'vn qui prenne les armes pour le salut de son païs. Mais tous les siecles ne sont pas fertiles en hommes qui aient ce sentiment bien graué dans le cœur, & i'ay regret d'en connoistre plusieurs de naissance illustre, qui n'en sont nullement touchez. Quand Cesar veut passer le Rubicon, retournant de son expedition des Gaules, sa Patrie effrayée luy apparoist d'vn visage fort triste au trauers des ombres de la nuict, auec des cheueux blancs à demy arrachez, sous vne Couronne de Tours : & pour le dissuader du funeste dessein qu'il auoit conceu, elle luy fit vn discours entrecoupé de gemissements & de larmes.

———*Vt ventum est parui Rubiconis ad vndas*
Ingens visa Duci Patriæ trepidantis imago   *Lucain l.1*
Clara per obscurum vultu mæstissima noctem
Turrigero canos effundens vertice crines
Cæsarie lacera, nudisque adstare lacertis,
Et gemitu permista loqui.

Pour moy, ie voudrois celebrer sa gloire, & ie louë celuy qui donnoit tous les ans de l'encens à la Diuinité de son païs.

At mihi contingat Patrios celebrare Penates,
Reddereque antiquo menstrua thura lari.

Tibul. El. 3.l.1. Vn bon Naturel ne sçauroit serieusement blasmer le sien : & c'est vne chose iniuste de s'efforcer d'acquerir de la reputation au depens de ce qui doit estre plus cher que la vie. Vn Certain dans Sophocle, ne veut point faire d'Amis d'entre ceux qui ne le sont pas de leur païs. Ie ne meprise point ce sentiment ; & ie suis d'accort auec Ouide, qui dit que la Patrie a ie ne sçay quoy de doux qui charme tout le monde, & qui nous fait mesmes oublier nos propres interests ; permettez moy encore, s'il vous plaist, que i'allegue l'authorité de cet agreable Poëte, bien que i'en aye peut-estre desja trop cité.

Nescio qua natale solum dulcedine cunctos
Ducit, & immemores non sinit esse sui.

Il en faut neantmoins excepter ceux qui sont d'humeur à voyager incessamment, & à changer tousiours de païs, selon la pensée de S. Augustin qui a fait cette remarque en quelque endroit sur son liure des Pseaumes, *Cui peregrinatio dulcis est, non amat Patriam,* & cet autre sur le Pseaume 95. *Odit valde Patriam qui sibi bene putat cum peregrinatur :* car en effet, ceux qui d'ordinaire employent tout leur temps à voyager, conseruent peu d'amour pour leur Patrie, bien qu'elle ait des charmes puissants, pour se faire aimer des Naturels les plus sauuages ; & la France auec toutes ses diuersitez & toute son abondance, sous vn Climat tres-heureux & tres-doux, entre deux Mers, deux grandes montagnes & vn grand Fleuue,

Quam Rhodanus, quam findit Arar, quam permeat ingens
Sequana, piscosoque interluit amne Garumna.

Ornée qu'elle est de tant de villes opulentes, & habitée de tant de peuples Vaillants, Ciuils & Laborieux, sera si malheureuse que d'auoir des Enfants à qui elle a esté si liberale des dons du corps & de l'esprit, qui l'assassinent d'iniures & de reproches honteux, pour la faire passer pour vne indiscrette, vne extrauagante & vne insensée, parce que les ieunes-gens de Paris qui voyagent d'ordinaire en Italie & ailleurs, n'ont pas toute la modestie, ny la retenuë qu'apporte vn aage plus auancé, & que plusieurs François qui sortent de leur païs sont assez souuent bien faits, & qu'ils ne manquent pas de galanterie, pour donner vn peu de ialousie aux Maris etrangers qui n'y trouuent pas trop de seureté. Quoy qu'il en soit, que ceux de dehors qui portent de l'enuie à la gloire du nom François, en parlent comme il leur plaira, ils ne nous feront point de tort, & se mettront en danger de railler de mauuaise grace, voulant obscurcir la gloire d'vn nom fameux. Mais, pour nous, estimons la vertu en quelque lieu qu'elle se trouue, & trauaillons à faire honneur à la Patrie par de bonnes actions. *Omnia quæ à nobis geruntur, non ad nostram vtilitatem & commodum, sed ad Patriæ salutem conferre debemus.* *Cicero ad ciuirites. post reditum.*

SONNET,

De Monsieur l'Abbé le Camus, pour la Reine Christine de Suede, dont i'ay parlé en la 5. page de ces Memoires.

Cesse, Peuple du Nort, d'admirer la victoire
Du Monarque indomté, qui d'vne illustre ardeur,
Aux guerriers Allemans imprimant la terreur,
Finit ses iours heureux dans le sein de la gloire.

L'admirable Christine ornera mieux l'Histoire:
Ce mepris estonnant qu'elle a pour la grandeur,
Des plus fiers Conquerans efface la splendeur,
Et de son Pere mesme obscurcit la memoire.

Si Gustaue a rangé des Princes sous ses loys,
De ses propres suiets Christine fait des Roys:
Il a pris des Estats, & sa fille les donne.

Il s'est acquis vn Sceptre, elle quitte le sien,
Et montre à l'Vniuers en laissant sa Couronne,
Qu'on peut regner par tout & ne posseder rien.

Le discours suiuant en forme de lettre, a donné suiet en partie aux deux que i'ay faits, aussi-bien que la conuersation, dont i'ay parlé en la cinquiesme page de ces Memoires. Il est d'vn excellent homme à qui ie defere infiniment, aussi-bien qu'à l'Illustre Abbé Autheur d'vne Epigramme tres-obligeante qui s'y lit à la fin, pour m'honorer d'vne marque de son amitié, qui me sera tousiours precieuse.

DISCOVRS

DISCOVRS SCEPTIQVE
A PHILOTIME.

ONSIEVR,

I'aurois eu besoin de voſtre secours ces iours paſſés en vne conuerſation que nous euſmes auec Monſieur l'Abbé de Villeloin, où ie me rencontray parmi quelques perſonnes lettrées qui s'entretenoient auec ce grand homme. Vous n'ignorez pas l'eſtime que ie fais de son ſçauoir & de ſa vertu, ny comme ie defere en toutes choſes à ſes beaux ſentimens, n'allant iamais chez luy que pour le conſulter comme mon Oracle. Ie ne ſçay pourtant comment il m'arriua de conteſter alors quelque temps auecque luy, ny comment il m'échappa de prononcer innocemment ce que meſme i'auois penſé de dire à la loüange de Paris, Qu'elle me ſembloit la plus belle & la plus charmante de toutes les villes barbares. Cet Eloge parut vn meſpris, & fut receu contre mon intention, comme vne iniure que ie luy faiſois; de ſorte qu'il en falut faire des paralleles auec quelques villes des Pays-bas & d'Italie, que i'auois eu dans ma penſée, & en comparaiſon deſquelles i'auois auancé ceſte propoſition.

Cela nous mena fort loin, & ie me vis mal mené par ceſte eloquente bouche qui entraîne d'ordinaire tous ſes Auditeurs, & qui alors m'entraîna moy-meſme

I. Diſcours Sceptique

H

1. Discours Sceptique. auec eux en depit que nous en eussions: Car i'en auois remarqué au commencemét qui enclinoient beaucoup vers mon opinion, & qui estoient fondés sur la mesme experience qui me l'auoit donnée ; mais ce puissant Orateur ne leur donna pas loisir de s'y affermir, de sorte que m'ayant enleué tous mes amis & me trouuant seul à la defence de ma cause contre tant d'aduersaires, ie fus obligé de donner les mains, & d'abandonner la these que i'auois soustenuë.

Ie le fis gayement: Car comme vous le sçauez bien, Monsieur, ie suis assez Sceptique en ces matieres, & ne raisonne guere sur des suiets de ceste nature que par forme d'honneste diuertissement, qui vaut bien celuy que les autres prenent aux jeux ou à la promenade. Et comme i'ay beaucoup de plaisir lors que ie me commets quelquesfois auec des testes remplies d'vn sçauoir & d'vn raisonnement extraordinaires, i'en retire d'ailleurs beaucoup d'vtilité : car en ces ioûtes spirituelles i'essaye mes forces, & trouue qu'il y a de la gloire d'estre renuersé de la main d'vn Heros, qui n'insulte point à ma defaicte ; mais qui me releue & qui me traicte genereusement, dés que ie luy ay rendu les armes.

Ie perdis donc ma cause, & fus bien aise, *Æneæ magni dextra cadens*, qu'on m'eust desabusé ; c'est à dire, que ie n'eusse plus à desirer dans vne ville dont ie preferois le seiour à celuy de toutes les autres que i'ay veuës, nonobstant les incommodités que i'y rencontre, ny l'ordre & la netteté, ny l'asseurance & la discretion que i'auois trouuées ailleurs, & desquelles il me sembloit que ie receuois vn grand secours pour la tranquillité de la vie, qui doit estre le dernier but de la societé, & l'vnique raison pour laquelle les hommes se sont renfermés dans des Villes.

Ce qu'il y eut de plus fascheux pour moy en ceste innocente contestation fut que le iudicieux Ariste voyant la force de mon aduersaire, vsa de sa Politique, se mit du parti le plus fort, fut des premiers à me ietter des pierres, & m'eust laissé porter la peine de ma temerité, s'il n'eust veu toutes choses disposées à la clemence. Ainsi ie combatis seul & denué de toute assistance contre vn ennemi qui pourroit me persuader que i'ay esté vaincu, si i'auois eu la victoire, & sous lequel il y a plus d'aduantage de succomber, que de surmonter les autres; pource qu'en prenant son parti on est tousiours asseuré de prendre celuy de l'honneur & de la Vertu, vers le soustien de laquelle son intention est inuariablement dirigée.

Vous le remarquerés bien, Monsieur, en ceste occasion où il a d'abord paru pour les interests de sa Patrie & de sa Nation qu'il a veu legerement attaquées; ne pouuant point souffrir que sous aucun pretexte d'ingenuité i'en diminuasse tant soit peu les loüanges, pour en accorder vne partie à des peuples & à des pays, où il m'auoit semblé qu'en beaucoup de choses on se comportoit plus raisonnablement que nous; & ne voulant point entendre mes modifications, ny tout ce que i'alleguois en suitte à la d'autant plus grande gloire de Paris, que malgré les defauts & la pretenduë barbarie dont ie l'auois accusée, i'aduoüois qu'elle estoit la plus charmante Ville du Monde à ceux qui en goustent les delices.

Il ne me seruit à rien de protester que ie souscriuois volontiers à l'Epigramme de Iules Cesar Scaliger, qui represente les Estrangers si confondus & estonnés des merueilles de Paris, qu'ils ne peuuent point croire ce que leurs yeux leur en rapportent.

Francigenæ princeps populosa Lutetia gentis,
  Exerit immensum clara sub astra caput.
Hîc ciuis numerum, ars pretium, sapientia finem
  Exuperant, superant thura, precesque Deos.
Audiit, obstupuitque hospes, factusque viator
  Vidit, & haud oculis credidit ipse suis.

Et ces beaux vers de du Bartas, que i'auois leus peu de

iours auparauant, ne furent pas affez prefents à ma memoire pour me rendre vn bon office, en me tirant du blafme que i'encourus de ne pas iuger equitablement d'vne fi belle Ville. Vous ferez peut eftre bien aife de les entendre, & ie me les rememore volontiers en faifant mon Apologie. Le Poëte compare le premier homme lors qu'il entra dans le iardin d'Eden à vn Berger qui vient à Paris, & reprefente l'eftonnement de ce dernier par vne agreable defcription qu'il fait de tout ce qu'il y a à admirer dans cefte Ville incomparable.

2. Semaine premier iour.

Mais il ne fut fi-toft entré dans ce parterre
Qu'il mefprife à bon droit le refte de la terre;
Tout tel que le Pafteur, qui n'a veu autresfois
Que des bœufs, des moutons, des vignes, & des bois,
Et qui fon bas hameau, bien que couuert de chaume,
Repute mal accort eftre vn puiffant Royaume;
Voyant du grand Paris les miracles diuers
Idiot penfe entrer en vn autre Vniuers.
Il admire tantoft fans art les artifices,
Les maffes & l'orgueil des facrés edifices,
Qui feurement baftis, & parés richement
Touchent l'Enfer du pied, du front le Firmament.
Il admire tantoft les differents langages,
Les geftes, les habits, les mœurs, & les vifages
Des hommes qui rongés d'vn bataillon de foins
Font d'vn flus & reflus ondoyer tous fes coins:
Il admire tantoft les auares boutiques,
Les threfors, les meftiers, les rumeurs, les traffiques:
Il admire tantoft la Seine dont les flots
Profonds femblent porter des monts deffus leur dos.
Il admire fon Louure; il admire fes Ifles,
Il admire fes ponts, non plus ponts, mais des Villes.

L'Ame pleine des fentimens aduantageux de deux fi grands hommes, il eftoit impoffible que ie ne deferaffe à celuy de noftre Illuftre Abbé qui leur paroiffoit conforme, & que ie ne luy rendiffe toute la foufmiffion que ie deurois à sa seule authorité. Ie vous raconteray neantmoins tout nostre Entretien le plus exactement qu'il me sera possible ; & peut estre que i'y adiousteray ce que le torrent de l'Eloquence sous laquelle ie fus obligé de plier, ne me permit pas de representer.

Mon dessein n'estoit point de prendre le terme de barbare à la rigueur de ceux qui le donnent aux Peuples viuants sans discipline, ou sur les confins de la liberté naturelle, qui est vn Estat sauuage, incommode, & de guerre continuelle. Ie le prenois d'vne façon plus douce, & dans vne moins rude signification. Ie conceuois vne autre espece de Barbarie mitigée, que les Grecs & les Romains ont attribuée autresfois à des Peuples qui veritablement ne se deuoroient pas les vns les autres, & qui viuoient sous des loix & des magistrats; mais qui n'employoient pas assez d'esprit & de soins à applanir les difficultés que la Nature veut que nous surmontions ; & qui soit par stupidité ou par faineantise, negligeoient d'vnir & de parer ce qu'il y a d'inegal ou de difforme dans les routes de la vie, & qui sert d'obstacle à nostre felicité.

Là dessus ma pensée estoit, que comparant l'idée generale que i'auois de Paris à celles qui me restoient de Rome, d'Anuers & d'Amsterdam, ie trouuois ces dernieres villes mieux ordonnées, & voyois en elles des ouurages de quelque raisonnement ; pendant que l'autre ne me representoit qu'vne production du hazard, & vne tumultuaire assemblée de gens qui ne songent presque point à prendre leurs commodités, qui sont eleués parmi l'ordure & dans le trauail, & qui ne se reposent, ou ne se resioüissent qu'en respirant vn peu de la fatigue, des soucis, & de la misere qui les accablent.

Ie ne niois point que dans ceste vaste confusion de Paris, que l'on doit nommer vn Monde, plustost qu'vne Ville, ou du moins plusieurs villes mises les vnes sur les autres, il n'y euſt vne infinité de choſes regulieres, & ſi ſurprenantes, que de tant plus pres qu'on la conſidere, plus on l'admire, plus on s'y plaiſt, & on y demeure enchanté,

Vt cupidos defigens aduena viſus,
Circumagenſque oculos, nil dicat in orbe ſecundum,
Nec quicquam conferre queat ventoſa vetuſtas.

<small>Th. Dempſ-
terus Scitus
Expoſtula-
tione cum
Muſij, Ne-
mauſi 1604</small>

Ou comme auoit dit le Preſident Seguier auant Dempſterus dont i'ay emprunté ces paroles,

<small>Hieron.
Seguierius
in Floridis.</small>

Nec ſimilem cernit, terras cum luſtrat Apollo,
Nam quæ inſunt aliis ſingula, cuncta tibi.

Et ie ne faiſois pas difficulté employant les termes de Gerſon, de donner à Paris tout entier la loüange qu'il donne à l'Vniuerſité, lors qu'il la nomme vn Paradis de plaiſirs, *imò nihil errauero, ſi eam appellauero paradiſum voluptatis.*

Et de vray la diuerſité de toute ſorte d'obiects, d'occupations, & de diuertiſſemens y eſt ſi prodigieuſe, qu'il n'y a perſonne qui n'y trouue ce qu'il luy faut. Voire meſme l'oppoſition du difforme & du monſtrueux y rehauſſe bien ſouuent l'eſclat de ce qu'il y a de beau, & rend le regulier plus recommandable. Il ne faut point aller chercher en Italie plus d'Architecture qu'il y en a en certaines maiſons; ny deſirer au dedans la propreté de la Hollande.

<small>Mich.
Hoſpita-
lius.</small>

Pace tua dictum ſit Romule, pace, Quirites
Veſtra, ſi quid adhuc Romanæ ſtirpis in Vrbe eſt,
Barbarico nondum pollutus ſemine ſanguis,
Altior & cœlo, maiorque Lutetia Roma
Extollit caput, & reliquas ſupereminet vrbes.

Les arts & les ſciences ne floriſſent point dauantage en aucune autre contrée. Leyden, Rome, Salamanque, Padoüe, & tout ce qu'il y a de ſçauantes Villes en Europe, ne ſçauroient fournir toutes enſemble plus d'hommes Illuſtres que Paris ſeul en fourniroit. Les Conuerſations de toutes ſortes y ſont exquiſes; & les amitiés qui naiſſent de la ſympathie des humeurs ou de la con-

formité des inclinations & de la ressemblance des ge- *I. Discours Sceptique.*
nies, ne peuuent point se former ailleurs plus aise-
ment; pource qu'il n'y a point d'esprit si bigearre ny
si particulier, qui n'y rencontre vne douzaine de testes
de sa fabrique. Et c'est, à mon aduis, vne des principales raisons pour laquelle toute sorte de personnes se
plaisent à Paris, dés qu'elles y ont contracté des habitudes : Car il est certain qu'on s'y deplaît au commencement, & que tous les Estrangers en detestent le
seiour lors qu'ils y arriuent, & tandis qu'ils ne decouurent que ceste escorce & cet exterieur qui leur paroist
hideux & que ie nomme barbare.

Certes ie ne puis point encore depuis vingt ans que
ie connois Paris m'accoustumer aux bouës, à la saleté,
aux filoux & à l'insolence, à quoy l'on est exposé dans
les fortunes mediocres ; n'y ayant que les personnes
fort riches & de haute condition qui n'en ressentent
des incommodités. Or qu'vn grand Peuple n'ait pas
sçeu iusques icy s'en guarentir, c'est en quoy ie trouue qu'il y a de la barbarie. Et si apres tant de beaux
reglemens pour la police on n'a peu trouuer des ex-
pediens pour les faire garder, ie ne sçay comment
nous euiterons parmi les Estrangers l'accusation d'aimer
les desordres & la confusion. Il est fort inutile que
nous ayons des Liures d'Ordonnances où toutes choses sont parfaictement bien reglées ; & tant s'en faut
que cela serue à iustifier nostre politesse & nostre humanité, qu'au contraire cela monstre vne inclination
insurmontable aux vices que nous auons essayé de corriger.

Il ne se fait point de placards aux villes que i'ay
nommées qui dés l'heure de leur publication ne soient
gardés inuiolablement, & chacun s'abstient de ce qu'il
faisoit auparauant, dés qu'on luy dit que le bien public
demande qu'il s'en abstienne & que le Magistrat l'a ordonné de ceste sorte. Ainsi on seroit bien marri d'auoir
ietté dans la ruë aucunes immondices dés que cela a

esté defendu. Ainsi on ne trouue pas mauuais de changer de demeure en receuant quelque dedommagement pour aggrandir vne place publique. Ainsi on contribuë liberalement aux quays, aux ponts, aux chemins; Et ainsi les arbres qu'on y plante, sont d'ordinaire mieux entretenus que ceux des maisons de plaisance des personnes priuées.

Mais chez nous on fait vanité d'aller contre les Ordonnances de la police, de ruïner les ornemens, & de destruire le plustot que l'on peut les commodités publiques, si de hazard quelque sage Magistrat en a voulu introduire quelqu'vne. N'a-t-on pas veu du temps de Henri IV. lors que sous la Sur-Intendance de M. de Sulli, on voulut planter des ormes tout le long des grands chemins du Royaume, que les Paysans ne faisoient pas scrupule de couper vn arbre pour prendre vne gaule, & qu'en termes de leur bestise ils nommoient cela couper vn Rosni : De sorte qu'il fallut abandonner vn si beau dessein, & laisser les chemins si laids, si horribles, & si incommodes en des endroits où il passe tous les iours plusieurs milliers d'hommes, qu'il n'y a point de bestes brutes (au moins de celles qui viuent en societé) qui en vsent plus negligemment. D'où viennent peut-estre les noms de ruë d'Enfer, de Vallée de misere, des Mauuais garçons, des Mauuaises paroles, dont on n'a peu s'empescher de se plaindre & d'exprimer les peines qu'on y endure. Cependant qui penseroit à reparer vn pont, à mettre vne pierre en vn lieu où il a failli de tomber dans vn precipice, à creuser vn puits, ou à conduire vne fontaine en vn lieu passant, comme font les peuples Orientaux, ou à semer des pasteques & des melons pour ceux qui voyagent, seroit estimé vn visionnaire, vn homme de grand loisir, vn citoyen de la Rep. de Platon.

Et comment est-ce que quelque particulier entreprendroit cela pour l'vtilité commune, puis que

communement

communement pour la sienne propre il auroit honte d'employer quelques heures à parer le dedans ou le dehors de sa maison. Peut-on rien voir de plus sauuage que les demeures de nos paysans & quelques extremités de nos fauxbourgs, où ils sont ridiculement exposés à la pluye, au vent & à la fumée, qui ont au deuant de leurs portes des lacs & des bourbiers, & où il faut monter quelquesfois d'vne seule eniambée de deux pieds de hauteur, faute d'auoir eu le courage d'y mettre vn méchant degré. Le moindre villageois de Hollande n'a-t-il pas plus de balustres, de contrefenestres, de chassis de verre, & de peintures, que la pluspart de nos bourgeois & de nos plus riches marchands?

Mais pour reuenir à ce qui touche l'vtilité publique, ie croy qu'il y a bien long-temps qu'on n'a entendu dire, lors que l'on veut bastir quelque edifice ou faire quelqu'autre ouurage public ; Faisons cela de telle ou de telle façon, qui réioüira la veuë des passans, dequoy l'on se seruira plus commodement, & qui ornera nostre Patrie. Ne dit-on pas plustot, faisons-la de telle ou de telle maniere qui coustera moins, sur quoy nous trouuerons mieux nostre conte, & dont nous n'auons pas à regarder ny la beauté, ny la durée. Y a-t-il en cela quelque rayon d'esprit public, & ne sommes-nous pas contraints d'aduoüer que de ce costé-là nous sommes barbares en comparaison de Flessingues & de Middelbourg, où vous auez esté, Monsieur, par vn chemin paué de briques, entre des vergers & de fort iolies maisons, toutes pleines d'emblemes & de deuises, & plus encore en comparaison de la Rome ancienne, dont la moderne retient tant de grace, de sagesse & de maiesté?

L'abondance de Paris est veritablement quelque chose d'inconceuable à ceux qui ne l'ont pas curieusement remarquée, & qui contribuë beaucoup à la douceur & aux commodités de la vie qu'on y peut mener telle que l'on veut. *Veramente quelle rostisserie sono*

I. Discours Sceptique.

cosa stupenda. Mais n'y a-t-il pas à le bien prendre & dans le general, quelque chose de barbare ou de bien maussade en la distribution de ceste abondance, qui est iettée confusement & respanduë par toute la ville; au lieu qu'elle auroit meilleure grace, si elle estoit rangée en certaines places commodes où l'on eust le plaisir de la voir estalée, & d'aller choisir ce que l'on desire. Que sont, ie vous prie, ces halles estroittes, irregulieres, infectes & puantes, que comme des cloaques d'où il faut aller tirer de la bouë auec beaucoup de peine, & rauir tumultuairement les viures que la Nature nous presente ornez de feuilles & de fleurs ; & ne luy faisons-nous pas vne grande iniure, de traisner ses presents en des infames lieux, où l'on met ceux que la Iustice enuoye aux vautours & aux corbeaux ? car c'est là mesme que l'on repose les cadaures des mal-faicteurs, apres qu'ils ont enduré en Greue les derniers supplices du gibet ou de la rouë. Mais si les viures sont mal traictés, le breuuage n'a pas à se glorifier, & l'eau que l'on va puiser entre les batteaux où se lauent les ordures des boucheries, & des hospitaux, & là où se degorgent les égouts & des aisemens, n'est bien souuent guere differente de la bourbe & du pus qu'elle contient, & tousiours elle garde la consistance d'vn apozeme, ou la couleur d'vne decoction. De quoy ie voudrois bien que l'on se souuinst lors qu'on pretend de s'excuser de la barbarie que ie trouue en ceste saleté par celle des brasseries de Hollande, & par l'vsage d'vn seul pot de grez, dans lequel tout le monde boit dans vne hostellerie. Mais on est accoustumé de part & d'autre à ceste eau & à ceste biere, & ie ne blasmois à Paris que le peu de soin que l'on a eu de conduire des eaux nettes, ou d'en aller puiser au milieu de la riuiere, où elle ne charrie pas tant de vilainies.

Ie ne sçay si ie ne pressay point vn peu trop cet endroit : mais tant y a que s'il faut chanter la palinodie toute entiere, & croire que la puanteur & les ordures parmi lesquelles on est obligé de viure ou de se nourrir, ne sont rien à la barbarie, i'ay des vers tout prests, dont par aduance ie vous veux faire part, & où l'abondance de Paris & le debit de ses denrées est assés bien representé, par vn Polonnois qui en faisoit il y a plus de cent ans vne iolie description.

<small>I. Discours Sceptique.</small>

> Deficiunt nunquam cerealia munera turbam.
> Hic velut in cornu diuite cuncta fluunt.
> Nec tantùm facili tenuem moderamine victum,
> Omnes delicias hîc habitare puta.
> Quicquid auent oculi, quicquid mens optat ementis,
> Illecebræ quicquid maximus orbis habet.
> Hos licet Eois tantùm nascatur in oris,
> Aut vbi sol fessos nocte recondit equos.
> Hic quis reperiat facili mercabile sumptu,
> Si modò nil carum copia larga sinat.
> Finitimæ totis contendunt viribus vrbes,
> Ne desit nostris vsibus apta Ceres.
> Quicquid eis tellus, labor, ingeniumque parauit,
> Huc velut in certum confluit omne penu.
> Villicus huc teneros fert cum veruecibus hædos,
> Huc matrem sequitur flebilis agna suam.
> Mittitur argutis streperus clamoribus anser,
> Gestantur raucæ mille cohortis aues.
> Neu procul expositas cogaris quærere merces,
> Clamitat ecce tuas venditor ante fores.
> Emptoremque vocat, compresso gutture, collo,
> Aut scapulis, etenim prægraue gestat onus.
> Non hic quadriiugo mos est fora visere curru,
> Vt procul inuectæ conspiciantur opes.
> Rusticus ignauo committit pondus asello,
> Arcadicum sequitur crassa colona pecus.
> Proclamans peragrat diuortia cuncta viarum,
> Quas vehit vt paruo fœnore mutet opes.

<small>Eustatius à Knobelsdorf. Elegia apud Vuechelũ edita 1543.</small>

Au reste, Monsieur, ie voudrois bien sçauoir si vous auez encore la mesme indignation que vous tesmoigniez autresfois lors que vous passiez au Louure & au Palais Cardinal, où vous consideriez auec depit cette galerie que feu M. le Cardinal de Richelieu auoit ornée de si belles deuises, & dans laquelle maintenant les pages & les laquais font mille ordures, depuis qu'elle n'a ny porte ny fenestres. Ie ne me sens pas moins touché que vous à la veuë du Louure, qui seroit le plus beau & le plus magnifique bastiment du monde, si on auoit le courage de l'acheuer, & dont nos Rois pourroient faire vne forte citadelle, dans laquelle ils auroient vingt mille hommes & tous les Officiers de leur Couronne. Cependant non seulement ils souffrent qu'vn si grand dessein demeure imparfait; mais ils ne se mettent point en peine de se seruir de ce qui est desia eleué, & à quoy il ne faut que le couuert & les ameublemens. La Cour est logée à l'estroit, salement, & auec incommodité, n'a pas moyen de se mettre plus au large, & donne ses materiaux à des personnes plus aisées qui en font bastir des Palais. En vn mot, le Roy ne peut pas reparer sa maison, tandis que de simples Partisans qui n'estoient point releués par leurs charges ny par des seruices rendus à l'Estat, ont fait quelquesfois aplanir des montagnes, & employé en vn seul chasteau la despence de plusieurs millions. Ie ne suis pas marri de l'embellissement de la campagne, & ne trouue pas mauuaise la profusion que font à cela quelques Particuliers. Au contraire ie la loüe, & me réioüis de ce qu'ils respandent par ce moyen sur le peuple des richesses qu'il seroit dommage de tenir enfermées. Mais ie souhaitterois que nos Princes & nos villes pratiquassent à l'vtilité publique le mesme soin & la mesme diligence que ceux-là prenent pour le particulier diuertissement de leur famille; Et il me semble qu'il y a quelque barbarie d'en destourner nos Rois ou nos Magistrats, ou à ne se pas soucier qu'ils l'entreprissent : Comme d'autre-part ie trouue du bon sens, de la politesse d'esprit, & de

l'humanité en ceux qui ont acheué les Palais & les iar- I. Difcours
dins du Vatican & de Monte-Cauallo, qui ont dreſſé Sceptique.
des obeliſques, fait couler des fontaines, enrichi des
Egliſes, deſtiné à la bourgeoiſie des maiſons d'exercice
& de recreation, & baſti de ſuperbes Hoſtels de ville,
d'où les Loix ſortent auec plus de pompe, & ſont receuës
auec plus de veneration.

Comme de la phyſionomie des perſonnes, de leur
habit, & de leur demarche on iuge probablement de
leurs mœurs & de leur eſprit; Il eſt certain qu'à voir
la face d'vne ville on iuge de ce qui l'anime, de cette
perſonne à pluſieurs teſtes qu'on nomme l'Eſtat, des
membres qui la compoſent, de l'interieur, & en vn
mot des hommes qui ſont comme les eſprits diſtri-
buez en toutes les parties de ce grand animal. Mais
que doit on iuger de Paris à le regarder de cette ſorte
& d'vne veuë generale, ſi ce n'eſt qu'il n'eſt point
conſtruit ny gouuerné auec toute la politeſſe & tout
le raiſonnement que l'on ſe peut imaginer, ou que l'on
remarque ailleurs? Et en comparaiſon de ces autres
pays, où les villes ſont baſties & gouuernées plus rai-
ſonnablement, ne peut-on pas dire qu'il y a quelque
choſe de barbare, encore que le monde n'y aille pas
tout nud, qu'on n'y deuore pas ſes parents, qu'on n'y
déchire pas la viande toute cruë, & qu'en pluſieurs
choſes on y garde la bien-ſceance! Ie ne penſe pas
qu'on le puiſſe nier, ſi ce n'eſt qu'on n'en ait point
veu d'autre mieux policée, & que l'on ſoit comme
cette honneſte femme qui n'aduertiſſoit pas ſon mari
de la puanteur de ſon haleine, pource qu'elle n'auoit
iamais eſté baizée d'autre homme que de luy, &
qu'elle eſtimoit qu'ils deuoient tous auoir le meſme
defaut.

Au reſte, Monſieur, comme cette vertueuſe Sici-
lienne n'en haïſſoit pas ſon mari, ie puis dire que ce
que ie trouue à reprendre à Paris, ne m'empeſche pas
de l'aimer plus tendrement que les autres belles villes

I. Discours Sceptique.

que i'ay veuës. Et en cela paroist la force de ses charmes, puis que toutes ses defectuositez ne sont pas capables de me la faire reietter. Ie me souuiens, & ie tasche de practiquer, lors qu'il en est besoin, l'aduis d'vn ancien ; Qu'il est bon de connoistre les mœurs de nos amis, & qu'il ne faut pas laisser de les aimer, encore que l'on y trouue des choses à reprendre. *Amici mores noueris, non oderis.* Et ie pense que peut-estre tout ce que ie reprens, ou qui est moins de mon goust, est vne de ses perfections selon la veuë de quelques autres, & sert à l'inépuisable varieté qui recrée les sens, & fournit à l'imagination de quoy entretenir eternellement la pensée de ceux qui la considerent.

Car aux villes dont nous auons loüé l'ordre & la propreté, on ne voit iamais que le mesme visage, & les plus grandes beautés nous ennuyent, enfin quand elles sont trop long-temps considerées. On a tousjours à la Haye les mesmes places, le mesme bois, & les mesmes allées. On va tousiours à Amsterdam le long d'vn beau canal, sous des arbres, & sur vn paué de brique; on a tousiours les mesmes perrons de marbre, & les mesmes balustrades peintes de diuerses couleurs ; on y est tousiours au large, les vaisseaux marchent tousiours de mesme façon, & on y rencontre tousiours aux personnes la mesme grauité ou la mesme modestie. On va tousiours à Rome chez les Cardinaux auec la mesme ceremonie, on les accompagne chez le Pape; Et pour vser des termes de du Bellay,

On suit son Cardinal au Pape, au Consistoire,
En Capelle, en visite, en Congregation.

La maniere des corteges ne change point. On voit tousiours aux places publiques les mesmes statuës; les mesmes réioüissances reuiennent toutes les années ; & le iournal des deuotions nous apprend où seront les Festes, les Musiques, & les Stations d'icy iusques à la fin du Monde.

Il n'en est pas de mesme à Paris. Le desordre, la confusion, & la temerité des mouuemens changent à toute heure la face de cette monstrueuse ville. On n'y voit iamais deux fois la mesme chose; la Scene y change à tout moment; & de la bigearrerie de ces spectacles differents on tire le mesme plaisir que l'on reçoit ailleurs de la symmetrie & de la iuste proportion. Vn carosse renuersé, deux crocheteurs qui se gourment, vn filou qu'on arreste, quelques harangeres qui s'iniurient, vn voleur qu'on mene pendre, vn embarras qui se forme ou qui se dissipe, le cri de ceux qui vendent les denrées, les affiches des Comediens & des Libraires, les billets des Charlatans, les chansons des badauts, l'estalage des marchandises, & la rencontre d'vne foule continuelle de visages differents, font le mesme effect, ou nous réiouïssent bien dauantage, que tout ce que ie viens de representer de Rome & d'Amsterdam. Il y a bien plus, toutes ces choses qui separées seroient incommodes, mises ensemble nous font passer doucement par dessus les crottes, supporter la puanteur des ruës, & surmonter les distances & les empeschemens qui se rencontrent en la poursuite de nos affaires. Nous en trouuons le logis, le repos & quelque propreté plus agreable. Et vn iour de beau temps la promenade auec nos amis, ou la conference auec quelque rare personne, nous fait oublier tout le mal que nous aurions peu souffrir en trois semaines.

Ie ne fais iamais reflection là dessus, qu'il ne me souuienne de ce que les Anciens ont crû de la derniere fin de toutes nos actions, qui se rapportent à la cessation du mouuement, pource que les plaisirs qui se rencontrent dans le mouuement mesme, demeurent vn degré au deça du dessein de la Nature. Vous sçauez les éclaircissemens, les preuues, & les illustrations de cette modeste opinion que nostre ami a si puissamment restablie; mais ie vous prie de considerer si le plus ordinaire plaisir de Paris n'est pas celuy de l'exemption de quelque incommodité, & au regard du

I. Discours Sceptique. vulgaire quand il peut regagner le logis, & au regard des personnes opulentes, quand elles se comparent aux moins accommodées. Ie vous aduoüe, Monsieur, que faisant quelquesfois l'vn & l'autre personnage, ie l'éprouue sensiblement : Car ie me console bien souuent de la crotte, & de tous les autres inconueniens de la barbarie, par l'esperance d'arriuer chez moy, ou de vous trouuer chez vous, & de ioüir en quelque endroit de la propreté & des autres douceurs de la vie, en ces incomparables conuersations où les vertueux me font l'honneur de m'admettre ; comme d'autre-part ie ne vay iamais en carosse par la ville, que me comparant à ceux qui vont à pied, ie ne gouste le plaisir de la priuation des maux que ie vois que les autres endurent, & que ie n'emprunte ces vers de vostre Lucrece.

Suaue mari magno, turbantibus æquora ventis,
 E terra magnum alterius spectare laborem:
 Non quia vexari quamquam est iucunda voluptas ;
 Sed quibus ipse malis careas quia cernere suaue est.

Et ie pense que chacun éprouuant ce qui m'arriue, il n'y a point de doute que la grande inégalité, les plus facheuses & ordinaires incommoditez, le desordre, & tout ce que ie nomme barbarie, ne contribuent beaucoup à rendre le sejour de Paris le plus doux & le plus charmant du monde.

Et au fonds, si i'entreprenois le Panegyrique d'vne ville dont i'ay eu dessein de toucher les defauts, & non pas de celebrer les loüanges, ie pourrois bien faire voir, mesme selon Aristote, qu'il est impossible qu'elle soit plus commode, & mieux policée ; pource qu'elle est trop populeuse, & qu'vne si grande machine n'est pas capable d'vn mouuement iuste & reglé, tel qu'est celuy des villes moins peuplees ; ἴσως δ' ἀδύνατον ὀνομάζεσθαι τὴν λίαν πολυάνθρωπον, dit-il, au 4. Chapitre du 7. Liure de sa Politique. En effet, ny vn Nauire d'vne aulne de long, ny vn autre de cent toises, ne seroient gueres

DE M. DE MAROLLES.   69

gueres propres à la nauigation. Il faut vne certaine I. Discours Sceptique. mediocrité, ὁμοίως δὲ καὶ πόλις. Pareillement vne Ville, si elle a trop peu de monde, elle n'a pas tout ce qu'il luy faut pour les commoditez de la vie, ἡ μὲν ἐξ ὀλίγων λίαν, οὐκ αὐτάρκης. Or est-il qu'vne Ville doit auoir tout ce qui luy est necessaire. ἡ δὲ πόλις, αὐτάρκες. Et si la multitude des habitans est trop grande ; Elle aura bien de-vray tout ce dont elle a besoin ; mais elle l'aura comme vne Prouince, & non pas comme vne Ville. Car il n'est pas bien aisé qu'il y ait de la Police. Qui se mettra, ie vous prie, à la teste d'vne si grande foule pour la conduire ? Comment y fera-t-il entendre ses ordres ; & quelle voix Stentorée penetrera tant de portes & de murailles, afin que tout le monde obeisse aux reglemens que l'on doit signifier? ἡ δὲ ἐκ πολλῶν ἄγαν, ἐν μὲν τοῖς ἀναγκαίοις, αὐτάρκης, ὥσπερ ἔθνος, ἀλλ' οὐ πόλις. Πολιτείαν γὰρ οὐ ῥᾴδιον ὑπάρχειν· τίς γὰρ στρατηγὸς ἔσται τοῦ λίαν ὑπερβάλλοντος πλήθους, ἢ τίς κῆρυξ μὴ στεντόρειος.

Ie voudrois bien que nous en fussions demeurez là, & qu'on ne m'eust pas obligé de parler de nostre Nation, à laquelle i'aimay-mieux m'en prendre qu'au Gouuernement, en recherchant la cause des defauts pour lesquels i'auois nommé Paris vne ville barbare. Mais i'y fus poussé contre mon intention, & quelques protestations que ie fisse d'excepter tousiours mes Superieurs & vne infinité de sages Testes, qui se sont purifiées du mauuais air & de la contagion commune ; ie ne laissay pas d'estre vigoureusement relancé, comme si i'estois moins equitable à la Ville Capitale de ma chere Patrie, que ie ne voudrois point changer pour aucune autre ; ou comme si ie pretendois à me tirer du pair, & à faire le Censeur.

Certes ie suis fort éloigné de cette presomption. Ie ne croy pas que ie sois gueres meilleur que beaucoup d'autres dont ie n'approuue point les actions, & ie me vois fort au dessous d'vne infinité de personnes excellentes que ie tâche d'imiter. Mais ie vous auoüe-

K

I. Discours Sceptique.

ray franchement qu'estant hors de mon pays, i'ay souuentesfois eu de la honte & de la confusion, de la legereté & de l'indiscretion de quelques-vns de mes compatriotes ; & qu'y estant de retour vn peu sur l'âge & auec plus de pratique du grand monde, i'y ay esté encore plus scandalisé de l'interest & du peu de foy, qui dominent presque dans toutes les affaires.

Les Estrangers qui ont voyagé, & qui nous reçoiuent chez eux, excusent volontiers les irregularitez de la ieunesse qu'on leur enuoye, au sortir du College ou de l'Academie, & prenent quelquesfois plaisir aux extrauagances où il paroist de l'esprit & de la gayeté : mais comme le plus souuent elles passent au mespris & à l'iniure de ceux en la puissance desquels on est, il n'est pas de merueille qu'enfin ce procedé leur deplaise. Et là dessus vn de mes amis entendoit dire sagement au Cardinal Bentiuoglio à Rome, où quelques ieunes François faisoient beaucoup de bruict ; Que ce seroit peu de chose s'ils se contentoient d'estre de la belle humeur qu'ils estoient à Paris ; mais qu'ils passoient les bornes en Italie, & qu'il estoit bien mal-aisé a des personnes moderées de supporter leur immoderation.

On peut reietter les autres vices plus fâcheux sur le malheur des temps qui courent, sur les guerres & les diuisions, qui non seulement ruinent les villes & la campagne ; mais qui souleuent au dedans de nous nos passions, & renuersent tellement nos facultez, que nous ne voyons presque plus dans cette agitation où nous sommes, aucune distinction du vray & du faux, du bien & du mal, de l'ordre & de la mauuaise conduite. Mais pource que ce n'est pas d'auiourd'huy que d'autres que moy se sont plaints de nostre Nation, ie n'estime pas qu'il en faille accuser aucun desordre du gouuernement ; qui ne fut iamais mieux entendu qu'à present, où l'on a coupé tous les nerfs des guerres ciuiles, seules à craindre dans vn Estat qui triomphe de tous ses voisins, par le courage heroïque, la pieté hereditaire, & la sagesse qui a preuenu les années de noſtre ieune Monarque : Car c'eſt à ce principe qu'il faut rapporter tout ce que la prudence de ſon incomparable Miniſtre, & la valeur de ſes Capitaines ont fait de grand pour ſon ſeruice. Ie vois en effect que de temps immemorial, & ſous les meilleurs Rois qui gouuernoient auec vne entiere application d'eſprit, nous auons donné les meſmes ſujets de plainte; & que tousjours les François ont eu le meſme naturel, ſoit que par imitation ils ſe ſoient donnés les vns aux autres & de pere en fils les meſmes Maximes, ou que l'influence du climat, la nature du pays & le terroir y faſſent quelque choſe,

I. Diſcours Sceptique.

Et ſe Parriſios dixerunt nomine Græco;
Quod ſonat expoſitum noſtris, audacia, verbis.

Brito.lib.1. Philippi-dos.

De ſorte que nous ne pouuons pas nous en décharger ſur vn petit nombre de perſonnes; & quand bien nous le ferions, cela n'empeſcheroit pas que la propoſition ne demeuraſt touſiours entiere; Qu'il y a à deſirer en noſtre Nation la fermeté, la diſcretion, le deſintereſſement, & la fidelité dont on nous accuſe de tenir fort peu de conte; puis que d'où que ces defauts nous vinſſent, nous ne laiſſerions pas de les auoir, & qu'il importe fort peu d'où c'eſt qu'ils tirent leur origine, tandis qu'il ne faudroit ſonger qu'à s'en defaire. Il ne faut pas iuger ſi l'on a raiſon de porter cette plainte de nous, par ce que pratiquent les gens d'honneur aux rencontres particulieres, où ils donnent des exemples irreprochables de toutes ces vertus, & peut-eſtre en plus haut degré qu'elles ne ſe trouuent en part du monde : Mais il faut touſiours regarder à cet eſprit public, & aux idées qui nous demeurent de cette veuë generale que l'on doit paſſer ſur la pratique de toute la Nation. Il ne faut pas auoir égard à ce que fait vn gentil-homme qui eſt à la teſte de ſon regiment en Guyenne ou en Normandie; mais à la barbarie de tout le corps, à ce qu'vne Communauté fait contre ſa voi-

I. Discours Sceptique.

fine, à ce que le plus grand nombre exerce, à ce qui arriue le plus souuent. Il ne faut point aussi vser de recrimination, ny penser que ie veuille dire que ces manquemens des François ne se trouuent point du tout aux Nations estrangeres. Ie ne les estime pas si parfaictes, & ie n'ay pretendu auancer, si ce n'est qu'ils n'y paroissent pas si fort ny si communément; peut-estre à cause que nous faisons toutes choses auec excés, & que ny aux vices ny aux vertus, nous ne gardons point de mesure. Nostre courage passe iusques à la temerité; nostre liberalité tend à la profusion; nostre franchise se conuertit en indiscretion; quand nous voulons vser de mesnage, nostre interest nous porte à toute sorte de lâchetez, & en cela de mesme qu'au reste nous encherissons par dessus toutes les Nations de la Terre. D'ailleurs nos defauts paroissent dauantage par l'opposition de nos vertus; comme aux autres ils sont obscurcis par vn air plus sombre & moins brillant qui les couure. On ne s'estonne pas beaucoup qu'vn Hollandois parle grossierement, ou fasse quelque acte d'inciuilité. On ne trouue pas mauuais qu'vn Italien viue écharcement & ne connoisse personne où il y va de son interest. On se mocque de l'orgueil d'vn Espagnol, & il ne paroist point estrange qu'vn Anglois traicte arrogamment. Mais quand cela arriue à vn François, qui est en reputation de courtoisie & de ciuilité, il est si fort contre son naturel, que tousjours on le supporteroit mal-aisement; encore qu'il ne le fist pas auec excés, ainsi qu'il le pratique.

Il est vray que nous auons vne viuacité d'esprit admirable, que les pointes & les promtes reparties nous coustent fort peu, que nous disons & faisons toutes choses de bonne-grace, & que quelques Estrangers empruntent souuent nos modes: mais cela ne nous sauue peut-estre pas de la barbarie que nous trouuons nous-mesmes dans ceux qui viennent de la Prouince, & qui retiennent le langage & les habits du temps de nos ancestres, qui nous sont deuenus barbares, comme ceux d'à present le deuiendront à nos neueux. Il est vray aussi que l'on preste fort aisement à Paris aux personnes de condition incommodées ; qu'on leur vend à credit ; & que la pluspart des hostes se ruinent en faisant bonne chere aux Estrangers, qui sont des actes d'vne imprudente ciuilité. Mais en mesme temps quelle vsure & quelle volerie n'y a-t-il pas dans les boutiques ? A la verité on n'entend point parler de poison, ny de vengeance retenuë depuis vingt ans dans l'esprit d'vne famille : mais combien d'assassinats se commettent tous les iours, & quels dangers ne court-on point dés que la nuict arriue ? Vn bourgeois ne voit-il pas tuer son voisin, sans s'émouuoir pour sa defense, ou pour arrester l'homicide ; comme il seroit aisé de le faire s'ils estoient tous de bonne intelligence, ainsi que les loix de la societé l'ordonnent ? Les Hollandois en font bien plus d'estat que nous, & parmy eux les concitoyens se souuiennent si bien de la protection qu'ils se doiuent reciproquement, qu'il fut impossible de mon temps à M. le Prince d'Orange de mettre en seureté à la Haye au milieu de sa Cour vn Seigneur de grande naissance, qui auoit battu vn Klapperman, vn de ces hommes qui aduertissent de nuict de l'heure qu'il est & qui prenent garde au feu. Ne m'auez vous pas raconté, Monsieur, vne chose bien opposée à cette histoire ; Que vous auiez veu arrester sur le pont saint-Michel vn gueux, auquel vn pere auoit arraché son enfant dont il auoit disloqué les membres ; Que vous l'auiez veu conduire en diuerses prisons où il fut refusé, faute que personne ne voulut estre partie ; & que des lacquays furent contraints d'en faire eux-mesmes vne barbare iustice, le precipitans dans la Seine & l'assommants à coups de pierres, comme il auoit de la peine à se noyer ? Mais laissons à part cette barbarie, auec l'indiscretion que ie trouuois à reprendre, lorsque ie disois qu'vn Romain destournera sa veuë, ou choisira vn

I. Discours Sceptique.

autre chemin pour ne faire point deplaisir à vne perſonne qui ne veut pas eſtre apperceuë; mais qu'vn François prendra plaiſir de la trauerſer; & que ces façons de faire libertines & deſobligeantes luy attirent le meſpris & la haine des Eſtrangers. C'eſt pourquoy ils ne font point ſcrupule de luy faire payer dans les hoſteleries ſon inſolence, le bruit qu'il y fait, le degaſt des viandes, & la ſaleté de la chambre où il renuerſe de ſa table tout ce qui luy deplaiſt.

Et en cet endroit ie ne ſçaurois m'empeſcher de dire à à la loüange des Eſtrangers, qui paſſent par chez nous, ou qui prenent la peine de s'y arreſter, qu'ils ſçauent bien mieux s'accommoder à nos mœurs & à nos façons de faire, que nous ne nous accommodons aux leurs; & qu'ils ont pour nous vne telle deferance, que bien ſouuent ils forcent leur genie pour nous imiter, **** & empruntent noſtre irregularité, comme pour nous traiter ſelon noſtre humeur & conformément à noſtre barbarie. De quoy certes ſi quelques Particuliers ſouffrent quelque legere incommodité, ils ſe doiuent conſoler par la conſideration de l'vtilité publique & de la gloire qui rejaillit ſur toute noſtre Nation, pour laquelle on a tant de reſpect & de complaiſance. Mais peut-eſtre que nous ne leur aurions pas moins d'obligation, s'ils vouloient prendre le ſoin de nous polir, de nous accouſtumer au bon ordre, & de nous inſpirer ce qui nous manque du iugement & de la ciuilité qui leur eſt ſi naturelle.

Mais que dis-ie, Monſieur, de la ciuilité, que l'on auroit grand tort de deſirer, & de laquelle nous donnons des preuues à toutes les autres Nations que nous receuons chez nous comme nos compatriotes, ou chez leſquelles nous allons porter nos reſpects & noſtre ſoumiſſion? Car nonobſtant ce feu volage, & ces foibles commancemens d'inſolence, qui nous font haïr ou meſpriſer des Eſtrangers, nous ne laiſſons pas de nous ſouſmettre; Et vn homme ſage qui auoit beaucoup

I. Diſcours Sceptique.

voyagé, m'asseuroit qu'il auoit rencontré des François presque en tous les pays du monde; mais que partout où ils s'estoient establis, il les auoit trouuez souples, sousmis, fort bons artisans, & seruiteurs tres-humbles de ceux qui leur donnoient à viure, & qui les faisoient trauailler. Il ne faut donc pas qu'on nous accuse d'inciuilité, mais d'vne legere & innocente inconsideration, qui aboutit à quelque raillerie, & qui tousiours est sans venin & sans malice. Nostre galanterie, qui sert de patron à toutes les autres Nations de l'Europe, & nostre fidelité sans pareille au gouuernement Monarchique sous lequel nous viuons depuis plus de douze siecles, marquent bien nostre politesse & nostre humanité; quoy qu'en veuille dire Aristote, qui au troisiéme liure de sa Politique s'oublie iusques-là de soutenir que le gouuernement d'vn seul legitime & hereditaire est celuy des barbares, εἰσὶ βασιλεῖαι τῶν βαρβάρων, Dequoy il rend raison, διὰ γὰρ τὸ δουλικώτεροι εἶναι τὰ ἤθη φύσει, οἱ μὲν βάρβαροι τῶν Ἑλλήνων, οἱ δὲ περὶ τὴν Ἀσίαν τῶν περὶ τὴν Εὐρώπην, ὑπομένουσι τὴν δεσποτικὴν ἀρχὴν, οὐδὲν δυσχεραίνοντες, & sur la fin du chapitre, apres qu'il a mis au premier rang la Monarchie Heroïque ἡ περὶ τοὺς ἡρωικοὺς χρόνους sur des peuples qui se sousmettoient d'eux mesmes à leurs Rois, il rapporte la deuxiesme espece de Monarchie qu'il nomme barbare δευτέρα δὲ ἡ βασιλεία βαρβαρική, αὕτη δέ ἐστιν ἐκ γένους ἀρχὴ δεσποτικὴ κατὰ νόμον. Ce qui a esté refuté par les Commentateurs, & dont la fausseté est toute manifeste.

Et voila, Monsieur, ce que ie dis sur ce suiet, ou plustost ce que ie voulus dire, tandis qu'on se ietta sur ma proposition, que ie n'eus pas moyen de defendre contre de si forts ennemis ; & que ie condamne moy mesme, si elle a quelque chose de contraire au respect que ie dois à mon pays. Ie ne l'ay aduancée qu'entre des amis, & par forme d'exercice. Car au demeurant, i'en reçois de plus generales qui luy furent opposées: Que tous les hommes estoient fort corrompus, & ne

I. Discours Sceptique. valoient gueres plus les vns que les autres; Qu'ils estoient tous entachez du peché originel ; Qu'ils auoient les mesmes defauts ; Et que la societé ciuile, vn peu mieux, ou vn peu plus mal reglée, ne les corrigeoit pas beaucoup. Que le plus court estoit de ne faire iamais de comparaison, & de sçauoir adroictement ioüir du bien present tel qu'il est, sans le mesurer à vn autre dont il ne sert à rien de se souuenir, & qui ne peut pas y estre adiousté. Ie ne voulus pas contester non plus que la durée de nostre gouuernement ne fust vne preuue de nostre sagesse, encore que Boccalini nous ait comparés à des personnes yures qui se redressent en se chocquant : Car il est certain, que nous ne pourrions pas souhaitter vn gouuernement plus conforme à nostre genie.

Ny ie ne songeay point à me preualoir de ce que le Caualier Marin a escrit de Paris, en vne lettre que l'on a mise à la fin de son Adone de la derniere impression de Hollande : pource que c'est vn Autheur folastre, aux paroles duquel il ne faut pas s'arrester. *Quanquam ridentem dicere verum quid vetat ?* Elles sont si plaisantes que ie suis tenté de les transcrire pour finir agreablement cette Dissertation. *Circa il Paése, che debbo io dirui ? Vidirò, ch'egli è vn mondo. Vn mondo dico, non tanto per la grandezza, per la gente, è per la varietà, quanto perch'egli è mirabile, per le sue strauaganze. Le strauaganze fanno bello il mondo ; percio che essendo composto di contrari, questa contrarietà constituisce vna lega, che lo mantiene. Nè più ne meno la Francia è tutta piena di repugnanze, e di sproportioni, le quali però formano vna discordia concorde che la conserua. Costumi bizzarri, furie terribili, mutationi continue, guerre ciuili perpetue, disordini senza regola, estremi senza mezzo, scompigli, garbugli, disconcerti, & confusioni : cose in somma, che la douerebbono distruggere, per miracolo la tengono in piedi. Vn mondo veramente, anzi vn mondaccio più strauagante del mondo istesso.* Mais afin de ne pas demeurer sur cet endroit que le Poëte hyperbolique a touché vn

peu

peu trop rudement, permettez-moy la citation d'vn *(Discours Sceptique.)* passage du iudicieux M. Corneille, qui fait parler Cliton de cette sorte dans vne de ses Comedies,

Connoissez mieux Paris, puisque vous en parlez: *(Le Menteur Act.1.Sc.1.)*
Paris est vn grand lieu plein de marchands meslez,
L'effect n'y respond pas tousiours à l'apparence,
On s'y laisse dupper autant qu'en lieu de France:
Et parmi tant d'esprits plus polis & meilleurs,
Il y croit des badauts autant & plus qu'ailleurs.
Dans la confusion que ce grand monde apporte
Il y vient de tous lieux des gens de toute sorte,
Et dans toute la France il est fort peu d'endroits
Dont il n'ait le rebut aussi-bien que le choix.
Comme on s'y connoist mal, chacun s'y fait de mise,
Et vaut communément autant comme il se prise.

Apres cela il fut conclu tout d'vne voix, que Paris estoit la plus belle Ville du Monde, l'Asyle de l'honneste liberté, le vray Sejour des Muses, la commune Patrie des gens d'honneur,

Regia Phœbi *(Architrenius Poeta cuius meminit Petrarcha in Apologia.)*
Parisius, Cyrræa viris, chrysæa metallis,
Græca libris, Inda studiis, Romana Poëtis.
Attica Philosophis, mundi rosa, balsamus orbis,
Sydonis ornatu, sua mensis, & sua potu,
Diues agris, fœcunda mero, mansueta colonis,
Messe ferax, inoperta rubis, nemorosa racemis,
Plena feris, fortis Domino, pia Regibus, aurâ
Dulcis, amœna situ, bona cuilibet, omne vetustum,
Omne bonum, si sola bonis fortuna faueret.

Et i'adiouſtay à l'Eloge de cet ancien Poëte, les vœux d'vn Moderne qui a le gouſt exquis pour toutes les bonnes choses.

Sic orbis caput, vrbiumque Princeps *(Ioan. Sangenesius.)*
Sis, Lutetia; nec modum tibi sors
Crescendi statuat?

Enfin tout se passa comme il est de couſtume entre les honneſtes gens, & si vous y euſſiés eſté pour rendre la

I. Discours Sceptique. partie égale, ie ne sçay si par complaisance nous n'eussions pas tous changé de sentimens, ou si du moins châque parti n'eust pas fait semblant de gouster celuy de son aduersaire; si fort nous nous trouuasmes au sortir de là disposez à la ciuilité.

Le Moderateur de cette petite contestation l'inspire à tous ceux qui ont l'honneur de s'approcher de luy; & ie vous ay dit, il y a long-temps, que ie ne me retirois iamais de son cabinet que beaucoup meilleur qu'auparauant, plus éclairé & plus docte que ie n'y estois entré. Ie vous prie, Monsieur, de l'asseurer de mon obeïssance, & de luy faire trouuer bon que ie vous aye deduit mes pensées; lesquelles ie sousmets à son iugement, & qui tombent, à mon aduis, dans les siennes, apres que i'en ay separé la crudité & l'indigestion. Toutesfois s'il ne les trouue pas encore bien digerées, vous n'aurez qu'à ietter au feu cette Lettre, & ie consents qu'il n'en soit plus parlé. Il nous restera assés d'autre matiere pour nous exercer, & pour apprendre en sa conuersation.

Nous en ioüissons peut-estre, graces à la pretenduë barbarie, qui luy a donné le loisir de nous receuoir à toute heure chez luy auec tant de douceur, & qui ne l'a pas occupé aux employs deubs à son merite & à sa naissance : car i'ay bien pensé à luy plus d'vne fois, lors que i'ay formé mon paradoxe, & vn autre Illustre Abbé a dit là dessus auec la mesme reflection,

A Rome on prefere Paris,
D'auoir vn homme de ce prix;
Et d'autres le trouuent barbare,
De ne traicter pas mieux vn merite si rare.

Ie ne vous en diray pas dauantage, & vous deuinerez bien le reste, qu'il faut reseruer à d'autres Entretiens. Car puis que vous ne desaprouuez pas ce genre d'escrire, & que vous trouuez en mes autres Dissertations, que ie sçay donner quelque couleur à des Matieres plus disgraciées, où vous n'en remarquiez point auparauant; peut-estre que dans vn honneste loisir i'auray d'autres choses à dire sur de plus fauorables sujets, *ut nos vixisse testemur* ; si tant est que quelques-vns de nos Ouurages suruiuent à leur autheur, & tesmoignent à la posterité l'estime qu'il a faite de vostre iugement, & de l'amitié reciproque que nous auons constamment cherie & soigneusement cultiuée,

Quos irrupta tenet copula : nec malis
Diuulsus querimoniis,
Suprema citius soluet amor die.

Dans laquelle ferme resolution de vous cherir & de vous honorer toute ma vie, ie finis ce discours, & demeure,

Monsieur,

Vostre tres-humble & tres-obeïssant seruiteur.

ALETHOPHILE.

Le 28. de Sept. 1656.

II. DISCOVRS SCEPTIQVE
A ARISTE.

Si la malice des hommes, qui vient de la Nature corrompuë, n'est point augmentée en l'Estat du Gouuernement moins absolu, par les defauts de la Societé?

MONSIEVR,

Nous reformerons donc entre nous la Grammaire, & d'oresenauant vous me permettrés de dire que Philotime est fort inhumain, lors que ie voudray en vn seul mot faire vn Abregé de toutes ses loüanges. Il demeurera donc conclu entre nous, que les hommes sont les pires de tous les Animaux; que les vices, la malignité, & toutes les mauuaises habitudes leur sont naturelles; & que les meilleurs des hommes sont ceux qui se sont dauantage depoüillés de l'humanité. Veritablement, Monsieur, ie soupçonnois depuis fort long-temps que les hommes ne valoient gueres; mais ie ne considerois que ceux parmi lesquels nous viuons ramassés dans des Villes, & reünis en des Societés. Il me sembloit qu'il n'en estoit pas tout à fait de mesme de ceux dont on nous fait des Relations, qui viuent en l'estat de Nature, ou en vn estat qui en approche plus que le nostre. Ie pensois que sous l'Empire on estoit plus depraué, & qu'y estant detenu comme en vn estat violent, on espioit toutes les occasions de s'échapper, & de faire quelque tour de la Liberté naturelle, dont alors on auoit plus de plaisir d'imiter les actions, par les defences & les difficultez que les Loix Ciuiles y auoient apportées. I'ay changé deux ou trois

Marginalia: 2. Discours Sceptique.
Gen. 6. 5. *Cuncta cogitatio cordis intenta ad malum omni tempore.* Matt. 15. 19.

fois d'aduis sur cette matiere, & ie ne vous répons pas encore que i'en demeureray à ce que nous conclûmes hier, si vous ne m'en enuoyez dans huict iours la ratification en l'éclaircissement des doutes que i'ay enuie de vous proposer. Pour ce qui est des bestes, il me semble que nous leur faisons grand tort, lors que voulans accuser quelqu'vn d'ignorance, de cruauté, & de vicieuses inclinations, nous les designons par les termes de bestise & de brutalité. Les bestes ignorent elles leurs interests, & n'y vont-elles pas plus constamment que nous? Que sçauons-nous des choses naturelles plus qu'elles, si ce n'est peut-estre qu'apres toutes nos recherches nous connoissons mieux qu'elles que nous n'y sçauons rien? Ce qui sert à la santé leur est-il plus caché qu'à nous? Ne courent-elles pas tout droit à leurs remedes? N'en sçauent-elles pas bien la dose? Ne gardent-elles pas bien la mesure en leur diete & en leur regime? & en la recherche de ce qu'il leur faut, en la construction de leur demeure, en leurs voyages, & leurs plaisirs, ne sont elles pas cent fois mieux reglées que nous, & par consequent cent fois mieux éclairées? A quoy nous sert la boussole & la nauigation, qu'à aller chercher parmi les naufrages des choses dont nous n'auons pas besoin, si ce n'est à cause du luxe & de la faineantise de quelques-vns, & de la sottise de quelques autres, qui viuent de ce luxe & de cette faineantise? Si les matelots de la Noort-Hollande, qui vont querir la pourcelaine & les pierreries des Indes pour les faineans de la Haye & d'Amsterdam, afin de receuoir d'eux le pain qui manque à leur pays, auoient l'instinct & la preuoyance des Gruës & Cicognes, n'iroient-ils pas plustost defricher les pays incultes & chercher ailleurs en terre-ferme leur nourriture? La soufmission & l'inégalité des biens si disproportionnée, est-elle vn argument de nos grandes connoissances, de nostre sagesse, & de nostre generosité, plustost que le particulier & modeste vsage que chaque Corbeau a de la

2. Discours Sceptique.

charongne qu'il rencontre, ou chaque moineau du monceau de blé auquel il appelle ses compagnons? Cet amas, & cet entassement au delà de l'vsage d'vne vie cent fois plus longue qu'on ne peut esperer d'atteindre, sont-ils vne marque de nostre preuoyance, plustost que de nostre sotise? Et cette bassesse auec laquelle nous voyons du fonds de la misere entasser ces inutiles prouisions, est-elle vne preuue de nostre moderation, plustost qu'vn effect de nostre timidité? La chicane du Palais, la fourberie de la Cour, & les friponneries qui s'exercent impunément dans toutes nos Societez, marquent-elles nostre bel esprit, & en sommes-nous plus dignes de loüange, que les bestes ne le sont de leur paisible vsage des presens de la Nature, ou de la main mise dont elles vsent sans autre forme de procez, lors qu'il n'y en a pas assez pour les partager également? Les voyons-nous de gayeté de cœur insulter à leurs semblables, ou prendre plaisir au mal & à la destruction de celles de leur espece? Tesmoignent-elles de s'entre-haïr naturellement? font-elles durer toute leur vie les querelles qui leur suruiennent? & vont-elles à la solde les vnes des autres s'exposer à la mort & aux miseres de la guerre, pour vne chetifue recompense infiniment au dessous de leur repos & de leur tranquilité! De ce costé là, Monsieur, ie ne pense pas qu'il y ait de replique; & si quelque iour ie traictois cecy plus à loisir, ie ferois bien voir par le menu, qu'auec toute nostre raison & nostre sagesse, nous ne viuons pas si heureusement ny si raisonnablement que les bestes. Mais, comme ie vous ay dit, ie doute si tout nostre malheur & nostre sottise ne vient pas de ce que nous ne viuons dans nos Societez ciuiles de l'Europe, ny tout à faict sous l'Estat de l'Empire, ny rendus à celuy de la Nature. Nous sommes en vn certain milieu où se forme, comme en la moyenne region de l'air, la tempeste & les orages. Nos esprits sont partagés entre ces deux Estats; & tantost la suiection aux Puissances Souueraines nous abbat le courage, tantost les pensées de liberté *1. Discour Sceptique.* nous le releuent, & nous font insulter temerairement contre les premiers que nous rencontrons en nous releuant. En effect considerons, ie vous prie, de quelle façon viuent les Sauuages en Amerique, & les peuples d'Asie sous les Empires Mahometans. En Occident les Canadois & les Brasiliens suiuent les Loix de la Nature, cherchent chacun ce qu'il leur faut, & font part du superflu à ceux qui n'ont peu aller querir le necessaire, ou qui n'ont pas esté assés heureux pour le trouuer. La faim, la soif, les iniures de l'air, sont tout ce qu'ils craignent. Ils y remedient & puis se tiennent coys, ou se diuertissent sans faire mal à personne. Ils s'entresecourent, regrettent la perte de leurs amis, & marchent plus fermement dans le sentier de la felicité que ce petit rayon de sens-commun leur monstre, que nous ne faisons auec ces grandes lumieres, qui ne nous découurent plusieurs chemins que pour nous faire plus aisement égarer. En Orient l'Empire absolu, fait presque le mesme effect, ou du moins il semble que les peuples y viuent moins malheureux qu'en Europe, où la Souueraineté est temperée, & où nous nous piquons de meilleure Politique & de plus de Liberté, que les Peuples que nous nommons barbares. Ie m'en rapporte & aux Relations escrites, & plus encore à celles que vient de nous faire le bon Monsieur de l'Estoille, qui fort naïfuement & sans finesse, auec son seul esprit d'vn Negociant qui sçait bien faire son conte, nous en a plus apris, que les Sçauans, les Deuots, & les Politiques, qui n'ont fait que passer aux pays où il a demeuré trente-cinq années, & qui ont veu les choses de tout autre œil que luy, auec les lunettes de leurs anticipations. La souueraine Loy du Prince est sans replique à Constantinople, à Hispaham, & à Agra; tous les Suiets s'estiment fort honorés du tiltre d'esclaues de leur Roy, & ne se dispensent iamais de son obeïssance. En faisant leurs affaires particulieres, ils regardent tousiours le throne & la domination.

2. Discours Sceptique. Et cette entiere dependance de leur vie & de leur fortune ne les rend pas plus malheureux. Au contraire; ils en sont mieux à couuert de quelques incommoditez qui nous trauaillent; ils en ont moins à craindre les insultes des personnes priuées, ils sont tous immediatement sous la protection de leur Souuerain. Il n'y a point là de Gentil-homme qui fasse du Roitelet, & l'Empereur est la seule teste, du caprice de laquelle il y ait à souffrir: Mais il n'est pas dauantage à redouter que la foudre, qui ne tombe que par hazard sur les plus grands arbres ; & il n'y a gueres que quelques Inconsiderés qui le prouoquent, ausquels il se fasse sentir. Tout le reste vit en paix, & sans danger de receuoir le moindre dommage. Ces malheureux que l'on estrangle dans le Serrail, ou ausquels on creue les yeux, sont des victimes que l'on immole à la tranquilité publique; & par les seules Loix de la Politique, il n'y a rien de plus sagement ordonné que de se racheter d'vn incomparablement plus grand mal, qui est le trouble de l'Estat, par celuy que souffre vn petit nombre de personnes capables de l'exciter. En nostre Europe toutes les desolations qui l'ont presque depeuplée, & toute la misere que l'insolence des soldats ou l'auarice des Partisans font souffrir, ne vient-t-elle point de ces contrepoids qu'il y a à l'authorité Souueraine? La teste de Kmielniski, de Radzivvil, du Vice-Chancelier, & de cinq ou six autres, n'eust-elle pas épargné celle de cent mille personnes que la descente du Roy de Suede a fait perir en Pologne ? Cette pretenduë liberté des Estats à quoy a-t-elle serui qu'à dechirer le Royaume; & que fait-elle autre chose, si ce n'est que les Peuples ne viuent ny libres, ny soûmis; & que comme ils attaquent la Souueraineté, reciproquement la Souueraineté les attaque & les mal-traicte, les desarme, les despoüille, & s'attire toute la force & toutes les finances, afin d'épuiser tout le sang & toute la vigueur de la rebellion ? Mais de cecy, Monsieur, ie m'en remets à ce que vous auez veu en cette Ville pendant la furie des desordres, en laquelle on a éprouué

que

que la Liberté à laquelle on aspiroit dans le Peuple, estoit *1. Discours Sceptique.* mille fois pire que le Ministere duquel la prosperité des armes du Roy, & le calme interieur de l'Estat faisoient bien voir qu'on n'auoit pas sujet d'estre mécontent, & auquel à l'heure presente on trouue mieux son conte, que l'on ne faisoit à l'estat extrauagant auquel on n'estoit ny aux champs ny à la ville, ny sous l'Empire, ny dans les droits communs de la Liberté naturelle. Dites moy donc, Monsieur, si cette humanité, laquelle nous trouuions si rude & si farouche, n'est pas l'humanité qui s'est renfermée dans des villes, qui a fait des Loix, qui a basti des Palais, des Temples & des Academies? Si ce n'est pas l'Art qui a corrompu la Nature, qui a gasté tout ce qu'il a voulu redresser? Et si cela est, ne ferions-nous pas mieux en nostre Grammaire de nommer Inciuil celuy que nous voulions nommer Inhumain; pource que les defauts dont il s'est purgé, ne sont pas tant ceux de l'humanité, que ceux de la Societé ciuile? I'attends là dessus vostre decision, & iusques à Mardy prochain, que Philotime nous fournira vne plus agreable matiere de discourir, ie renonce aux raisonnemens & à la Philosophie; car ie vay rentrer dans le tourbillon,

Nunc agilis fio, & merfor ciuilibus vndis.

C'est à dire, ie vay recommencer mes visites & mes solicitations.

Viuite felices, quibus est fortuna peracta
Jam sua. Nos alia ex aliis in fata vocamur.

Mais puis que tel est l'ordre des choses, faisons-le gayement, & que la froideur de quelques-vns, ny la mine austere de quelques autres ne nous rebutte point de la poursuitte de nos affaires. Souuenons-nous que c'est là la vraye ciuilité; ou selon nos premieres pensées, que c'est là la vraye humanité qui paroist en son naturel; que l'interest domine & preuaut par dessus les plus doux sentimens; qu'il oblige les hommes à se tenir sur leurs gardes, dés qu'on s'approche d'eux, & principalement en l'Estat du Gouuernement moins absolu, où la ruse & les

2. Discours Sceptique.

tromperies sont plus à craindre que la force & la violence. En vn mot, representons-nous, qu'il ne faut pas chercher communement la douceur, l'affabilité, la courtoisie, ny les autres vertus qui conuiennent à si peu de personnes, & que vous auez si bien mises à la place des defauts que l'on contracte dans la Societé ciuile. Ie suis,

Monsieur,

Vostre tres-humble & tres-obeïssant seruiteur.
ALETHOPHILE.

A Paris le 20. de Decemb. 1656.

A MONSIEVR DE MAROLLES ABBE' DE VILLELOIN.

M*ONSIEVR*,

Ie suis en humeur de vous contredire, depuis que i'ay leu vos doctes Conuersations, encore que ie sois depuis plus long-temps vostre disciple, & que i'entre volontiers dans tous vos nobles sentimens. Mais il est bon que vous soyez vn peu excité à les produire, & que ce prodigieux amas de belles Connoissances dont vostre memoire est remplie, ou que ce fonds inespuisable de forts Raisonnemens dont vostre ame est pleine, soit remué par de modestes contestations. Ie m'écarte à dessein des opinions receuës: Mais comme les medailles ne sont que pour les Curieux, les Paradoxes ne sont pas pour tout le monde. Il faut de la monnoye au peuple, & les plus communes opinions sont les meilleures pour les vsages de la vie. Nous ne deuons pas tirer les autres du cabinet, si ce n'est pour les refondre & les conuertir en des especes authorisées. Or comme vous estes vn de ceux qui peuuent les rafiner, & leur mettre le coin, par la deference que l'on rend à tout ce que vous dites, ie les sousmets à vostre censure; & particulierement ce Discours à Ariste, sur le sujet duquel vous me protestiez en nos derniers entretiens, que vous auriez beaucoup de choses à representer; & à l'aduantage des hommes, dont i'ay dit que les connoissances, la conduite, & le bon-heur n'auoient pas à se glorifier par dessus les autres animaux; & contre le Gouuernement Despotique, sous lequel i'ay pretendu qu'on viuoit plus heureusement que sous vn moins absolu. A la verité ie vois bien que sous l'Empire des Otomans, des Perses, & des Mogoliens, il se fait quelquesfois d'estranges rauages, qu'on prodigue le sang humain, & que iamais la felicité n'est entiere. Cette penderie que Monsieur de l'Estoile et son Indou virent vingt-cinq iournées de long, dans les Indes, où les arbres estoient garnis des deux costés du chemin de plus de cent mille personnes que le Roy auoit fait mourir, pour vanger deux ou trois vols qui auoient esté commis, m'estonne & me surprend. Mais, Monsieur, laissant à part ces cruautés extraordinaires, qui font ce que les inondations, les tremblemens de terre, & les maladies epidemiques causent ailleurs; ne semble-t-il pas que ce qui se sauue & échappe à ces torrents, vit plus heureux,

2. Discours Sceptique.

2. Discours Sceptique. c'est à dire, plus tranquillement, que là où le Gouuernement moins absolu souffre tousiours quelque agitation ? I'ay souuent consideré ce vers, que ie vous prie de reuoir auec cette admirable faculté que vous auez de tirer le sens & toute la grace de la poësie dans vos belles Traductions,

Parcere subiectis, & debellare superbos.

Et i'ay pensé, que le Poëte vouloit que la souueraine puissance fust douce, traictable, & benigne enuers le peuple qui se sousmet; mais ferme, inflexible, & rigoureuse enuers les Puissances subalternes, qui sortēt de leur deuoir & se comportent insolemment. Mais aux pays où la charité Chrestienne est en regne, on pratique tout le contraire; & ie ne sçay si ce n'est point de là que viennent les troubles des Estats, & le malheur des Sujets. Vn Gouuerneur de place ou de Prouince desobeït quelquesfois impunément aux ordres du Souuerain; & la moindre folie du peuple est seuerement punie : Comme si la desobeïssance des Grands n'estoit pas plus à craindre, que celle des petits; et comme s'il n'estoit pas plus glorieux & plus vtile d'abattre l'orgueil, que d'insulter à la misere. Mais la conduite est diuerse selon le diuers genie des peuples ausquels on a à faire; et comme tous les politiques n'ont pas les mesmes fins, ils y vont aussi par des moyens bien differents. Ie vous laisse examiner ce qui en est, auec vostre adresse & vostre eloquence accoustumée, ne pretendant en aucun de mes Discours qu'à quelque probabilité, tandis que i'attendray de vous de plus fortes Demonstrations. Ie suis,

Monsieur,

      Vostre &c.

DISCOVRS

DISCOVRS TROISIESME

De l'Abbé de Villeloin, pour seruir de responce à la lettre & au second Discours Sceptique d'Alethophile.

Que de preferer les Bestes aux hommes, pour les connoissances, la conduite, & le bon-heur de la vie, est vn Paradoxe qui ne se peut supporter.

ILLVSTRE ALETHOPHILE.

I'ay mis par deux fois la main à la plume pour vous tenir la promesse que ie vous fis dernierement, touchant ce que vous auez auancé dans vn Discours Sceptique, pour vser de vostre terme, que vous adressez au iudicieux Ariste, *Que les hommes n'ont point de sujet de se glorifier par dessus les autres Animaux, des connoissances, de la conduite, & du bon-heur de la vie.* Mais par deux fois la plume m'est échapée de la main, & i'en ay entrepris inutilement le dessein, parce que me trouuant engagé dans vne autre sorte d'Ouurage long & dificile, qui requiert beaucoup de temps auec vn soin laborieux, i'auois de la peine à m'en distraire vn seul moment: mais ie ne veux pas contester contre vous, & il faut neantmoins contredire vos sentimens, ou plustost vn Paradoxe que vous soûtenez de gayeté de cœur, puis que vous le desirez.

Que n'ay-ie vn rayon de ce beau feu qui anime si agreablement tout ce que vous faites, pour defendre vne bonne cause, & la faire paroistre dans tous ses auantages, sans luy rien oster? Car ce me seroit vn grand malheur de la trahir, pensant la maintenir: &

la verité traueftie eft vn fort mauuais perfonnage. Mais comme elle n'a pas befoin de mes artifices, i'effaïeray de la rapporter fans deguifements, & ie croy que vous l'aimerez-mieux toute nuë, que fous vne broderie de faux clinquant, ou fous des habits de Reine qui feroient tout dechirez.

 Eft-il poffible, admirable Alethophile, qu'vn Philofophe comme vous, appelle Difcours Sceptique vne decifion fi nette que celle que vous prononcez à l'auantage des Beftes contre les Hommes ? ou pluftoft que vous ayez pû agiter cette Queftion, vous qui auez tant de fuiet de rendre graces au Ciel de tous les dons precieux de l'efprit, dont il vous a fi liberalement enrichi ? Ne contez-vous pour rien cette facilité merueilleufe que vous auez d'écrire poliment, & de raifonner fi iufte ? Ie demande à vous mefmes fi vous tenez pour chimeriques vos fpeculations continuelles? Les Animaux demi-plantes, les Infectes, les Poiffons, les Beftes & les Oyfeaux vont ils iufques-là ? Ou bien, ont-ils quelque chofe de meilleur? Et quoy, cet honnefte, ce fort & ce genereux des Philofophes, qui ont des qualitez fi fublimes, feront donc raualez au deffous des emotions brutales des plus vils Animaux? Ces perles diuines feront dignes d'eftre foulées aux pieds ? Que fera-ce du refte des hommes, dont les penfées font vulgaires, & qui ne leuent point leur raifon au deffus des chofes communes? Cependant les villageois font vtiles auec toute leur fimplicité, & feruent merueilleufement aux douceurs & au repos de la vie : les Artifans font ingenieux : les Soldats qui mangent fouuent leur Patrie, ne laiffent pas de la defendre courageufement contre les iniuftes Vfurpateurs : les Princes conduifent les Eftats : leurs Officiers les font obeïr felon les Loix politiques : les Voleurs mefmes apprennent aux Paffants à fe tenir fur leurs gardes, & à ceux qui font dans leurs maifons, à n'y demeurer point fans preuoyance : & les Mechants exercent les gens de bien; De sorte que dans le monde, tout cela fait vn concert merueilleux.

Parlez-vous donc serieusement, Illustre Aletophile, quand vous dites dans vostre Discours au prudent Ariste, *que les hommes n'ont point à se glorifier par dessus les autres Animaux pour les connoissances, la conduite & le bon-heur de la vie?* Certes i'ay peine à le croire, & vous me permettrez de vous dire que ie m'étonne qu'vn homme si serieux que vous estes, se veuille donner la peine de deffendre vne opinion bizarre contre sa connoissance & ses propres sentiments: & que vous appelliez cette defense *Paradoxe*, comme si elle se pouuoit soutenir.

Premierement s'il faut parler de la beauté du genre humain, en comparaison du reste des Creatures, ne vous souuient-il point de ce qu'en a dit vostre Galien dans son admirable Traité de l'vsage des parties? & ne sçauez-vous pas bien que l'homme est le seul de tous les Animaux qui porte sa teste haute pour se voir tout entier au dessous de soy-mesme? *Os homini sublime dedit:* son visage est noble & bien proportionné, & sa taille est agreable & auantageuse. Il est vray qu'il n'a point d'ailes pour voler, comme les Oyseaux; mais aussi a-t-il des mains qui semblent estre le chef-d'œuure de la Nature pour les organes exterieurs du corps, ce que n'ont point les Oyseaux, ny toutes les autres especes d'Animaux, sans en excepter mesmes ceux qui ont les pieds de deuant façonnez comme des bras & des mains; mais c'est d'vne façon si ridicule, & si mal propre pour beaucoup de choses de nostre vsage, qu'on n'en sçauroit faire de comparaison que fort odieusement. Cependant les hommes auec leur industrie atrapent les oyseaux au milieu de l'air: & aussi-bien que les poissons, ils voguent sur la Mer, & courent sur les eaux.

Au reste la voix de l'homme est vne chose incomparable: & sa langue qui est le plus grand bien & le plus grand mal du monde, enchante toute la Nature, & parle en vne infinité d'idiomes, par la fuggeftion de l'efprit, de toutes les chofes intelligibles & fenfibles ; que nous peut on oppofer de toutes les autres Creatures mortelles qui egale vn pouuoir fi merueilleux? Toute leur adreffe & leur fubtilité qu'on éleue fi fort, ne va point iufques-là. Les toiles d'araignées pour prendre des mouches font à la verité dignes d'admiration : mais elles ne font non plus Ouurage de l'art que cette pellicule du ceruau que les Anatomiftes appellent *Reth admirable* : ou, fi elles doiuent eftre rangées dans vne autre categorie, voudroit on dire tout de bon qu'elles valent mieux que nos filets, nos toiles, & tant de fortes d'etoffes & de tiffus, employez à bien d'autres vfages, où pour noftre feul diuertiffement, nous reprefentons les araignées, les mouches, les papillons, & le refte des Animaux?

Les Ruches des Abeilles & les Nids des Irondelles & des Alcions fe fabriquent de la mefme forte, ie veux dire comme les toiles d'araignées & les pelotons des vers à foye : mais quand ce feroit par vne induftrie finguliere, fans la neceffité d'vne pure Nature, font-ils, fans mentir, auffi beaux, auffi nobles, & auffi commodes à proportion que nos Lits, nos Cabinets, nos Chambres, nos Maifons, nos Palais & nos Villes?

Mais plufieurs Animaux, dit-on, prefagent naturellement les chofes futures, & l'homme auec toute fa raifon, ignore les maux qui luy doiuent arriuer. Ils ne s'y connoiffent pas, à mon aduis, dauantage les vns que les autres : & les Gruës des riues de Strimon fentent le froid qui les doit accueillir, fi elles ne s'enuolent le long des eaux du Nil, comme les catarres, les goutes, l'humeur gaye, & les ebullitions de fang nous font fouuent apperceuoir du changement des Saifons, & comme les diuers âges nous fuggerent le defir de voyager ou de ne bouger du logis.

S'il eft queftion de la quietude de l'efprit & de la

tranquilité de l'ame, elle n'est point refusée à ceux, à qui l'Autheur de tous les biens a dit, *Possedez vostre ame en paix* : & les Bestes brutes ont souuent des passions si turbulentes, que la colere donne la fievre aux Lyons : les Loups sont auides à force d'estre gourmands : les Cerfs sont transis de peur : les Taureaux se transportent d'vne fureur enragée les vns contre les autres pour l'amour d'vne genisse : la ialousie tourmente les Chiens : & les Coqs ne sçauroient souffrir de compagnon.

Pour la longueur de la vie, il n'y en a point des Animaux connus qui egale la durée de la vie de l'homme. A trente ans les Cheuaux sont dans la derniere caducité : les Chiens de chasse sont bien vieux à huict ans : les autres peuuent aller iusques à vingt : les Porcs sauuages & domestiques ne durent pas si long-temps : la vie des Bœufs est tout au plus de vingt années : celle des Brebis n'en passe gueres cinq ou six : celle des Poules, des Perdris, des Cailles, des Linotes, & des Tourterelles va rarement iusques à la quinziéme année : & ce que l'on a dit de l'âge de la Corneille, du Cerf, du Corbeau, du Phenix, des Satyres & des Nymphes, est vne pure fable. Nous auons vne Epigramme des Anciens qui en parle en cette sorte.

Ter binos, deciesque nouem super exit in annos,
Iusta senescentum quos implet vita virorum.
Hos nouies superat viuendo garrula cornix :
Et quater egreditur cornicis secula Ceruus :
Alipedem Ceruum te vincit Coruus : at illum
Multiplicat nouies Phœnix, reparabilis ales.
Quem vos perpetuò decies præuertitis æuo,
Nymphæ Hamadriades quarum longissima vita est.
Hi cohibent fines viuacia fata animantum :
Cætera secreti nouit Deus arbiter æui.

Ie l'ay ainsi renduë en François.

Deux fois trois, dix fois neuf, des hommes qui vieillissent,
Les soins laborieux & les iours accomplissent. 93. ans.

La Corneille iafarde excede par neuf fois.   prés de 900.
Et l'âge des humains, & ses fatales lois.
De trois siecles entiers (étonnante merueille)   prés de 1300.
Le Cerf passe les ans de la triste Corneille.
Du Cerf aux pieds legers le lugubre Corbeau   prés de 3900.
Anticipe trois fois son âge & son berceau.
Le Phenix renaissant d'vne grace admirée   prés de 29700.
Redouble par neuf fois cette longue durée.
Mais, vous Nymphes des bois, qui murmurez sans soin,   prés
Vous viuez sans douleur, allant dix fois plus loin.   de 297000.
Ainsi des Animaux la vie est limitée;
Mais elle est de Dieu seul & connuë & contée.

Mais tout cela, comme ie l'ay des-ja dit, est fabuleux; de sorte que les Enfans mesmes en seroient mal-aisément persuadez : & à moins que d'estre de l'opinion des Préadamites, on ne se pourroit imaginer qu'il y eust eu des generations d'assez longue main, pour auoir esté capables d'en faire l'obseruation. Mais quand la vie de l'homme seroit plus courte que celle des Ephemeres, ne vaut-elle pas tousiours mieux à cause de son intelligence, que la vie des Bestes, qui en sont priuées, quand elle dureroit des siecles entiers; parce qu'à le bien prendre, & sans nous en faire trop à croire, elles viuent en comparaison de nous, comme si elles ne viuoient point, & meurent aussi, comme les plantes, sans esperance & sans desespoir?

    Il faut auoüer neantmoins d'vn autre costé (& ces dernieres paroles, d'Esperance, & de Desespoir, m'en font souuenir) que si l'homme auec toutes ses belles connoissances, quoy qu'il ne sçache rien de mieux, ny de plus asseuré que de sçauoir qu'il ne sçait rien, si l'homme (dis-ie) ne s'attendoit à vne autre vie apres celle-cy, & qu'il ressuscitera vn iour en gloire, s'il meurt en ce monde dans l'adoption des Enfans de Dieu, il seroit plus malheureux que le reste des Creatures. Mais cecy est pris d'vn ton trop fort pour vn Entretien purement Academique, où il n'est

S. Paul 1. Corint. 15. 19.

pas necessaire de mesler des raisonnements Apostoliques, pour disputer contre vne opinion odieuse, que la seule Philosophie naturelle peut vaincre fort aisément, & qu'vn sage Payen, s'il en vouloit parler serieusement, auroit de la peine à souffrir : aussi n'est-ce que par maniere d'entretien & de recreation, que nostre vertueux Ami s'est efforcé de la maintenir.

Au reste qu'on ne nous die point à l'aduantage de certains Animaux de l'ordre inferieur, à qui la Nature bastit des logements si propres & si commodes au mesme temps qu'ils naissent, que l'homme n'en trouue point de pareils au monde pour son vsage, dans tout le cours de sa vie. Ie vois bien qu'on veut parler des Limassons, des Tortuës, des Huistres & de tant de sortes de Coquillages qui naissent dans le fond des Mers, & le long des riuages des eaux douces & salées.

Il est vray qu'il se voit des Coquilles rares & merueilleusement diuersifiées, dont sont ornez auiourd'huy tant de Cabinets curieux. Et sur tout celuy de Monsieur de Monmor Maistre des Requestes, où cet excellent homme les delices des Muses, & l'amour de toutes les belles Ames, en a recueilli de tant d'especes diferentes, aussi-bien que nostre vertueux Ami Monsieur Morin, si versé dans les connoissances des plantes, & qui ne prescrit point de bornes à ses curiositez. I'y en ay veu qui portent les perles, & quelques autres dont les Anciens tiroient cette pourpre precieuse dont les Tyriens & ceux de Milet faisoient les teintures des vestements des Roys. Il y en a de plattes, de creuses, de bossuës, celles-cy longuettes, celles-là faites en croissant, ou en rond, ou en demi-rond. On en trouue qui ont le dos releué; les vnes à bossages en forme d'obelisques & de petites piramides, d'autres qui sont polies & lissées, d'autres qui sont ridées ou dentelées, ou crenelées, & d'autres qui sont entortillées comme vne vis qui se termine en pointe. Il y en a aussi qui iettent en dehors des rebords en forme de lévres vermeilles, d'autres en forme de petites scies, & d'autres qui s'enrolent & se replient en dedans. Les vnes sont rayées, les autres ont de petits filets comme des cheueux: Plusieurs sont diaprées, ou marbrées, ou iaspées, ou canelées comme les pectoncles. Quelques-vnes faites en demi tuyaux, & d'autres qui sont replis-sées & ondoyantes, comme des tuiles rondes, entassées les vnes sur les autres. Il y en a mesmes qui sont de-coupées en droite ligne & d'autres en biais auec de pe-tits trous. Quelques-vnes ne tiennent qu'à vn nœud fort petit, & d'autres ont les costés tout d'vne piece. Les Porcelaines nagent au dessus de l'eau, & se ser-uent de leur concauité, au lieu de voile pour receuoir le vent.

Ie sçay bien que toutes ces choses sont admirables: mais les Animaux qui s'y renferment, ne pourroient subsister sans cela: car toutes ces Ecailles, & toutes ces duretez qui les enuironnent, leur tiennent lieu de peau, ou plustost d'ossements qu'ils portent en de-hors, comme ceux des autres Especes soûtiennent en dedans l'edifice de leur construction. Auec tout cela neantmoins, les vns & les autres ont encore besoin de lieux qui leur soient propres: ceux-cy s'attachent con-tre les rochers à l'abri de certains vents: ceux-là se tien-nent dans le sable. Les limaçons se retirent en Hiuer sous des pierres ou sous des racines d'arbres: & tous ont encore besoin de se defendre contre plusieurs iniures du temps, dont s'ils ne se peuuent mettre à couuert, nous voyons souuent qu'ils sont contraints de perir.

Il en est de mesme de ceux qu'on dit qui naissent tout vestus, parce que le poil, ou la soye, ou la laine, ou le cuir endurci comme de l'ecorce, ou la croûte, ou les aiguillons, ou le duuet, ou les plumes, leur vien-nent de fort bonne-heure. Les Poussins se couuent

pourtant

pourtant & s'échauffent fous l'aile de leur mere ; parce qu'ils ne font pas encore veftus : les Ourfes leichent leurs petits pour les acheuer : & toutes les femelles pretent la mammelle, ou donnent la bechée à leurs petits, pour montrer leur infirmité dans la naiffance: & fi ce fecours leur manquoit, ils fuccomberoient infailliblement.

Ie ne vois donc pas que les Beftes ayent de fi grands auantages fur l'homme de ce cofté là. Sur quoy Monfieur de la Menardiere, qui efcrit fi poliment en profe & en vers, a dit depuis peu en parlant de la nudité de l'homme dans vn illuftre Recueil de fes belles poëfies, apres la penfée d'vn Poëte Grec.

Ie vins nud fur la terre : & durant mon fejour
Ie n'ay d'aucuns biens eu l'vfage.
Pourquoy m'en tourmenter fur la fi. Voyage?
Je fuis venu fans equipage;
Il n'en faut point pour mon retour.

C'eft Palladas dans l'Anthologie I.

Car bien que l'on nous ait dit tant de fois que les Animaux fauuages & domeftiques naiffent fi bienveftus, & que l'homme feul vient au monde tout nud; de forte qu'il eft contraint de fe chercher des habits pour fe couurir des depouïlles de toute la Nature; ie ne demeure pas d'accord, à le bien prendre dans cette comparaifon auec les autres Animaux, que l'homme naiffe fi nud, que la fage Nature ne luy ait donné d'elle-mefme quelque chofe pour le couurir, ne fuffent que fes cheueux pour fa tefte, & la peau pour tout le refte de fon corps: les paupieres couurent fes yeux, les petits poils à quoy fe terminent ces paupieres, y font admirablement bien conceus pour leur defenfe, les levres refferrent fa bouche & cachent fa langue & fes dents, de peur qu'elles ne s'alterent, & ne fe deffeichent : les ongles qui fortifient fi bien le bout de leurs doigts, n'eftant que par deffus vers l'extremité, ne leur oftent point l'vfage de tant de commoditez, à quoy ils ne feroient pas propres, s'ils eftoient auffi par deffous, comme ceux des

O

Tigres, des Lions, & d'vn grand nombre d'autres vils animaux. Ce que Galien admire auec tant de raison dans son liure de l'vsage des parties; de sorte que l'homme se pouuant quelquesfois passer d'autres vestements, demeure nud en beaucoup de Regions. Mais parce que son Esprit le rend capable d'habiter toute la terre, il a l'industrie de s'y accommoder par tout, selon les lieux, aussi-bien dans les Païs froids, que sous les Climats chauds, ou temperez.

Il n'en est pas ainsi des autres Animaux qui seroient trop vestus en de certains païs, comme les Loups-ceruiers, & les Ours du Septemtrion, & qui ne le seroient pas aussi assez en d'autres, comme les Guenons & les Singes du Peru, si les premiers estoient transportez en Libye & les derniers vers les païs du Nord. Il y en a aussi plusieurs qui de temps en temps ont besoin de changer de sejour, comme les Cailles, les Tourtres, les Hirondelles, les Becaces, les Pleuiers, les Gruës, & les Etourneaux.

Dailleurs, combien les grandes froidures & les chaleurs excessiues font-elles perir d'insectes, de bestes & d'oyseaux? Et combien les Animaux qui se peuuent appriuoiser, se trouuent-ils fortifiez par l'assistance des hommes, en comparaison des sauuages? De sorte que si les hommes mettent leur plaisir à les aimer, il ne faut pas douter qu'ils ne s'y trouuent bien plus à leur aise que dans les deserts, & qu'ils n'y viuent mesmes bien plus long-temps. Ma chambre, ma table, & ma cheminée font tous les plaisirs du monde à ma petite chienne: elle en aime son Maistre auec tant de passion, qu'elle declare la guerre à tout ce qu'elle s'imagine qui ne luy est pas ami.

Il en est ainsi de tous les autres, & sur tout des oyseaux, quand on prend soin de leur donner leurs petites necessitez. De là est venu qu'vne linote que i'ay veuë à la tres-honneste & tres-vertueuse Mademoiselle de Belleuille, chez qui ie loge à Paris, a duré entre ſes mains plus de quatorze ans : & pour quelque beau temps que c'euſt eſté, ce petit oyſeau n'euſt eu garde de prendre l'eſſor, quand ſa bonne Maiſtreſſe le mettoit hors de ſa cage ſur la feneſtre de ſa chambre. Le Piaillon de Mademoiſelle de Gournai (c'eſtoit ſon Chat) en douze années qu'il a veſcu aupres d'elle, ne ſe fuſt pas delogé vne ſeule nuict de ſa chambre pour courir dans les Goutieres ou ſur les tuiles, comme les autres Chats. La Courte du feu Roy Henri quatriéme, n'euſt pas eſté ſi careſſée, ny ſi bien nourrie à l'abandon aux champs, ou dans les ruës de Paris, parmi les autres Beſtes de ſon eſpece, que dans le Palais de ce grand Prince. Le Paſſereau de Leſbia eſtoit les delices de ſa ieune Maiſtreſſe : il ſe ioüoit auec elle, & la Belle le tenoit en ſon ſein, luy donnoit à pincer le bout de ſon doigt, & prouoquoit ſouuent ſes picoteries cuiſantes.

Ad ſolam dominam vſque pipilabat. Stace l. 2.
des Sylu.

Le Perroquet de Melior l'entretenoit agreablement, & venoit prendre ſur ſa table les choſes qui eſtoient le plus à ſon gouſt, & quand il eſtoit las de ſe promener ſur tous les ſieges de la ſale, il ſe venoit repoſer dans ſa petite maiſon parmi l'éclat des tortuës des Indes, où des baſtons d'argent ſe lioient par ordre auec des branches d'yuoire, pour en former la baluſtrade, où les coups de bec que leur donnoit l'oiſeau, les faiſoit agreablement reſonner.

La Colombe de Stella auoit vaincu le Paſſereau de Catulle, tant elle s'eſtoit fait admirer pour ſa beauté, & pour aimer les careſſes de ſon Maiſtre, ce qui a donné ſuiet à Martial d'en parler en diuers endroits de ſes Epigrammes, & de dire à ſon ſujet que Stella eſtoit autant au deſſus de Catulle, qu'vne Colombe eſt plus grande qu'vn Paſſereau.

Vicit, Maxime, Paſſerem Catulli,
Tanto Stella meus tuo Catullo,
Quanto Paſſere maior eſt Columba.

Il faut donc auoüer que les oyseaux & les Bestes auec leur peu d'esprit, ou leur nulle intelligence, pour ne dementir pas le texte d'vn grand Prophete, se rejoüissent de l'assistance des hommes, quand elles en sont cheries : & si elles pouuoient parler, ie croy qu'elles nous diroient; vous estes nos bons Maistres, & nous sommes heureuses de vous plaire & de vous obeïr ; bien que ie ne doute point qu'elles ne soient contentes de leur condition : aussi sont-elles parfaites en leur genre, & chacune se plaist tellement en son espece, qu'elle ne voudroit pas changer, ne souhaittant rien de la Nature que les choses qui luy sont conuenables, ou qui sont proportionnées à ses appetits. Cela n'empesche pas qu'il n'y en ait de plus excellentes les vnes que les autres : & les vers & les moucherons sont sans doute moins nobles que les Chiens & les Cheuaux, comme ceux-cy sont fort au dessous de l'Homme qui les traite en Maistre, & qui les domte, & les assuietit à son pouuoir.

David Ps. 31.

I'ay quelque pudeur d'estre si long à soûtenir les auantages d'vne cause si bonne que la mienne, & que l'on n'impugne peut-estre pas tout de bon, outre qu'elle se defend assez d'elle-mesme, sans auoir besoin de mon suffrage. Mais pourquoy le sçauant Alethophile m'y a-t-il engagé, en la voulant combatre, ou faisant semblant qu'elle estoit digne de sa seuerité, aussi bien que beaucoup d'autres, par des raisons qui n'ont pas laissé de leur sembler specieuses?

Ie suis bien asseuré qu'ils ne voudroient pas changer de Nature, & que la Societé Ciuile ne leur est pas moins agreable que la solitude des Forets & des Montagnes leur est vne chose afreuse. Mais il faut disputer de toutes choses, & faire l'Apologie de la Goute, de la Grauelle, & de la Fievre-quarte. Ie douterois fort neantmoins que ce fust apres y auoir bien pensé: & ie ne sçaurois assez m'étonner qu'vn sçauant homme comme nostre Ami, entreprenne de soûtenir des choses contre son propre sentiment. Apres cela ie ne dois plus trouuer étrange qu'il ait voulu donner à sa Patrie le nom de Barbare, & qu'entre tous les Gouuernements Politiques qui sont dans le monde, il n'en trouue point de preferable au Despotique pour le bien des hommes.

C'est le sujet du second Entretien que me donne la belle lettre d'Alethophile au Iudicieux Ariste.

Le 27. iour de Decembre 1656.

QVATRIESME DISCOVRS.

Du Gouuernement Despotique & de la puissance absoluë.

I'Essaieray maintenant de repondre à la seconde partie du Discours d'Alethophile (c'est ainsi que se nomme nostre Aduersaire dans son escrit, touchant le Gouuernement Despotique, sous lequel il pretend que les hommes viuent plus heureusement que sous vn Empire moins absolu.) Mes Amis à qui ie defere toutes choses, exigent de moy ce second labeur, & Alethophile mesme le desire.

Ce n'est pas que ie n'y trouue de la repugnance, à cause de la dureté de la matiere qui s'entame dificilement, & qu'il faut beaucoup plus d'art que ie ne m'en sçaurois promettre de mon industrie, pour le polir & le rendre agreable à tout le monde, ne voulant choquer personne, & ne desirant point aussi deguiser la verité, ny parler contre mes sentiments. Mais i'y feray tous mes efforts, dans le peu d'espace que me prescrit l'entretien d'vn quart d'heure, & de peur de perdre le temps qui nous est precieux, parce que i'ay beaucoup de chemin à faire, bien que ie ne sçache par où ie dois aller pour arriuer à mon but ; ie commenceray par le motif que ie m'imagine qu'on a eu de former cette question, & ie toucheray legerement les raisons de ceux qui l'appuyent, aussi-bien que tout le reste.

Le Vertueux Alethophile a regardé sans doute les grandes qualités du Roy, qui promettent des biens si veritables & si solides pour l'auenir par ses glorieux Commencements, estant si bien fait de sa personne, & d'ailleurs ayant donné tant de marques de sa valeur, de sa pieté & de son iugement. Il est vray qu'il ne faut point prescrire de bornes par ses souhaits à la puissance d'vn Prince si bien né : aussi n'y en a-t-il point sur la Terre qui soit plus grande ny moins contestée que la sienne ; de sorte qu'elle ne voit au dessus d'elle que Dieu seul, à qui elle est parfaitement soumise. Voila ce qui a fait escrire au docte Alethophile, *Que les hommes viuent plus heureusement sous vn Gouuernement Despotique, que sous vn Gouuernement moins absolu.*

Il me semble que ce peu de paroles fournit vn grand sujet de parler, & qu'il s'y trouue bien des choses à considerer. Ie diray donc premierement ce qu'on entend par *Gouuernement Despotique*, & puis par *Gouuernement moins absolu*. En suitte nous examinerons sous lequel des Gouuernements les hommes trouuent le plus de bon-heur, & s'il est raisonnable de proposer la seruitude pour vn moyen de la felicité des Vassaux, & de la grandeur & de la dignité du Prince.

Il y a plusieurs sortes de Gouuernements dans le monde, & tous à le bien prendre, sont egalement absolus, bien qu'ils ne soient pas tous d'vn seul. Celuy qu'on appelle Democratique, est de tout le peuple ou de la plus grande partie, comme en Hollande, & dans les Cantons des Suisses. L'Aristocratique est de la plus noble partie du peuple, quand la Noblesse & les Citoyens principaux commandent, comme à Venife & à Genes. L'Oligarchique est d'vn fort petit nombre de Maistres absolus, comme estoient les trente Seigneurs d'Athenes defaits par Thrasibule, qu'on appelloit les trente Tyrans, ou comme parmi les Romains pendant l'Empire Consulaire, les dix hommes qu'ils appelloient *Decemvirs*, & les Tribuns qui auoient vsurpé la Seigneurie au peuple. C'est-pourquoy les Anciens ont tousiours pris le mot d'Oligarchie en mauuaise part : & le Monarchique, le plus excellent de tous, est d'vn seul qui regit la Republique, ou qui dispose absolument de toutes choses à sa volonté, dont nous ferons tantost vne plus particuliere diuision, quand nous parlerons de la Monarchie.

Toutes ces sortes de gouuernements s'administrent, selon de certaines Loix, Constitutions, Vsages, & coustumes receuës parmi les Peuples, soit que les Souuerains les ayent établies, ou qu'ils les ayent receuës de leurs Predecesseurs, ou de ceux qui les ont eleus.

Les vns sont encore Payens qui font le plus grand nombre : car si nous diuisions le Monde en trente parties, il ne nous seroit peut-estre pas fort mal-aisé de prouuer qu'ils en occupent dix-neuf. Les autres sont Mahumetans qui en possedent six tout au moins : & les autres Chrestiens qui tiennent le reste, auec les Iuifs, meslez parmi tous les trois.

Entre les Chrestiens, les plus grands Estats, comme la France & l'Espagne, sont soûmis au Gouuernement Monarchique, sous le tiltre de Royaumes : & force petits Estats sous vn pareil gouuernement ; comme la Sauoye, Florence, Mantouë, Loraine, Saxe, Brandenbourg, & le Palatinat du Rhin sous les tiltres de Duché, de Marquisat & de Comté. Les autres Estats s'appellent Republiques, comme Venize, Genes, les Cantons, & les Païs-bas, soit que la Noblesse seule gouuerne, ou que ce soit tout le Peuple.

De tous ces Estats, y comprenant l'Empire des Romains & l'Eſtat Eccleſiaſtique, il n'y en a pas vn ſeul qui ſe ſoit mis en poſſeſſion de la puiſſance Deſpotique, c'eſt à dire d'vne puiſſance de Seigneur à Eſclaue : & la Seruitude que les anciennes coûtumes y auoient ſoufferte pour quelques Particuliers ſeulement, a eſté affranchie par l'humanité des Chreſtiens, & par la douceur des Princes genereux ; de ſorte qu'elle n'y eſt plus maintenant en vſage, comme elle n'y fut iamais ſur les perſonnes Nobles, ſur les Citoyens & ſur les Bourgeois. Il n'y a que parmi les Payens & les Mahumetans qu'elle s'exerce en pluſieurs endroits, non ſeulement ſur des hommes conquis par la force des armes, mais encore ſur des Nations entieres, comme dans les Eſtats du Grand Seigneur, du Grand Mogul, & du Roy de Perſe.

Là, tous les Peuples ſont Eſclaues. Les Freres & les Enfants des Roys ne ſont pas exempts d'vne condition ſi deplorable, & nul ne s'y peut vanter d'eſtre maiſtre en ſa maiſon, & beaucoup moins d'y eſtre Seigueur de ſes Valets & du reſte de ſon bien.

Ie ne ſçay pas toutesfois ſi les Souuerains y ſont tellement abſolus, qu'ils y peuſſent changer, ſelon leur caprice les Loix de la Nature & de la Religion; mais pluſieurs hiſtoires nous apprennent que leurs Eſclaues en cela meſmes, ne leur ont eſté gueres plus complaiſants que s'ils euſſent eſté leurs ſimples Sujets. Quoy qu'il en ſoit, ie voy bien qu'il y a des Eſprits qui ne leur veulent point preſcrire de bornes : & Alethophile admire & loüe tout enſemble cette ſorte de Domination.

Ie n'y trouue rien à redire pour les Peuples qui s'y ſont peut-eſtre ſoûmis d'eux-meſmes, ou qui s'y ſont accouſtumez inſenſiblement, ou qu'on y a forcez par la violence des armes. C'eſt leur afaire, à quoy nous ne prenons point de part. Il eſt vray que chacun doit obeïr aux puiſſances qui luy ſont ordonnées : & comme ie tiens qu'elles ſont toutes de Dieu, ie ſuis auſſi perſuadé,

persuadé, que la seule gloire de l'obeïssance nous reste, pour demeurer dans l'ordre, pourueu que la liberté se conserue dans la conscience pour le salut : mais pourquoy nous dit-on, *Qu'on vit plus heureusement sous le Gouuernement Despotique*, qui n'est pas le nostre, *que sous vn Gouuernement moins absolu ?* Le nostre n'est-il pas honorable ? Sa iustice & sa douceur ne le font-elle pas aimer ? Sa force legitime ne le fait-elle pas craindre ? Et la sainteté de ses Loix ne luy concilie-t-elle pas le respect ?

La liberté de ses Suiets n'impose point de ioug au Souuerain, & ne prescrit point de bornes à son pouuoir. Si Dieu nous auoit donné dans sa colere quelque Prince qui voulust abuser de son authorité supreme, nous pourrions gemir dans le cœur, ou chercher les moyens de luy faire ouïr respectueusement de douces plaintes, ou si l'on veut, des remonstrances tres-humbles : (Car ie ne sçay quels termes choisir pour exprimer dauantage la soumission d'vn cœur obeïssant) & peut-estre qu'il y auroit égard. Du moins estant Chrestien, comme il est obligé de l'estre par les Loix fondamentales de cet Estat, ses Directeurs & ses Pasteurs pour les choses spirituelles, seroient dans le droit par la liberté de l'Euangile, de luy annoncer la verité, & de luy faire des Apologues, à l'exemple de celuy de Nathan, afin qu'il en fust touché, pour imiter la penitence de Dauid : & s'il estoit mesme dur en vn point que toutes les raisons diuines & politiques ne fussent pas capables de le flechir, non plus que s'il estoit vn autre Saül, ou quelque Pharaon assis sur le thrône (ce qui ne se doit pas seulement penser apres les marques visibles que Dieu nous a donné tant de fois de sa protection) ils se retireroient sans bruit, & s'abstiendroient genereusement de luy administrer les Sacrements du salut, de peur de les profaner, & demeureroient neantmoins dans vne obeïssance inuiolable pour toutes les autres choses, & se donneroient bien de garde de porter les Peuples à aucune reuolte, sous quelque pretexteque ce fust.

Mais auiourd'huy toutes choses ne sont-elles pas bien éloignées d'vne conionĉture si funeste? Nous sommes tous emerueillez de la pieté de la Maison Royale; Tout le reste se doit ensuiure infailliblement d'vn si bon Principe. Le Conseil est sage : les Finances sont menagées : les Tribunaux sont remplis de Iuges integres : plusieurs familles sont opulentes : vn grand nombre de Palais deuiennent somptueux : les grandes charges & les hautes dignitez multiplient : la guerre est longue à la verité, & longue de telle sorte, que la Monarchie depuis son origine n'en a point de si longue, & ses charges sont vn peu pesantes, parce que les armées sont nombreuses, & tous les membres n'en sont pas tousiours bien disciplinez : mais nos frontieres ne sont point enuahies, & sont mesmes étenduës, auec vn peu de desolation à la verité, au delà de nos anciennes limites, & nous sommes alliez auec des Peuples puissants; ne deuons-nous pas estre contents? La France se glorifie en l'estat qu'elle est à present par les grandes esperances que luy donne son ieune Auguste, que nous voyons à la veille de triompher des conquestes de ses Peres & des siennes propres, & de porter à quelque vierge Royale les premices de ses fruiĉts glorieux.

Certes ie ne voy pas qu'on puisse rien souhaiter au delà, si ce n'est cette Paix tant desirée, dont nous aurons peut-estre vn iour quelque petit rayon : mais quoy qu'il en soit, quand nous n'en deurions iamais sentir les fleurs, ny gouster les fruiĉts, & que la Guerre, mere d'vne infinité de maux ne deuroit point finir de nostre temps, nous deuons nous en consoler, & prendre patience, sans desirer ny vn gouuernement plus absolu que celuy sous lequel nous viuons, puis qu'il n'y en a point au monde qui le soit dauantage, ny vn Estat plus glorieux & plus puissant, si ce n'est par le moyen de la paix, quand elle fera cultiuer les Champs abandonnez, cette innocente paix qui mit autrefois les Bœufs sous le ioug pour le labourage, qui entretient les vignobles plantureux, & qui entonne le suc des raisins. Alors la beche & le soc seront exercez sans crainte, & l'ordure & la roüille retiendront dans l'obscurité les armes du soldat inhumain.

At nobis pax alma veni, spicamque teneto, *Tibul. l.1.*
Præfluat & pomis candidus ante sinus. *El. derniere.*

Cependant chacun espere ce que ie dis, & le seul nom du Prince sera tousiours infiniment respecté.

--Stat magni nominis vmbra. *Lucain l.1.*

Or comme il y a beaucoup de différence entre la Democratie, l'Aristocratie, & la Monarchie, comme entre tous, quelques-vns, & vn seul ; nous pouuons dire aussi qu'il y a plusieurs sortes de Monarchies : car les vnes sont Tyranniques, comme celles des iniustes Vsurpateurs qui violent les Loix diuines & humaines : les autres sont Seigneuriales, comme celles du Grand Seigneur, & du Grand Mogul sur leurs peuples qu'ils tiennent dans la seruitude, sous de certaines Loix neantmoins qu'ils gardent inuiolablement, & les Monarchies Royales s'estendent sur des Sujets libres, qui toutesfois sont parfaitement soûmis sous de certaines Loix, Diuines, Naturelles & Humaines, que les Monarques eux-mesmes obseruent religieusement. Mais de cette derniere espece de Monarchie Royale, la plus noble & la plus excellente de toutes, il y en a encore de plusieurs sortes, Monarchie Royale titulaire dans l'ordre de la Magistrature, comme celle des anciens Empereurs, s'ils n'eussent point abusé de leur pouuoir, & celle de quelques Roys de Corse, ou comme pourroit-estre auiourd'huy celle du Doge de Venise sous l'authorité du Senat : Monarchie Royale temperée d'Aristocratie, comme celle des Polonois & des Suedois, où les principaux Officiers tirez du corps de la Noblesse & des principaux Ecclesiastiques sont Assesseurs de l'authorité souueraine : Et Monarchie Royale absoluë comme celle des François, où le Roy est reconnu pour Souuerain Seigneur par tous ses Suiets, soit qu'ils composent les trois ordres des Estats, soit que les Magistratures Souueraines les ayent eleuez à vne grande authorité, ou qu'ils soient mesmes Princes du sang Royal, sans que nul de tous ceux-là, ou tous ensemble soient si hardis que de luy donner de Compagnon de sa puissance ; mais chacun tenant à honneur de se dire ses vrais & tres-humbles Suiets.

Au reste toutes ces Monarchies Royales, ou sont electiues, comme dans l'Empire d'Alemagne & dans les Royaumes de Pologne & de Dannemarch : ou sont par droit de Conqueste, comme celles des Herules, des Goths & des Lombards en Italie : ou viennent de succession, comme en France dont les Roys descendus de masle en masle de la plus glorieuse & plus ancienne maison de la terre, sont appellez Tres-Chrestiens, parce qu'ils ont gardé la Religion de leurs peres, depuis le Baptesme du grand Clouis, ce que ie tiens glorieux à la France.

Et de ce que cette Monarchie Royale, la plus iuste & la plus honorable de toutes, est hereditaire dans vne seule famille eleuë pour la Souueraineté dés son origine, ce n'est point à mon auis, vne marque de la Barbarie des François, selon la pensée d'Aristote, cité sur ce sujet par le docte Alethophile, dans son Discours de la Barbarie, auquel nous auons essayé de répondre, où il dit, *que les peuples sont* Barbares, c'est à dire, rudes & grossiers, chez qui les Roys viennent par succession, ou bien il faudroit qu'Aristote mesme, si le lieu de cet Autheur n'a point esté corrompu, eust prononcé ce iugement contre son propre païs, & contre les peuples du Royaume de son Alexandre, qui auoit succedé au throne de son pere Philippes, paruenu à la

Couronne de Macedoine par droit succeßif, selon le témoignage de Plutarque dans la vie d'Alexandre. Mais quoy qu'il en soit, Aristote n'est point infaillible: & quand i'ay allegué ailleurs la longue succeßion des Roys Tres-Chrestiens dans l'Empire des François, ce n'a esté que pour monstrer la constance de nostre Nation contre ceux qui l'accusent de legereté. Les Roys de Sparthe, ceux de l'Asie & de l'Egypte egalement succeßifs, estoient-ils Roys de peuples Barbares? Cependant c'est de ces mesmes peuples que sont descenduës les belles Sciences, la Ciuilité, la Courtoisie, & la source des Loix & des Republiques bien policées. En pourroit-on bien dire autant des Monarchies Seigneuriales & Tyranniques, qui sont proprement les Despotiques dont il est parlé dans le Discours d'Alethophile?

Dailleurs, le Gouuernement Despotique n'est pas seulement odieux à des Peuples libres & genereux, qui n'ont iamais souffert le ioug de la seruitude, ny sous la pesanteur du Gouuernement des Romains, ny sous l'authorité des rudes Conquerants du Nord; mais encore il seroit pernicieux aux Vsurpateurs qui s'en voudroient seruir. De là est venu que les hardis & valeureux Conquerans des Prouinces de l'Europe, leur ont laißé leurs anciennes coûtumes: & ceux qui les ont voulu changer de viue force, s'en sont tres-mal trouuez. Außi les Grecs & les Romains qui n'auoient pas moins de prudence que de valeur laißoient-ils aux Peuples conquis la liberté qu'il eust esté mal-aisé de leur oster: & les Empereurs Romains s'abstenoient pour la mesme raison de prendre le tiltre de Seigneur, que le Senat mesmes leur auoit offert, disant que le nom d'Empereur, qui n'estoit qu'vn tiltre de General d'armée, leur estoit encore trop glorieux. Cependant ils ne laißoient pas de ioüir de la puißance Royale, que la force des armes leur auoit acquise auec l'accoustumance des peuples: mais ils ne se sont iamais persuadez d'auoir vne Iurisdiction Despotique : & le sens de ce vers de Virgile

Parcere subiectis & debellare superbos.

allegué dans la lettre qui m'est addressée, ne va pas seulement a établir la douceur en la souueraine puissance vers le peuple qui se soûmet, aussi-bien que l'inflexibilité & la rigueur vers les puissances subalternes, qui sortent de leur deuoir & se comportent insolemment, comme si l'on vouloit dire au sujet dont il s'agit, *Qu'il ne faut pas denier le pardon aux Esclaues, quand ils sont coupables, pourueu qu'ils se soûmettent, & que les Romains ont droit de dompter tous ceux qui sont si temeraires que de ne reconnoistre pas qu'ils soient les Souuerains Seigneurs de l'Vniuers*; mais aussi le sens de ce mesme vers se peut, à mon auis, rendre aisément par celuy-cy.

Epargner les Suiets & dompter les Rebelles.

ou bien

Pardonner aux vaincus, & dompter les Superbes.

Pour dire que les Vassaux de l'Empire doiuent estre traitez humainement, ou qu'il ne faut point exercer d'hostilité sur les Nations étrangeres qui se soûmettent à la domination des Romains, comme si c'eust esté vn crime de ne s'y assuietir pas volontairement ; ce qui marque vne presomption ambitieuse, & vn orgueil insupportable, qu'il n'est ny iuste d'imiter, ny bienseant de conseiller.

Aussi faut-il auouër que les marques les plus illustres d'vn Monarque Royal, sont de paroistre respectueux aux ordonnances diuines, lesquelles il doit mediter iour & nuict : il leur doit estre aussi parfaitement soûmis, parce que sa principale gloire est d'obeïr à Dieu, de le craindre & de l'aimer, d'estre souple aux Loix de la Nature, soigneux d'obseruer les bonnes & loüables coûtumes des Anciens, & de corriger les mauuaises : de recompenser la vertu, de caresser le merite, & de punir le Vice & l'Iniustice : d'estre prudent en ses entreprises, hardi dans ses expeditions,

Modeste dans ses prosperitez, Intrepide dans les dangers, Religieux à garder sa parole, Sage dans ses Conseils, Enclin à faire du bien à ses peuples, Secourable à ses Amis & Alliez, terrible à ses Ennemis, Pitoyable aux Affligez, Doux aux gens de bien, Effroyable aux Mechans, & Iuste enuers tous.

Les Roys peres du peuple, aussi-bien que Monarques,
D'vn amour paternel doiuent donner des marques.

<small>Monf. de Scuderi dis le 1. l. de sa Rome vaincuë.</small>

Ce fut vn grand bon-heur, & vne grande gloire en mesme temps à vn Prince de l'ancienne Hesperie (c'est auiourd'huy l'Italie) d'auoir vieilli sur le Thrône de ses Peres, sans auoir esté contraint de prendre les armes, ny obligé de faire la guerre.

——— *Rex arua Latinus*
Jam senior longa placidas in pace regebat.

Mais quoy qu'il ne soit pas donné à tous les excellents Roys de ioüir d'vne prosperité si auantageuse, parce qu'ils ne sont pas garans de l'insolence de leurs voisins, & que de quelque Sagesse & Vigilance qu'ils puissent vser, ils ne sçauroient si bien faire, qu'il n'y ait tousiours vn grand nombre de fous & d'enragez, il ne faut pas conclurre pour cela, que leur regne ne soit heureux, quand ils ne font la guerre que pour le bien de la paix en gardant la iustice & l'équité, dont neantmoins, quand l'occasion s'en offre, les simples Particuliers ne doiuent pas trop raisonner, & le Public ne sçauroit mal opiner, ie veux dire les grands, les Sages Ministres, & les hauts Officiers, qui sont employez par le Souuerain au gouuernement des affaires.

I'ay representé le mieux qu'il m'a esté possible l'estat de tous les Gouuernements & du nostre en particulier, afin que l'on pust iuger lequel doit estre estimé le plus excellent. Apres cela, ie croy qu'il y aura peu de personnes equitables qui ne nous quittent franchement les auantages de la primauté, puis que le Prince Souuerain & les Suiets en profitent egalement, & que tout cela ensemble compose cette Majesté Auguste, qui reside toute entiere en la personne d'vn seul, & qui se communique à quelques-vns par le Ministere, pour concilier dauantage le respect & l'obeïssance des Peuples Libres, & non pas Esclaues; C'est pourquoy le Roy vse de cette formule. *NOVS*, au lieu de *JE*, ou le *YO*, *EL*, des Espagnols, qui ne conuient pas si bien, ce me semble, à la dignité du Monarque Royal, ou de celle-cy : *Car tel est nostre plaisir*, pour montrer que ce n'est pas seulement la volonté de la personne Sacrée, mais encore de tout l'Estat & de tous ses Peuples qui sont parfaitement vnis à sa gloire & à tous ses interests. De là vient que le Roy a la bonté dans les affaires d'importance d'assembler son Conseil, & les Princes de son sang & autres Grands de son Royaume, & de dire, *ayant pris sur cela les auis de la Reine.* &c. Ce qui est, à mon auis, bien digne d'estre remarqué, quoy que peu de personnes y ayent pris garde iusques icy.

 Voilà ce que i'auois à dire sur l'opinion maintenuë par forme de deuis & de recreation dans le Discours de nostre Ami : & si ie n'ay pas satisfait à tout ce qu'il attendoit de moy de ce costé-là, non plus qu'aux autres points de la Barbarie, & du bon-heur des Animaux, que nous auons cy-deuant agitez, i'en suis bien marri, parce que ce n'est pas tant la faute de la matiere que de la forme que ie luy ay donnée, bien que dans le peu de temps qui m'a esté laissé pour y trauailler, i'ay eu soin de n'y rien negliger.

 C'est ce qu'ayant commencé auec le Discours precedent les Festes de Noël dernier, parmi quelques accez de Migraine à quoy ie suis assez suiet, i'essayois d'acheuer & de polir le dernier iour de l'année 1656.

TROISIESME

TROISIESME ET DERNIER
DISCOVRS SCEPTIQVE
A MONSIEVR
DE MAROLLES
ABBE' DE VILLELOIN,
où
Les raisons d'vne fausse Prudence luy sont proposées à refuter.

Par vn de ses Amis.

MONSIEVR,

I'attends vostre iugement sur la question qui vous fut hier proposée, Si vn homme prudent & sage qui se trouue dans vn Estat où tout est en desordre, & où la peruersion des mœurs est si generale qu'il n'y a point de moyen d'y subsister par les Maximes ordinaires de l'Honneur & de la Vertu, doit s'accommoder au temps, se laisser emporter au torrent, relascher quelque chose de son ordinaire seuerité, faire comme les autres, & tascher de se sauuer par la mesme voye que tout le monde prend. Il me semble que ie vois vostre Vertu si pure & si seuere, fremir à cette proposition ; & qu'il est bien mal-aisé qu'elle ne soit d'abord condamnée par vostre Sagesse. Ie la condamne, Monsieur, de mesme que vous ; mais auparauant que

3. Discours Sceptique. la Sentence luy soit prononcée, écoutons, ie vous prie, ses raisons; & puis que nous sommes au temps des Saturnales,

Age, libertate Decembri,
Quando ita maiores voluerunt,

Seruons-nous-en auec cette honneste liberté qui regne dans toutes vos conuersations. Permettez-moy de faire vne Course dans vne Politique que ie n'approuue point, & de vous en rapporter les Maximes & les raisonnemens, comme si ie vous racontois ceux des Tapuyes & des Iroquois, que nous n'auons pas dessein de mettre en vsage.

Ie ne sçay mesme, Monsieur, si les mettant en euidence, nous ne confondrons pas de nostre costé ceux qui suiuent ces malheureuses Maximes, de mesme que vous acheuerez de les confondre en les refutant : car la foiblesse de leurs raisons, la vanité de leurs Principes, & l'atrocité des Consequences qui paroistra manifestement, lors que nous decouurirons ce qu'ils peuuent alleguer de plus specieux, leur donnera peut-estre de l'horreur des vices & de tous les crimes ausquels ils s'engagent. Et comme ie ne doute point qu'il n'y en ait plusieurs qui le font imprudemment, & à l'imitation de ceux qui sçauent les mauuaises raisons de cette fausse politique, quand on fera voir à ces derniers la malice de leurs maistres, peut-estre qu'on les ramenera dans le chemin de la vertu, d'où leur seule ignorance les a fait égarer. Voicy donc ce que disent ces Seducteurs; puis que vous trouués bon que sans affoiblir leurs pensées, qui sont assez foibles naturellement, & que sans oster que le moins qu'il me sera possible des ornemens dont ils tâchent de les embellir, ie vous represente tout ce qu'ils alleguent.

La Prudence & la Sagesse ne vont pas tousiours tellement ensemble, qu'il ne nous paroisse qu'elles se separent quelquefois depitées l'vne contre l'autre; qu'elles prenent des partis differents; qu'elles se trauersent; & que comme la Prudence renuerse & destruict en pleine ruë, au Palais, ou à la Cour, ce que la Sagesse auoit resolu dans l'Academie, reciproquement en ce lieu de dispute la Sagesse se mocque & declame contre ce que la Prudence practique publiquement. D'où vient qu'Aristote ayant defini la Sagesse la Science des choses fort honorables τῶν τιμιωτάτων, ou celle de beaucoup de choses, & sur tout des admirables, πολλῶν καὶ θαυμαςῶν, & donné à la Prudence le departement des choses vtiles à la vie, dit en suite qu'Anaxagore, Thales, & les autres grands hommes de cette espece ont esté à la verité des personnes fort Sages; mais qui n'ont pas merité le nom de Prudentes, σοφοὺς μὲν, Φρονίμους δ'οὒ. De sorte que ce n'est pas de merueille qu'il nous semble d'abord que ces deux grandes qualitez, qui doiuent éclairer nostre ame, ne concourrent pas tousiours en vn mesme suiet, ne sont pas de bonne intelligence en cette rencontre, & que l'vne condamne ce que l'autre approuue. Cependant il ne faut point hesiter en ce qui concerne la conduite de la vie, de suiure les aduis de la Prudence, qui est toute destinée à cela, & de fermer les oreilles à ce que dit la Sagesse, qui regarde les choses de trop haut, & qui en propose dans ses speculations qui ne sont pas d'vsage, estans le plus souuent toutes contraires à la practique des hommes, parmi lesquels on suppose que l'on a à conuerser.

Il ne seroit pourtant pas impossible de reconcilier deux si bonnes amies qui disputent le poinct d'honneur, & de faire qu'elles se cedent l'vne à l'autre, tour à tour la preeminence. Que la Prudence considere comme elle doit les eleuations de la Sagesse en la vie contemplatiue, & admire la sublimité de ses pensées; mais que de son costé la Sagesse laisse agir la Prudence en la vie actiue, & se soumetre à ses experiences. *Vsus quam genuit, mater peperit memoria.* D'où il se formera peut-estre vne sage Prudence, & vne prudente Sa-

3. Discours Sceptique.

6. Eth. 7.

1. Rhet. 11.

gesse, qui n'auront rien à demesler ensemble ; mais qui garderont chacune leurs limites & leur iurisdiction.

3. Discours Sceptique.

Cela estant, ne pourrons-nous pas dire que nostre Prudent se comportera fort sagement, quand il suiura l'affirmatiue de nostre proposition ; pource que la Sagesse accompagnera la Prudence qui marche la premiere & precede en cette occasion. Comme d'autre-part nostre Sage, qui se renfermant dans soy-mesme, aymera-mieux cent fois perir que faire ce qui est en vsage, agira prudemment; pource qu'il soûmettra sa prudence à la Sagesse qu'il cherit, & à laquelle seule il a égard en ses belles Contemplations.

Il est vray, Monsieur, que comme le discernement de ces choses est assez mal-aisé à faire, & que la matiere est vn peu delicate, pour estre maniée indifferemment de toute sorte de mains, il seroit dangereux que les personnes douées de moins de probité & de moderation qu'il ne faut, prissent la licence que donne l'Affirmatiue de cette proposition. Car elle demande des bornes ; & quoy que la Prudence y marche la premiere, elle doit neantmoins de temps en temps regarder en arriere, afin d'écouter ce que luy dit la Sagesse qui luy a lâché la bride, & s'arrester là où elle le luy ordonnera, *Inter abruptam contumaciam, & deformeobsequium, pergere iter ambitione ac periculis vacuum.* Or

Tit. Annal. l. 4. c. 20.

je pense que la iuste mesure de l'interest d'vn honneste-homme doit estre, lors qu'il en est venu à vn certain poinct, où il peut esperer raisonnablement qu'il a tout ce qui luy manquoit du dehors pour le bon-heur de la vie, & de quoy faisant vn bon vsage auec ce qu'il possede au dedans, il ne tiendra plus qu'à luy d'estre l'arbitre de ses plaisirs & le maistre de sa felicité.

I'ay souuent pensé à la Loy de Solon, qui ordonnoit de prendre promptement parti dans vne emotion populaire, estimant qu'il valoit mieux que quel-

qu'vn preualuſt, encore que ce fuſt le plus mauuais, 3. Diſcours Sceptique.
que demeurer long-temps dans le trouble & la diſſention ; Et conſideré ces paroles d'vn autre Politique,
rapportées par Ariſtote au premier liure de ſa Rheto- 1. Rhet. 12.
rique, Qu'il falloit commettre quelques iniuſtices,
pour auoir plus de moyen de faire vn grand nombre
de bonnes actions, δεῖ ἔνια ἀδικεῖν, ὅπως δύνηται καὶ δίκαια
πολλὰ ποιεῖν. Et meditant en ſuitte ſur les ſtratagêmes
qui ſont permis en temps de guerre, lors que ie liſois
ces beaux vers de voſtre Virgile,

   O Socij, quâ prima, inquit, fortuna ſalutis   Æneid. 2.
   Monſtrat iter, quaque oſtendit ſe dextra, ſequamur.
   Mutemus clypeos, Danaûmque inſignia nobis
   Aptemus. Dolus, an Virtus, quis in hoſte requirat?

que vous auez traduits ſi elegamment. Mes compagnons, ſuiuons le chemin que la fortune nous preſente, auſſi-bien que noſtre valeur. Changeons nos
boucliers, & prenons les écharpes & les liurées des Grecs:
car qui demeſle iamais, ſi l'on a employé la vaillance
ou la ruſe contre les Ennemis? Il m'a ſemblé que cette
pratique & ces Maximes permettoient au public &
aux particuliers de relâcher vn peu de cette vertu rigoureuſe dont les Stoïciens nous donnent des idées
qu'il eſt impoſſible d'imiter.

  En effect, on ne diſpute point au public cette permiſſion de mal-faire, de mentir, de diſſimuler, de feindre & de tromper ceux que l'on gouuerne ; & Platon
enſeigne au cinquieſme liure de la Republique, qu'vn
homme de commandement doit ſouuent mentir &
deceuoir, pour le bien & l'vtilité des ſujets, συχνῷ Plat. de
τῷ ψεύδει, καὶ ἀπάτῃ χρῆσθαι ἐπ' ὠφελείᾳ τῶν ἀρχομένων. Rep. 5.
Ce qui a peut-eſtre fait prononcer à Epicure, qui n'auoit pas l'honneur & la vertu en moindre recommandation que le repos & la tranquillité, Que le Sage ne Laert. l. 10
ſe meſlera point des affaires publiques, s'il n'y eſt obligé
par quelque preſſante conſideration. Mais comme ce
Philoſophe diſoit d'ailleurs, qu'il ne falloit pas viure à

Q iij

3. Discours Sceptique.

la Cynique, ny se laisser reduire à la derniere necessité, ie croy qu'il n'eust pas improuué ce qu'Horace fait respondre à Aristippe, auquel Diogene reprochoit qu'il estoit trop courtisan; & qu'il ne s'abaisseroit pas à vne flatterie honteuse, s'il auoit la moderation d'vn Philosophe: Mais vous, Diogene, luy dit Aristippe, si vous auiez l'adresse de vous seruir des Grands, vous mespriseriez la vie que vous faites. Ie fais la Cour à Denis, & ie m'en trouue bien: Mais vous la faites au Peuple, & vous viuez miserablement. Qui de nous deux a meilleure raison ? Ie vay à cheual & fais bonne chere, sans qu'il m'en couste autre chose que quelque ciuilité, & quelque complaisance. N'auez-vous besoin de rien ? & n'estes-vous pas contraint de demander le peu qui vous est necessaire ? En quoy vous n'estes pas moins lâche que moy, ny par consequent moins inferieur à celuy qui vous le donne. Sçachez donc, mon ami, qu'Aristippe se sçait accommoder à toutes choses; qu'il est capable de soustenir l'vne & l'autre fortune; qu'il se contente de la mediocrité presente, quoy qu'il ne refuse pas de donner quelques petits soins, afin de se mettre plus au large. Mais de peur que ie n'aye gasté les pensées de mon Poëte, faute d'vn exemplaire de vostre version que ie n'ay pas eu en main, les voicy en leur langue, & auec tout leur sens, & toute leur elegance.

Horat. l. 1.
Epist. 17.

Si pranderet olus patienter, Regibus vti
Nollet Aristippus. Si sciret Regibus vti,
Fastidiret olus, qui me notat. Vtrius horum
Verba probes, & facta, doce: vel iunior, audi
Cur sit Aristippi potior sententia. Namque
Mordacem Cynicum sic eludebat (vt aiunt)
Scurror ego ipse mihi, populo tu rectius hoc, &
Splendidius multo est. Equus vt me portet, alat Rex.
Officium facio. Tu poscis vilia. Verùm es
Dante minor: quamuis fers te nullius egentem.

Omnis Aristippum decuit color, & status, & res,   3. Discours
Tentantem maiora, ferè præsentibus æquum. &c.   Sceptique.

Plutarque en son Traicté, si l'homme d'âge se doit entremettre & mesler des affaires publiques, dit qu'il n'en est pas comme du trafic, des voyages, & de la nauigation, que l'on n'entreprend que pour le profit & l'vtilité, à laquelle dés qu'on est paruenu, il est permis & bien-sceant de se retirer. L'Administration des affaires publiques, adiouste-t-il, n'est pas vne commission ou vn office qui ait l'vtilité pour son but & sa fin ; mais vne vie d'animal doux, paisible, sociable, né pour viure tant qu'il plaist à la Nature ciuilement, honnestement, & au bien public de la societé humaine. C'est pourquoy il conclud, que les vieillards ne sont iamais dispensés de l'entremise des affaires. Si les choses du monde alloient tousiours de ce sens là, & se conduisoient selon cette veuë auec vn parfait desinteressement ; i'aduouë, Monsieur, que vous auriez meilleur marché de la pretenduë Prudence de nostre Sceptique, que ne le permettront peut-estre les desordres & le renuersement de ces Maximes de Vertu, qu'il suppose maintenant dans vn Estat où il demande permission à vostre sagesse de songer à ses affaires.

Les hommes ne sont sortis de l'Estat de Nature, que Monsieur Hobbes a demonstré estre celuy d'vne guerre perpetuelle, que pour viure en paix & plus commodément qu'ils ne faisoient, tandis qu'ils auoient à se tenir tousiours sur leurs gardes. Mais lors que sous celuy de l'Empire ils ne rencontrent pas la fin qu'ils s'estoient proposée, ils retournent quelquesfois d'vn commun accord dans le precedent, où toutes choses estoient permises, où les distinctions du bien & du mal n'estoient pas encore enseignées, & où chacun auoit droict de se faire iustice. La declaration de la Guerre n'est donc autre chose, que le retour par vne commune deliberation dans la Liberté Naturelle, & cela à l'égard d'vne autre societé qui s'est desia departie de l'eſtat du Gouuernement. C'eſt pourquoy tout eſt permis en cette occaſion; & les Hiſtoires ſacrées & profanes, nous fourniſſent vne infinité d'exemples de ſage conduite où les ruſes & les fineſſes ont leur bonne part. Teſmoin l'entrepriſe de Iudith, qui deliura Bethulie en feignant de ſe ſouſmettre aux ſales deſirs d'Holoferne, vers lequel elle alla auec tous ſes ornemens pour luy donner de l'amour & ſous pretexte de luy liurer ſa Patrie; teſmoin les habits dechirés, qui ne ſeruirent pas mal aux Gabaonites; la trahiſon de Iahel, qui eſt ſi hautement loüée dans le Cantique de Debora; les cruelles vangeances de Samſon; la folie que Dauid feignit deuant Achis;

3. Diſcours Sceptique.
Ioſ 9.
Iud. 5.
1. Reg. 21.

Cato.
(*Stultitiam ſimulare loco ſapientia ſumma eſt*)
Iud. 3.
l'vſage des pains de propoſition, dont c'eſtoit vn ſacrilege de ſe ſeruir; La deliurance des Iſraëlites, que le Roy de Moab auoit ſubiugués l'eſpace de dix huict ans, par l'inſigne perfidie d'Aod, qui ſous pretexte de porter vn preſent à Eglon, & de luy vouloir dire quelque choſe en ſecret de la part de Dieu, luy mit vn couſteau dans le ventre, & le laiſſa mort dans ſon cabinet; les gardes de l'antichambre ne ſe doutant point qu'vn Ambaſſadeur fuſt capable de cet attentat. Et ie ne ſçay combien d'autres actions que les circonſtances pieuſes, & la bonne intention de ceux qui les ont commiſes, defendent des ſeuerités de la Morale. Ces grands exemples pratiquez dans vne guerre ouuerte, de meſme que ceux qui dans la paix ſeruent à reprimer la felonnie des mauuais Sujets, qui ſe departent en tant qu'en eux eſt, de l'Eſtat auquel ils doiuent eſtre ſouſmis, ont bien ſouuent quelque choſe d'iniuſte & de cruel, ou d'indigne de la franchiſe, & d'indecent à la grauité des perſonnes vertueuſes; mais on ne laiſſe pas de les ſouffrir, & de les loüer, à cauſe de l'vtilité qui en reuient. Ce qui a donné lieu à ces paroles de Tacite ſi ſouuent releuées. *Omne magnum exemplum habet aliquid ex iniquo, quod aduerſus ſingulos vtilitate publica compenſatur.*

Annal. l. 2

satur. En effet, vn moindre mal, comparé à vn beaucoup plus grand que l'on euite, tient en quelque sorte la place d'vn bien; comme celuy qui sauue sa vie en perdant sa marchandise, en doit faire le iect moins desagreablement. Il est vray qu'il ne faut pas faire du mal afin que du bien en aduienne: mais cela demande quelque explication; autrement il ne faudroit iamais faire d'incision aux playes que l'on veut guerir, tromper ceux qu'il n'y a pas moyen de sauuer sans la tromperie, ny coudre la peau du Renard à celle du Lion, ou, afin de parler auec l'Euangile, mesler la prudence du Serpent à la simplicité de la Colombe. Ce que pourtant ie ne vois pas que les Casuistes les plus scrupuleux defendent de pratiquer, lors que de puissantes raisons y obligent. Et les Peres ont loüé hautement Sophronie, qui se tua pour conseruer son honneur; Et Euphrasie qui feignant d'estre sorciere, se fit tuer par vn ieune homme qui la vouloit rauir, en luy persuadant de faire auparauant sur elle vne experience de certain onguent, dont elle promettoit de le rendre inuulnerable.

Mais, Monsieur, peut-estre que ie prens la chose de trop loin, n'estant pas icy question de iustifier ce que fait le public en l'administration des grandes affaires, ny de ce que l'on permet aux personnes priuées en quelques rencontres: mais de ce que doiuent faire les Particuliers en la conionćture qui vous a esté proposée. Ie pense neantmoins que tout ce que nous auons dit iusques icy, ne luy donnera pas vn petit éclaircissement, & que si le Sceptisme deuoit gaigner sa cause, ce seroit en vertu des raisons que i'ay touchées, plustost que par la force de tout ce qui me reste à dire pour la colorer.

I'ay neantmoins deux grandes authorités à employer, & ie les mettray volontiers en cet endroit, comme à la teste des troupes auxiliaires, auant que i'employe quelques raisonnemens qui leur cedent la pointe, & qui tiendront le dernier rang dans le corps de cette Dissertation. La premiere est celle d'vn Maistre-d'ho-

3. Discours Sceptique.

ſtel de l'Euangile, qui voyant que ſon adminiſtration luy alloit eſtre oſtée, dit en ſoy-meſme, Que feray-ie, ſi le Maiſtre m'oſte ma charge? Ie ne puis pas aller fouïr la terre, & i'ay honte de mandier? Ie ſçay bien ce que ie feray, afin qu'apres ma demiſſion ie trouue où me loger. Il appella donc tous les debiteurs de ſon Maiſtre, & dit au premier, Que dois-tu? Il reſpondit, cent meſures d'huyle. Prend ta cedule, luy dit-il, & eſcri promptement cinquante meſures. Puis à l'autre, que dois-tu? qui reſpondit, cent meſures de froment. Eſcri, luy dit-il, quatre-vingt. Or le Maiſtre, dit noſtre Seigneur, loüa le Maiſtre-d'hoſtel iniuſte, de ce qu'il auoit fait prudemment. La deuxieſme authorité eſt de Seneque, qui parle de cette ſorte dans vn fragment de la retraicte du Sage. Si l'Eſtat eſt tellement corrompu, qu'il eſt impoſſible d'y apporter aucun remede; ſi les meſchans ſe ſont emparés de toute la puiſſance, le Sage ne s'aheurtera pas en vain à le reformer, & ne perdra pas ſa peine à vn trauail inutile, s'il ne ſe ſent pas aſſez de force. Comme il ne mettroit pas en mer vn vaiſſeau mal equipé, & ne voudroit pas s'enroller pour aller à la guerre, en releuant d'vne maladie, ny entreprendre vn voyage dans vn deſert. Il peut donc auant que rien hazarder, & auant que s'expoſer à la tempeſte, ſe tenir dans le port, & s'appliquer à quelque bonne choſe &c. C'eſt le deuoir d'vn homme de bien de ſeruir, s'il peut, tout le monde, & s'il ne le peut, vn petit nombre de perſonnes; s'il faut qu'il ſe retranche encore dauantage, ſes parents & ſes amis; & ſi cela meſme luy eſt denié, qu'il ſerue à luy-meſme. Quand il ſe rend vtile à autruy, il fait les affaires du public : Comme celuy qui s'incommode, ne ſe nuit pas ſeulement à luy-meſme, mais à tous ceux qu'il euſt peu ſeruir en meliorant ſa condition. Ainſi celuy qui ſe procure de l'aduantage, & qui prend ſoin de ſon aduancement, il trauaille en cela pour les autres; car il ſe rend capable de les ſeruir.

Sen. de otio aut ſeceſſu Sapientis.

Je vous laisse examiner ces deux passages, qui sem- *1. Discours Sceptique.* blent dire assez formellement, que la Prudence humaine inuite les honnestes gens en des temps fâcheux à se tirer de la misere publique, au hazard de commettre quelque bassesse, & de s'écarter vn peu de la ligne dans laquelle les vertus nous enseignent de marcher. Elle n'est pas sans quelque largeur, & la Morale laisse à celle de la Mathematique son indiuisibilité. L'Ecliptique s'approche tantost d'vn Pole & tantost de l'autre; mais elle ne passe iamais au delà des Tropiques. Le vertueux ne sortira peut-estre pas du chemin que la sagesse luy montre, encore qu'il s'approche quelquefois des extremités vicieuses, où il ne fait pas dessein de s'arrester; & desquelles il se recule tout incontinent qu'il est paruenu au poinct vers lequel il luy estoit necessaire de faire vne petite digression.

Si les raisons desquelles on iustifie la dissimulation, les ruses, la violence; & generalement toutes les hostilités qu'vne Societé fait contre son ennemie, ont lieu en temps de guerre; ie ne sçay si elles ne iustifieront pas vn particulier homme de merite, qui se soumettant dans vne Republique mal gouuernée aux façons de faire qui y sont receuës, ne s'écarte pas sans beaucoup de repugnance au chemin des vertus qu'il voit peu frequenté; à cause qu'il n'est plus celuy des affaires qui prenent vne autre route, & qu'on n'y va plus par la suffisance, le courage, & la sincerité; mais par la flatterie, les lâchetés, & par de semblables artifices qui se sont mis en leur place.

Honestè seruit, qui succumbit tempori. *P. Syrus.*

Il n'y a point de honte de s'accommoder au temps, & de ployer sous ce qu'il ordonne, dit vn Poëte ancien, qui est à mon aduis le mesme qui a dit, vn peu trop fortement sans doute, sur le sujet que nous traictons, Que c'est vn peché de bien faire, lors que les vices sont vtiles.

Cum vitia profunt, peccat qui rectè facit. *Idem.*

3. Discours Sceptique. En l'estat que l'on suppose, il y a vne espece de liberté Naturelle tacitement restablie. La guerre est comme declarée aux Vertus, & les Vertus ont droict de se saisir des armes des vices ; non seulement de peur qu'elles ne soient opprimées, mais pour les combattre & les destruire par eux-mesmes. Où certes elles en peuuent detacher quelques vnes de leur corps, & les sacrifier en quelque façon, pour la conseruation des autres. Ainsi en vne saison où la flatterie est tournée en coustume, au lieu qu'elle estoit vn defaut au temps passé,

Vitium fuit, nunc mos est assentatio.

Idem. Le Sage auroit mauuaise grace de vouloir perir plustot que de donner quelque peu d'encens à ceux dont il a besoin, & qui se repaissent de cette fumée. Ce n'est pas que i'estime qu'il en faille venir iusques aux delations & aux bassesses criminelles de cet Hispon, qui *Tacit. Anna. l. 1. 74.* s'aduança aupres de Tibere par cette infamie : mais ie trouue bien ingenieuse la galanterie de Pison, qui voyant Tibere resolu d'opiner dans le Senat sur l'affaire de Crispinus, qui estoit accusé de crime de leze-Majesté, ne luy rompit pas en visiere ; mais dit d'vn ton de voix agreable, & auec vne flatterie qui portoit vne petite instruction ; Ie ne sçay en quel rang vous opinerez, Cesar ! si vous opinés le premier, ie n'auray qu'à suiure vostre aduis : Mais si vous opinés le dernier, ie crains que sans y penser ie ne sois pas de vostre sentiment.

Il semble qu'il y a du chagrin, & de la tetricité en cette vertu si austere, qui ne veut point demordre de ses principes ; qui ne sçait pas respondre au fol selon sa folie, *Miscere stultitiam consiliis grauem* ; qui en vent *Prouerb. 26.* contraire ayme mieux échoüer ou se perdre contre les rochers, qu'aller quelque temps à la bouline ; qui fait difficulté d'vser du droict de retalitiaon ; qui neglige de diuertir la foudre auec vn coup de chapeau ; qui s'obstine à ne pas acheter son repos en se faisant quelque violence ; qui a de l'auersion d'employer les viperes aux antidotes ; qui mesprise d'opposer des contremines aux fourneaux de son ennemi ; qui craint de hazarder à quelques legeres blessures deux ou trois de ses vertus; & qui ne veut pas se reseruer, comme cet autre Consul Romain qui ne desespera point du salut de la Republique, à quelque meilleure fortune, où toutes les Vertus soient en regne, & où celles qu'il prostitue, triomphent des vices ausquels elles ont esté obligées de se sousmettre. Ce fut ainsi que Loth offrit ses deux filles aux ieunes debauchés qui estoient à sa porte, afin d'épargner les deux Anges ausquels ils vouloient faire insulte ; & ce fut sans doute auec beaucoup de mortification que la haute vertu de Dauid s'abaissa deuant Saül, & souffrit quelques taches, tandis qu'il se conseruoit dans la Cour de ce Tyran pour deuenir vn iour le meilleur Roy du Monde.

Durate, & vosmet rebus seruate secundis.
La Manne s'accommodoit à toute sorte de gousts ; & quelques-vns ont dit que l'entendement en son operation se transformoit en toute sorte de choses. *Intellectus intelligendo fit omnia.* La Prudence nous doit rendre souples, flexibles, & adroits à toute sorte de mouuemens ; encore qu'il faille tascher incessamment de retourner en la bonne posture, qui est la droicte, où les vertus ne souffrent point de contrainte. Vn honneste homme doit sçauoir faire toutes choses, sans en excepter les mauuaises ; mais il ne se doit plaire qu'aux bonnes, dit Michel de Montagne, apres auoir demandé à vn Ambassadeur du Roy en Suisse, combien de fois il s'y estoit enyuré pour le seruice de sa Majesté. Montagne.

Au reste, Monsieur, apres auoir tasché de sauuer de vostre censure quelque peu de complaisance, ou pour le dire sans deguisement, quelque peu de flatterie & de bassesse, qu'on a voulu permettre à l'honneste homme, qui ne pouuoit pas en vser autrement, sans vn notable preiudice de ses affaires : & apres auoir mis à couuert par là toutes ses autres vertus, sa Liberalité, sa Temperance, sa Douceur, sa Moderation, sa Constance, son Iugement, sa Gratitude, & sa Magnanimité, ie voudrois vous demander plus particulierement, s'il oseroit bien s'emanciper iusques à receuoir ce dont il a besoin, de quelques mains peu nettes: ou s'il le doit prendre luy-mesme sans scrupule auec les adresses ordinaires, d'vn lieu où le premier venu s'en saisira, & d'où on ne le void iamais sortir honorablement.

 Il me souuient là-dessus d'vne histoire assés plaisante, dont ie ne feray peut-estre pas mal d'égayer ce Discours, que i'ay fait plus long & plus serieux que ie ne pensois, & qu'il ne le falloit faire en vn temps de réioüissance. Vn Marchand François auoit à Londres vn gros chien qu'il enuoyoit tout seul à la boucherie, apres qu'il l'eust dressé à porter vers vn boucher de sa connoissance vn panier dans lequel il mettoit l'argent de la viande qu'il vouloit. Comme ce chien retournoit vn iour auec sa prouision, il y eut quelques autres dogues qui mirent le nez dans son panier. Il se ietta sur celuy qui emportoit la piece: Mais comme il se battoit contre luy, les autres faisoient leur deuoir sur le reste de la viande. Il alla quelque temps tantost contre les vns, & tantost contre les autres: Mais enfin voyant qu'il ne gagnoit que des coups, qu'il auoit les oreilles dechirées, & que sa prouision estoit presque toute mangée, il cessa de la defendre, & se mit à manger comme les autres. Raisonnant sans doute de cette sorte: Que puis que son Maistre auoit à perdre sa prouision, le mieux qu'il pouuoit faire, estoit d'en prendre sa part, & tout au moins de luy épargner vn repas.

 De cette petite histoire qu'Esope ny l'affranchi d'Auguste n'auroient pas desadouëe, oserons-nous inferer, Que nostre homme Prudent ne se feindra point à faire son deuoir, toutesfois & quantes que les finances publiques seront à l'abandon, & qu'il aura moyen d'appliquer en sa personne, à l'vsage d'vn honneste homme, ce qui tomberoit entre les mains d'vn maraut, s'il ne prenoit soin de le retirer & de le mettre en de meilleures mains. *ut ab homine inerti atque inutili ad sapientem, bonum fortemque virum transferantur res ad viuendum necessariæ, qui si occiderit multum de communi vtilitate detraxerit*; pourueu, dit Ciceron, que l'intention soit tousiours dirigée à ce but, & qu'on ne se propose point le tort & l'iniure. Les Saguntins qui brûlerent leur ville, & maintenant ceux qui mettent le feu aux poudres d'vn vaisseau, sont loüés de ce qu'ils font tout perir, de peur que les ennemis, que l'on considere comme des meschantes gens, n'en profitent & ne s'en preualent. Mais n'est-on pas plus loüable de faire tout le contraire, en retirant quelques tisons de l'embrasement, ou en sauuant quelques planches du naufrage ; & cela pour en accommoder vn bon citoyen, vn homme de vertu? Ce qui ne s'écartera peut-estre pas beaucoup du sentiment d'Aristote, qui dit en quelque endroit, Qu'il y a bien de la difference entre faire vne chose iniuste, & commettre vne iniustice. *Erit ergo aliquid iniustum, quod non erit tamen iniustè factum.*

L'inclination que Cyrus auoit à la Liberalité, fut remarquée dés son enfance en ce qu'il fit dépoüiller vn petit homme qui auoit vn grand saye, & qu'il le fit vestir à vn autre de belle taille qui en auoit vn beaucoup moindre, duquel il voulut que le petit homme s'accommodast. En verité il seroit à desirer, selon la pensée du genereux Philotime, qu'on impetrât les biens d'vn auare, qu'on iettât vn deuolu sur les richesses de ceux qui n'en sçauent pas vser, & que de plus dignes en fussent pourueus. Ce fut ainsi qu'en vserent les Israëlites, lors que le iour auant leur depart d'Egypte ils emprunterent la vaisselle d'argent, les bagues, & les ioyaux des Egyptiens. C'est ainsi que les mines de Potosi & toutes les costes du Peru furent ostées aux Ameriquains, qui en estoient indignes, comme c'est à leur tour que les Anglois auiourd'huy en voudroient

Xenoph. in Cyropæd.

3. Discours Sceptique.

bien faire autant aux Espagnols. Et c'est ainsi que tous les iours on confisque les biens de ceux qui contreuiennent aux Loix de l'Estat. Mais ce que les confisquations executent publiquement, & de l'authorité du Souuerain ; les personnes prudentes incommodées dont il est question, le font en secret, & de leur authorité priuée, quand elles s'appliquent adroictement ce qui est en leur bien-sceance, & dont elles iugent probablement que le public ny quelque particulier homme de merite ne sçauroient point profiter. Car ie pense que c'est là-dessus que se fonde la liberté que l'on prend de se faire iustice, & de reformer le partage des biens que l'on a trouué tout fait dans la Societé ciuile. La lesion que chacun a creu de souffrir, a fait estimer qu'on pouuoit hardiment se redimer sur ceux qui en auoient trop; Et sur tout les finances publiques ont esté trouuées fort propres à cette reparation des dommages pretendus: pource qu'on se figure d'y auoir plus de droict; que le public est consideré comme vn grand corps qu'on n'affoiblit pas aisément ; & que chacun ne prend garde qu'à la piece qu'il en arrache.

Mais c'est assez discouru de cette matiere ? Ie vous en fais Iuge, Monsieur, & finis là ma deduction d'vne cause que nous auons desia condamnée; & que ie n'ay soustenuë que par forme d'exercice, comme i'ay protesté dés le commencement; & comme vous sçauez que le Philosophe Fauorin auoit de coustume, au rapport d'Aule Gelle, nommant les sujets qu'ils prenoient ἄδοξους ὑποθέσεις, *Infames materias siue inopinabiles*, des matieres infames & disgraciés, qui estoient le rebut des pensées raisonnables, *vel ingenio expergificando ratus idoneas, vel exercendis argutiis, vel edomandis vsu difficultatibus*, mais qu'il estimoit propres à reueiller l'esprit, à exercer sa pointe, ou à l'accoustumer à venir à bout des difficultez. Il y a peut-estre quelque chose de plus en celle-cy ; & du moins, sur ma relation d'vn pays ennemi que ie suis allé decouurir, vous prendrez mieux vos mesures, si vous

Gellius l. 17. c. 12.

vous voulez prendre la peine de l'attaquer. *3. Discours Sceptique.*

Vous ne manquerez pas sans doute de nous representer auec l'Orateur, qu'encore que la Nature nous porte à la recherche de l'vtile, elle ne le fait pas neantmoins au preiudice des autres hommes qui sont membres d'vne mesme Societé, comme ceux de nostre corps en l'estat d'vne santé parfaite ne tirent pas chacun de leur costé plus d'aliment qu'il ne leur en faut, sans auoir aucun égard à ce que leur abondance soustrairoit à la necessité de leurs voisins : Mais qu'il est bien plus naturel de se porter à la grandeur d'Ame, à la Courtoisie, à la Liberalité, à la Iustice; qu'au Plaisir, qu'à la Vie, & qu'aux Richesses; & que d'oster à autruy pour son vtilité propre est vne chose bien dauantage contre la Nature, que n'est la Douleur, la Mort, & tous les maux qui la precedét, quand ce seroit le plus homme de bien du monde, qui l'entreprendroit sur le plus meschant. *Etenim multò magis est secundùm naturam celsitas animi, & magnitudo, itemque comitas, iustitia, liberalitas, quàm voluptas, quàm vita, quàm diuitiæ : quæ quidem contemnere, & pro nihilo ducere, comparantem cum vtilitate communi, magni animi & excelsi est. Detrahere autem alteri sui commodi causa, magis est contra Naturā, quàm mors, quàm dolor, quàm cætera generis eiusdem.* *Cicer. de Offic. l. 3.* Mais n'opposés pas, ie vous prie, à ce que dit Aule-Gelle de Fauorin, ce que Ciceron prononce brusquement, *Non modò pluris putare quod vtile videatur, quam quod honestum; sed hæc etiam inter se comparare, & in his dubitare, turpissimum est.* *Ibid.* Comme si i'auois pressé plus qu'il ne falloit cette matiere : ny ce qu'il adiouste au mesme endroit, *Nec vlla pernicies vitæ maior inueniri potest, quàm in malitia simulatio intelligentiæ.* *Ibid.* Car ces beaux sentimens ne feroient pas moins contre luy, que contre nostre Sceptique, qui a suiui son exemple, & qui a rapporté pour vne mauuaise cause, ce que Ciceron en rapporte souuent luy-mesme bien plus fortement en de pareilles rencontres. Seruez-vous plustost de la pensée de Chrysippe. *Que celuy qui court auec vn autre, doit s'efforcer autant qu'il luy sera possible de remporter le prix de sa course; mais qu'il ne doit pas vser de*

S

supercherie enuers celuy contre qui il dispute cette victoire: Que de mesme dans le cours de la vie, il n'est pas iniuste de rechercher les choses qui peuuent seruir à son vsage, mais que c'est vne extreme iniustice que de prendre le bien d'autruy.

Qu'il y aura du plaisir de vous entendre foudroyer l'Auarice, & la Bassesse, contre lesquelles vostre Generosité employera cette noble vehemence, & cette eloquente ardeur, qui vous fait prononcer de si belles choses, lors qu'on l'a vn peu irritée. I'ay tasché deux ou trois fois de la mettre en colere par cette innocente feinte de quelques dissentimens qui ont exercé vostre plume. Mais ce sera icy la derniere fois que ie vous prouoqueray: Car apres tout, il ne fait pas bon iouster contre vn tel champion. Et quoy qu'au lieu de me creuer l'œil, & de me coucher roide mort par terre, comme on a de coustume chez vous en ces combats de barriere, vous n'ayez fait que m'ouurir les yeux, & que me faire faire quelques tours dans la lice; ie ne laisse pas d'en estre recreu, & de me sentir de vos secousses. Certes si ie n'eusse traicté ces questions vn peu à la Sceptique, il m'en eust bien plus mal pris: car la mobilité de cette maniere de raisonner esquiue beaucoup mieux les grands coups que vous donnés aux fausses opinions, que n'eust fait vne assertion contraire, qui vous eust attaqué de front & procedé dogmatiquement. Elle se fust écrasée contre vostre fermeté, & le jeu n'en eust pas esté si long ny si plaisant. S'il vous a diuerti, i'en seray satisfait; & d'oresnauant vous me permettrez, s'il vous plaist, de demeurer assis dans le Cirque, où ie seray tousiours prest d'applaudir à tout ce que vous ferez. Ie suis,

Monsieur,

Vostre tres-humble & tres
obeïssant seruiteur.
ALETHOPHILE.

A Paris le dernier iour
de l'an 1656.

[marginal note: 3. Discours Sceptique.]

CINQVIESME DISCOVRS.

Seruant de réponse au troisiesme Discours Sceptique de Monsieur de SS. touchant la Prudence du Siecle.

MONSIEVR,

Que i'ay leu de belles choses dans le Discours Sceptique que vous m'auez addressé! que vous l'auez écrit agreablement! & que vous y auez meslé de traits d'eloquence! que tous les passages que vous y auez employez, sont bien choisis! & que vostre Apologue du Chien du Marchand François qui demeuroit à Londres m'a semblé à propos! Tout cela, Monsieur, ie vous l'auoüe, m'impose extremement, & ie suis presque tenté de suiure le parti qu'il semble que vous appuyés le plus fortement, bien que ie luy fusse dernierement si contraire.

Vous appellez donc Sceptique le Discours que vous me faites l'honneur de m'adresser, *où les raisons d'vne fausse Prudence me sont proposées à refuter?* Cette inscription seule me fait presque tomber la plume de la main, dés que vous attribuez à vne fausse Prudence les raisons dont vous deuez vous seruir, pour prouuer, *qu'il faut s'accommoder au temps, se laisser emporter au torrent, relascher quelque chose de son ordinaire seuerité, faire comme les autres, & tascher de se sauuer par la mesme voye que tout le monde prend:* Ie ne suis plus en colere, & il me suffit de voir que nous soyons tous deux d'vn mesme auis.

Ayant leu auec soin toutes ces raisons que vous rendez specieuses de l'air dont vous les faites paroistre, ie me suis presque laissé persuader que leur cause n'est pas si mauuaise que vous le dites ; & ie vous auoüeray franchemēt, que pour mon particulier, ie m'abstiendrois bien d'appeller *fausse* la Prudence qui veut *qu'on s'accommode au temps, qu'on se laisse emporter au torrent, qu'on fasse comme les autres, & qu'on tasche de se sauuer par la voye que tout le monde prend.* Si la Prudence le veut, n'est-ce pas bien fait de l'en croire ? Et si elle ne le veut pas, oseroit-on luy desobeïr ? Si la Prudence est fausse, elle n'est point du tout cette Vertu admirable, sans laquelle toutes les autres vertus ne peuuent subsister, & ne merite pas le nom de Prudence; mais de Folie, de Mensonge, & de Temerité.

Qui doute, Monsieur, qu'il ne faille s'accommoder au temps, se laisser emporter au torrent, & faire comme les autres ? Ces propositions sont vrayes parlant generalement, & ne sont fausses qu'en de certaines circonstances, qui ont pû donner sujet à nostre contestation. Le temps est-il fascheux ? le Sage prend patience, aussi-bien que le Prudent. Il ne resiste point au fil de l'eau qui l'emporte. Quand tout le monde pleure, il ne s'étouffe pas de rire : & quand on aura de veritables sujets de joye, il ne sera pas de si mauuaise humeur qu'il s'en veuille attrister. Il ne s'habillera pas à l'Indienne parmi les François, qui sont vestus d'vne autre sorte. Il ne se couurira pas d'vn drap mortuaire pour aller aux Nopces : il ne mettra point de troubles dans le Gouuernement, quelque alteré qu'il pust estre, ne changera point les coûtumes de son païs, pour y admettre celles des Etrangers, ne blasmera point les vsages, ny les coûtumes receuës de sa Nation, & ne s'attirera point la persecution pour manquer de respect aux puissances Souueraines, ny pour s'opposer aux volontez absoluës de ses Superieurs ou de ses Maistres. Ce seroit vne grande imprudence, ce seroit vn grand peché d'en vser de la sorte.

Et quoy ? le Roy de la Sagesse, dont Salomon

n'eſtoit que la figure, veut que nous ſoyons d'accord auec noſtre Aduerſaire, tandis que nous ſommes en chemin auec luy, de crainte qu'il ne nous liure entre les mains du Iuge, & que le Iuge ne nous abandonne à l'Executeur de ſes ordres, pour en eſtre chaſtiez, & nous ferions tout le contraire ? Il ne faut pas ſeulement y penſer. Pour eſtre conſcientieux, on ſe doit bien empeſcher d'eſtre Perturbateur : pour aimer la Sageſſe, il ne faut pas eſtre indiſcret : & pour eſtre genereux, on ſe doit bien abſtenir d'eſtre inciuil.

Noſtre difficulté ne conſiſte donc pas en cela, par les termes generaux que ie viens de rapporter : mais de ſçauoir, ſi vn honneſte homme doit faire quelque choſe contre ſa conſcience, pour ſuiure la multitude, & s'il y a des temps qui le puiſſent obliger de manquer à la vertu, à ſa parole, & à ſon propre honneur, pour des intereſts de fortune, & des commoditez temporelles. Cette queſtion eſt bien differente de la premiere, & ie ſerois bien marri de la ſouſtenir. Vn honneſte homme fera-t-il quelque choſe contre ſa conſcience ? Ie croy que la mort luy ſeroit moins faſcheuſe : & toutes les forces du Siecle ny des Enfers, ne l'y ſçauroient obliger : ny les menaces, ny les tourments, ny la derniere rigueur ne doiuent point ebranler ſa conſtance, & rien ne doit eſtre capable de corrompre ſa pureté. Si Regulus & Fabrice euſſent aimé le repos & les Richeſſes plus que l'honneur de ſeruir leur Patrie, l'vn ne ſeroit pas mort dans les tourments, & l'autre n'auroit pas fini ſes iours dans vn extreme pauureté. Ces Saints Perſonnages, dont les noms illuſtres marquent les iours celebres dans noſtre Calendrier, euſſent à la verité épargné quelques peines, & meſmes ils euſſent ioüi de quelques proſperitez pendant leur vie, s'ils euſſent reſiſté aux lumieres de l'eſprit, & voulu faire quelque choſe contre leur conſcience : mais ils ſeroient enſeuelis dans l'oubli, & vn eternel repentir leur ſeroit demeuré dans l'ame : car il n'y a point en cela de milieu à prendre, & il faut choisir le parti de la Vertu, ou de la derniere lascheté. La misere n'est pas tousiours honteuse, & les persecutions sont quelquesfois glorieuses. Il vaut mieux endurer des iniures que d'en faire ; & la cause de la Verité ne se doit iamais trahir pour fauoriser le Mensonge.

Mais qui nous y pourroit obliger au temps où nous sommes ? La prosperité des Mechants, & l'impunité des Crimes ? Quand cela seroit, patientons tant soit peu, & de grace, mon cher Monsieur, que rien ne nous tante de ce costé-là. Tant de biens acquis par de mauuaises voyes, ne sont pas proprement des biens, & leur faux éclat ne dure pas long-tems. Celuy-là, si ie ne me trompe, est bien plus heureux qui se peut passer de son sien & de son peu

Contentus suo, paruoque.

& qui estant eloigné des affaires mondaines, sans estre chargé de debtes, cultiue auec ses bœufs les champs de ses Peres à la mode des Anciens. La iuste terre luy donne en cet estat largement de quoy viure. Il iouït des douceurs de son oisiueté dans les champs spacieux: il y trouue son repos asseuré. Là, les antres, les lacs d'eau viue, les mugissements des Bœufs, & le doux sommeil sous le couuert des bois, ne luy manquent pas. Vn Ancien souhaitoit auant toutes choses, que les Muses gracieuses dont il portoit les mysteres sacrez dans le cœur, le receussent en leur compagnie, qu'elles luy montrassent les mouuements du Ciel, & luy apprissent le nom des Estoiles qui occupent le firmament, les defaillances diuerses du Soleil, & les trauaux de la Lune : qu'elles luy enseignassent d'où procedent les tremblements de terre : par quelle puissance les Mers deuiennent si hautes en forçant tous leurs obstacles, & puis se rabaissent, & se contiennent en elles mesmes: Pourquoy les Soleils de l'Hiuer se hastent d'aller éteindre leurs feux dans l'Ocean, ou quel retardement fait les longues nuicts. Qui nous empesche d'en faire autant ? Que si l'on n'estoit pas capable de penetrer dans tous ces secrets de la Nature; ne peut-on pas trouuer d'autres diuertissements à la campagne ? & si quelqu'vn est assez sage pour se soucier peu d'acquerir de la gloire & du nom, les ruisseaux qui baignent les Vallées ne luy plairont pas moins qu'à d'autres la pourpre & les somptueux Palais. C'est vn bien nompareil de ne porter point enuie à l'opulence des Riches, de prendre auec ioye les fruicts que les Arbres & les champs donnent liberalement, & de ne voir iamais ny le Droict des parties defendu auec vne dure opiniastreté, ny le Parquet si plein de crieries, ny le lieu où sont resserrez les Registres des procez ou des Edicts.

Felix qui potuit rerum cognoscere caussas:
Atque metus omneis, & inexorabile fatum
Subiecit pedibus strepitumque Acherontis auari.

Ie n'ay que faire de vous traduire ces beaux Vers de Virgile, qui sont assez connus de tout le monde : Mais ie voy bien que vous m'allez dire; que toutes ces belles choses ne se peuuent plus mettre auiourd'huy en vsage. A quoy vous adioutez; si nous en sommes là reduits, que deuiendrons nous ? Car vn Etranger qui se voudra mettre en possession de nos vilages, ne sera-t-il pas incessamment à la veille de nous dire

Hors d'icy vieux Manans, tous vos biens sont à nous.
---Hæc mea sunt, veteres migrate coloni.

Ainsi nous serons contraints dans nostre affliction de ceder à la force, puisque la fortune bouleuerse toutes choses: Et pour en parler sainement, il ne se trouue plus auiourd'huy de repos ny de seureté à la campagne, & sur tout pour ceux qui ne sont point éleuez dans les charges, ou qui ne commandent point les troupes, ou qui n'ont point de part dans les Offices des finances, ou dans l'administration des affaires publiques. Il n'importe, la Patience est vne vertu heroïque, & la Prudence qui l'accompagne, l'empeschera de succomber. Dailleurs celuy qui a soin des petits oyseaux de l'air, & les lys des Vallées, ne permettra point que nous en soyons iamais reduits à le derniere extremité : Et certes, il est si magnifique & si liberal dans ses bontez, qu'il ne faut pas seulement penser qu'il ne nous en donne de reste, si nous sommes Iustes ; ie ne dis pas de cette Iustice des Saints, qui sont en quelque façon éleuez par la grace au dessus de la condition humaine ; mais de cette Iustice commune qui ne fait tort à personne, qui aime la paix & la mansuetude, qui s'humilie sous vne main puissante, qui fuit l'oisiueté, & qui s'applique à quelque chose d'honneste, auec vn soin laborieux.

Vous voyez bien que ie ne traitte pas cecy d'vne maniere Sceptique, aussi n'en ay-ie pas le dessein, y employant des raisons si fortes, tirées d'vn principe qui ne se peut contester, & il me semble aussi que vous ne vous y estiez pas trop attendu. Ne vous imaginez pourtant pas que ie dogmatise d'ordinaire. Vous ne sçauriez estre gueres plus Sceptique que ie le suis en la plus-part des choses. Mais dans les questions de Morale, qui peuuent estre de nostre portée, ie prens volontiers le parti de ce qui me semble le plus honneste & le plus iuste sur les coûtumes receuës de nos Peres, & sur les fondements de la doctrine de ceux qui nous ont enseignez : car ie tiens qu'il ne faut rien changer, & que nous sommes redeuables à nostre diuin Legislateur, de la plus excellente Morale & de la plus noble Politique qui se puisse imaginer.

Vous dites donc, Monsieur, *que la Prudence & la Sagesse ne vont pas tousiours tellement ensemble, qu'il ne nous paroisse qu'elles se separent quelquesfois depitées l'vne contre l'autre, &c.* Ce que vous appuyez d'vne Authorité d'Aristote. Cela pourroit bien estre de la prudence des choses mondaines, & de la Sagesse des Philosophes, ou pluftost de la science de ces grands hommes, qui les rend capables de l'amour des Vertus & de la haine des Vices,
&

& qui les fait aspirer aux vrais biens de l'ame, ce que les personnes vulgaires connoissent si peu, qu'elles ne s'en doutent pas mesmes le plus souuent. Or il arriue de là qu'ayant à mener dans le monde vne vie Ciuile, & que le nombre des Fous estant infiniment plus grand que celuy des Sages, il faut par necessité que les Sages vsent d'vne grande adresse & d'vne insigne prudence pour s'accommoder auec les Fous, afin d'en receuoir du secours & de l'vtilité. Oui, Monsieur, la Sagesse des Philosophes qui doit son origine aux lumieres d'en-haut, bien plustost qu'à leurs speculations continuelles, & à leurs estudes assiduës, n'est point inferieure à ce noble genie des Poëtes, pour auoir autant de pouuoir entre les armes guerrieres, & contre la barbarie du siecle, qu'en auoient à ce qu'on dit les Colombes des forets de Dodone, quand vne Aigle venoit fondre sur elles.

———Sed carmina tantum
Nostra valent Lycida, tela inter Martia, quantum
Chaonias dicunt, aquila veniente, Columbas.

Mais, où la bonne conscience, & le veritable bien de l'honneste se trouuent interessez, c'est vn abus de croire que la Prudence quitte la Sagesse, pour se prostituer comme vne abandonnée. Elle ne la quitte iamais : car la Sagesse seroit folle sans la Prudence, si cela se peut dire. Mais la Prudence compatit auec la Sagesse, & luy aide à soûtenir patiemment le choc des aduersitez qu'vne impetuosité aueugle luy fait souffrir, ne pouuant resister à sa vehemence, ny à la multitude qui l'emporte. Comme vn Torrent rapide à qui les haleines qui souflent au Prin-temps, prestent des forces, aussi-bien que les costaux qui se depoüillent des neiges que l'Hiuer y auoit amassées, quand il s'espand dans la plaine, malgré les obstacles qui luy sont opposez, lors que les toicts resonnent par les coups de la pluye meslée de gresle, & que les champs, les troupeaux & les hommes en font du bruit, iusques

T

à ce que son debordement s'arreste au dessous du sommet d'vne colline, & qu'il ait trouué des riues le long de quelque éminence. Vous voyez bien d'où i'ay imité cette belle comparaison, qui explique merueilleusement ma pensée sur ce suiet.

Vous pensez que *la iuste mesure de l'interest d'vn honneste homme est de se mettre hors de la necessité pressante.* I'abbrege vn peu vos termes pour voir mieux vostre sens, & pour m'abstenir le plus qu'il me sera possible d'estendre ce Discours. Cet interest est iuste : mais il ne se peut conseruer par l'iniustice : & nulles commoditez de la vie ne se doiuent point acquerir à mon auis aux depens de l'honneur. *Nil turpe faciendum bono viro, etiamsi ex omni parte lateat; etiamsi omnes deos hominesque celare possimus.* Quand Ciceron qui estoit asseurément vn fort honneste homme, ne m'auroit point apris vn si beau sentiment pour vous en faire ressouuenir, ie croy qu'en cela, vous seriez bien marri de ne vous ranger pas de son parti.

[marginal: Cicer. Offi. 3.]

Ie ne trouue pas moins de Sagesse que de Prudence dans la Loy de Solon que vous citez, pour ne deliberer pas long-temps à prendre parti dans vne emotion populaire : & ie ne dispute nullement contre l'auis d'Aristote dans le 1. Liure de sa Rhetorique pour les choses Politiques, où il faut considerer sur tous le bien public : mais pour les vers de Virgile que vous alleguez en suitte, où ce Poëte fait parler vn ieune Seigneur de la Cour de Priam par la bouche d'Enée, ie ne voy pas que vous en puissiez tirer beaucoup d'auantage, & sur tout de la façon que i'ay traduit ces mots. *Dolus an virtus quis in hoste requirat?* Car qui demeslera iamais si l'on a employé la vaillance ou la ruse contre l'Ennemi? Chorebus voulant dire que si quelqu'vn les pouuoit demesler, il s'abstiendroit peut-estre d'employer la ruse dont il se vouloit seruir, quoy qu'elle soit rarement defenduë à la guerre entre les Ennemis ; mais il n'en est pas de mesme, si ie ne me trompe, dans les Societez ciuiles entre les gens de bien.

Pour le mensonge sur lequel vous vous étendez vn peu au long, ce seroit le suiet d'vn autre Discours fort ample, bien que plusieurs en ayent des-ja escrit: mais quoy qu'il en soit, il y a des mensonges officieux & mesmes vtiles aux Particuliers & au Public, comme lors qu'vn grand Prince qui gouuerne prudemment ses peuples, leur dissimule non seulement ses desseins, mais encore essaye adroitement de leur en donner des opinions toutes contraires, selon les Maximes receuës de la plus adroite & fine Politique, *vbi expedit mendacium dicere, dicatur*. Ce qui m'oblige de loüer, & Iudith, & Iahel, & Debora, & Sanson, & tous les autres que vous nommez, qui n'ont pas moins fait de mensonges que d'actions heroïques, parce que c'estoit pour de grandes causes, & pour des sujets importants, où il y alloit du salut de leur païs contre des Ennemis declarez.

L'histoire du Maistre-d'hostel de l'Euangile que vous raportez tout de mesme, fait voir que les gens du Siecle sont plus prudents que les Enfans de la lumiere, & que le pere de famille est vn bon Maistre, qui se contente bien souuent de la moitié des deuoirs qui luy sont rendus.

Le passage de Seneque qui parle si bien de la retraite du Sage, quand les Mechants se sont emparez de toute l'authorité, ne m'incommode point: & ie souscriray tousiours de bon cœur à ses auis de ce costé-là. Il faut resister au mal courageusement: & celuy qui à force d'auirons, tourne à peine son batteau contre le courant de la Riuiere, si dauanture il relasche ses bras, tout incótinent le fil de l'eau l'emporte & le fait reculer. Mais si l'on ne peut faire le bien, apres y auoir essaié de toute sa force, on doit prendre patience, & il est permis de s'en consoler.

Nate Dea, quo fata trahunt, retrahuntque, sequamur: Eneid. 5.
Quidquid erit, superanda omnis fortuna ferendo est.
Ce que i'ay quelquesfois traduit en cette sorte.

T ij

Illustre sang des Dieux, n'en deliberons plus;
Suiuons de nos Destins le flus & le reflus:
Quoy qu'il puisse arriuer, c'est l'vnique science
De supporter le sort par nostre patience.

Les Poëtes Comiques dont vous raportez quelques Vers, disent de bonnes & de mauuaises choses, selon les Personages qu'ils introduisent sur la Scene : il les font parler conuenablement aux suiets qu'ils traittent; & bien souuent ils y meslent la Satire, & depeignent aussitost les Vices que les Vertus; C'est pourquoy ie ne m'estonne point qu'il y en ait qui aient dit,

Vitium fuit, nunc mos est assentatio.

& beaucoup d'autres semblables qui font bien voir, ou que ce n'est pas leur sentiment, ou que c'est vne Satire du temps. Apres tout, la flaterie, bien qu'elle ne soit pas tousiours vn grand vice, degenere souuent dans vne extreme bassesse : & bien qu'il faille traiter plusieurs veritez auec vne douceur singuliere; de sorte qu'en beaucoup de rencontres, il est bon de les rendre agreables par tous les soins qu'il est possible, si est-ce qu'il ne les faut pas trahir, & l'on ne doit pas estre moins soigneux de dire les veritez obligeantes, qu'on doit estre reserué à debiter les fascheuses, & sur tout quand on n'y peut apporter de remede. Mais c'est discretion d'en vser de la sorte, & non pas flaterie; comme d'ailleurs, ie suis persuadé qu'il n'est nullement necessaire de donner vn nom si rude à ce qui merite de passer pour pure galanterie; comme le trait que vous raportez de Pison à l'Empereur Tibere sur la foy de Tacite, & ce que dit Michel de Montagne de l'Ambassadeur de France en Suisse, lors qu'on luy demanda combien de fois il s'estoit enyuré pour le seruice du Roy son Maistre.

Apres cela, Monsieur, vous me faites vne question vn peu pressante, quand vous me demandez, *si vn honneste-homme oseroit bien quelquesfois s'emanciper, iusques à receuoir ce dont il a besoin de quelques mains peu nettes*, où vous meslez tant de termes, & de circonstances considerables, qu'il me faudroit bien du temps pour y satisfaire, & pour vous y repondre : mais sans les raporter icy tout du long, puis qu'elles se sont veuës dans vostre Escrit, ostez-en la flatterie & la bassesse qui sont ennemies des belles Ames, ie vous diray que dans les besoins pressants ma Morale n'est point si austere, que sur ses Maximes, ie voulusse interdire à vn honneste-homme, quand i'en aurois l'authorité, de receuoir du secours de quelque main qu'il luy fust offert, sans preiudice de la conscience, & qu'il ne pust mesmes imiter le Chien du Marchand François, dont vous employez si agreablement l'Apologue dans vostre Discours Sceptique, & que ie ne suis pas moins persuadé que vous le sçauriez estre, qu'Esope & Phedrus ne l'auroient pas desauoüé, tant il est plaisant & iuste sur le propos qui vous en a fait souuenir.

La Valeur des Saguntins qui brulerent leur Ville, & la generosité de ceux qui mettent le feu aux poudres de leurs Vaisseaux, de peur que les Ennemis en profitent, me semblent des Vertus funestes : & ie ne suis point de l'auis de l'vn de nos Poëtes, qui loüe le dessein de quelques Citoyens, qui par les persuasions de leur General qu'on fait passer pour vn Heros (les anciens Autheurs des Romans eussent dit *Preux*) se vouloient aussi embrazer dans leur ville, fait cette belle comparaison pour marquer son sentiment.

Tel sur les champs salez, le courageux Pilote
Pressé de toutes parts d'vne puissante flotte,
Sur le point d'estre pris, peut, à l'extremité,
Choisir plustost la mort que la captiuité.
Il le propose aux Siens, & les y fait resoudre,
Sous le tillac conquis roule la noire poudre,
Et d'vn bras vigoureux y porte le flambeau
Pour se faire de l'onde vn superbe tombeau.

Vous estes bien plus sage, plus equitable, & plus Chrestien, quand vous dites, *Qu'il vaut beaucoup mieux faire* tout le contraire en retirant quelques tisons de l'embrasement, ou sauuant quelques planches du Naufrage, pour aider vn bon Citoyen.

Digression contre l'Auarice.

Il seroit aussi fort à desirer que l'on vsast des biens, selon les souhaits du genereux Philotime, de nostre cher Monsieur de Martel, au suiet des Auares que ie tiens les plus inutiles gens du Monde, & qui marquent d'auoir fort mauuais sens, demeurant necessiteux aupres de leur abondance, & laissant quelquesfois à vne ingrate posterité des biens immenses dont ils n'ont pas sçeu iouïr. Ha! malheureuse auidité des hommes pour auoir du Bien! où se iette l'ardeur aueugle d'amasser des richesses! O cruelle faim de l'or, que pour vne sorte conuoitise qui ne se peut assouuir, & pour vn prix funeste on vende toute sorte de Crimes! Icy vn Poëte, vous raporteroit l'exemple d'Eriphyle, qui decouurit le lieu secret où son mari s'estoit caché pour n'aller point à la guerre de Thebes, quand elle receut l'or qui fut le suiet de son impieté, & la matiere de son infamie. Il n'y oublieroit pas l'Adultere qui coula auec l'or corrupteur dans le sein de la fille d'Acrise, au trauers des murs d'vne tour où elle estoit renfermée.

Sic latebras Eriphyla viri patefecit, vbi aurum
Accepit turpis materiam sceleris.

Sulpicius Lupercus Seruastus Iunior.

Sic quondam Acrisiæ in gremium per clauſtra puellæ
Corruptore auro fluxit adulterium.

La passion insatiable d'auoir des richesses met de vilaines taches dans le cœur. Quoy que le Riche se couche sans dormir sur de grands monceaux d'or, sa conuoitise enragée de posseder des tresors, boüillonne sans cesse, & ne diminuë point. Certes la pauureté de l'Auare qui n'est iamais assez opulent, est bien malheureuse, puis qu'en effet, tandis qu'il souhaite d'accroistre ses reuenus, & d'emplir ses coffres, il est infiniment pauure. Quelle crainte y a-t-il des Loix bien ordonnées, & quelle reuerence porte t-on à la verité, si le souci augmente à proportion des richesses? On se depesche pour cela de verser le sang de ses proches, & on egorge ses propres Parents, ou du moins l'on souhaitte leur Mort. La faim auare étouffe les affections naturelles. Le propre du Riche est de chercher tousjours des Biens fragiles par de mauuaises voyes. On n'a point de soin de la Pudeur dans la passion du gain: on le recherche aux depens des Temples: Et si quelqu'vn ordonnoit qu'on le cherchast dans le Ciel, ie croy qu'on s'efforceroit de le tirer de là.

Istud templorum damno, exitioque requirit.   Idem.
   Hoc cœlo iubeas vt petat, inde petet.

Mais si nous estions bien auisez, ce seroit à la verité de ce lieu là, & pour ce lieu là que nous deurions thesauriser, *Thesaurisate thesauros in Cœlo.* Puis que nous en sommes auertis d'vne bouche qui ne peut tromper: & si cela estoit, cette vilaine Auarice que nostre Ami deteste si fort, aussi bien que tout le reste des honnestes gens, tomberoit dans les abysmes : & les vns ne seroient pas dans vne prodigieuse abondance, tandis que les autres souffrent dans vne pressante necessité.   Matth. 6. 20.

I'ay essayé de satisfaire à vostre desir, par cette petite declamation contre l'Auarice : car d'imiter, comme on dit, ceux qui enuahirent les Païs & les Richesses des Ameriquains, qu'ils firent perir auec tant d'inhumanité, ou ces autres qui s'engraissent de la substance des peuples desolez, ou qui deuiennent si riches en peu de temps par des artifices damnables, qu'ils ne laissent pas de colorer de pretextes specieux, & qui iouïssent auec vne ame tranquille le reste de leurs iours, de leur excessiue opulence, ie croy que vous n'auez pas dessein de le conseiller, & il est mesme desagreable d'y penser.

Vous voyez bien, Monsieur, que i'ay leu auec soin tout vostre Discours, & que i'en ay consideré toutes les raisons: Mais comme elles sont vn peu multipliées, & que vous leur donnés vne assez grande étenduë, de sorte que cet escrit est vn peu long, ie n'ay fait que les toucher en passant; n'ayant eu besoin que de faire la distinction de la difficulté que vous auez auancée, & de vous dire en peu de paroles le sentiment que i'en ay, puisque vous l'auez voulu : car si i'eusse entrepris d'en examiner plus particulierement toutes les circonstances, les Lieux-communs ne m'auroient pas manqué non plus qu'à beaucoup d'autres, si ie m'en voulois seruir, & ie serois allé encore plus loin que vous: mais vous m'en auriez fait reproche, & mon Lecteur s'en seroit ennuyé.

SIXIESME DISCOVRS.

De l'honneste homme, & de l'homme de Bien, au Mesme.

ONSIEVR,

Si dans le Discours precedent i'ay respondu à vostre attente, i'ay grand suiet de m'en glorifier, parce que vous m'y auiez taillé bien de la besongne, de la façon que vous en auez traité la matiere, dans l'ouurage que vous m'auez fait l'honneur de m'addresser, & i'auray satisfait à deux obligations en mesme temps, la premiere à vostre egard sur la question que vous m'auez faite, la seconde à l'egard de Monsieur du Prat nostre Ami commun, dont le sçauoir est si exquis & la modestie si rare, qui m'auoit proposé de parler de l'honneste-homme pour suiet d'vn Entretien. Car l'honneste homme, qu'est-ce autre chose que le Sage dont nous auons parlé, le Prudent, le Ciuil, & le Genereux, qui est dans l'estime de tout le monde ? Qui ne veut
rien

rien que par les voyes de l'honneur & de la vertu ; A qui la vie feroit onereufe auec les Richeffes & la fanté fi elle n'eftoit honorable ; qui garde fa parole & fa foy, qui ne fe vange point, quand il en a le pouuoir, qui conferue fes Amis auec foin, qui cherit fes proches, qui aime la gloire de fa Patrie, qui refpecte les Puiffances aufquelles il eft foûmis, & qui mourroit pluftoft que de faire vne lafcheté, & d'acquerir des richeffes & des dignitez par des artifices iniuftes, quand bien toute la terre le deuroit ignorer. Ce qui fit dire vne fois à vn Mahometan qu'on vouloit obliger à trahir vn fecret, ou bien à commettre quelque lafcheté contre la gloire de fon païs, lors qu'on luy alleguoit que perfonne n'en fçauroit rien; mais ie le fçaurois, dit-il, & cela me fuffit pour n'eftre pas de voftre auis. De quel perfonnage fameux a-t-on iamais raporté vne parole de plus grand merite ? Et cet Ancien qui difoit que les Dieux & la Confcience deuoient eftre egalement refpectez, n'eftoit-il pas digne à voftre auis de plus d'eloges que celuy qui ne craint point de mal faire, pourueu qu'il n'en foit point repris, qu'on n'en fçache rien, & qu'il deuienne opulent?

Pour en parler fainement, il y a fi peu de diference entre l'honnefte-homme & l'homme de bien, qu'ils fe peuuent confondre aifément l'vn auec l'autre, quoy qu'à le bien prendre l'on puiffe eftre homme de bien, fans eftre fi fort honnefte-homme: mais il eft impoffible d'eftre honnefte-homme, fans eftre homme de bien. Ie ne m'arrefteray pas à difcourir fur toutes les parties de la defcription que i'en ay faite : cela m'obligeroit à vn trop long Difcours, & ie croy que l'on en pourroit faire des liures entiers ; mais quoy qu'il en foit, cet honnefte-homme qui fe produit diuerfement dans toutes les conditions, ne peut iamais eftre feparé de l'homme de bien. Si vn guerrier n'eft homme de bien, il ne fera ny braue, ny valeureux, quoy qu'il euft vn cœur de Lion : il ne fera pas mefmes feur dans fes

V

emplois, & sera dangereux, comme vne beste feroce. Vn Iuge auec toutes les connoissances du Code & du Digeste, sera tres-iniuste & tres-pernicieux, s'il n'a la bonne conscience. L'Orateur persuadera mal son auditoire, si sa probité est suspecte : & celuy qui defendra vne mauuaise cause, y fera malaisement paroistre son eloquence, & sur tout, si luy-mesme se trouue persuadé qu'elle n'est pas bonne. Vn Politique est aussi peu versé dans les Principes de sa science, s'il n'est egalement passionné pour la Iustice & pour le bien public, non pas pour son interest particulier; mais pour celuy de l'Estat, & pour la gloire legitime de son Souuerain, autrement à quoy seruiroit sa Politique ? Elle ne seroit pas mesmes digne du nom qu'elle auroit vsurpé. Vn Theologien qui n'est pas sincere, & qui n'a point de pieté, ne trouuera iamais les veritez importantes, & il obscurcira malheureusement celles qui luy seront connuës, pour se rendre Ministre de l'erreur, en flatant les consciences, afin de s'enrichir & de multiplier ses titres par la faueur des Puissants. Ceux qui sont éleuez dans les grandes charges, & dans les dignitez supremes, ausquels on defere toutes choses pour le respect de la puissance & de l'authorité, sont tres-dangereux, s'ils n'ont la conscience bonne, & s'ils ne sont veritablement humbles par la connoissance de leur foiblesse, & de l'infirmité, qui est inseparable de la condition humaine. C'est pourquoy il est tousiours bon à ceux-là, sans en excepter vn seul, de consulter les Escritures, & les tesmoignages des Anciens, & de ceux qui les ont precedez dans vne grande sainteté de vie.

La presence de l'homme de bien est donc requise dans toutes les conditions; mais parce qu'il peut arriuer qu'vne Ame nette ne sera pas fort polie, & qu'vne personne sans malice ne sera pas fort éclairée, il importe pour acheuer vn honneste homme, & pour luy donner vn cœur droit en toutes choses, qu'il soit ha-

bile & versé dans les connoissances de sa profession.
Auec cela, s'il est encore d'vn Naturel doux, s'il est
affable, ciuil, officieux, agreable en ses discours, d'vne
conuersation aisée, galand, enioüe & serieux, selon les
diuerses rencontres, il sera tel que nous le demandons.
Et s'il est riche, bien fait de sa personne, d'vn bon temperament, & content, il sera heureux ; ie parle de cet
heur de la vie du monde, qui pour n'estre pas de longue durée, ne laisse pas d'auoir beaucoup de charmes
pour se faire aimer. Car pour ce souuerain Bien, dont
nous entretiennent si souuent les Philosophes, sans se
trop bien expliquer, il ne se peut promettre que dans
la vie future, par la communication de celuy qui en
est le Principe, si nous en sommes iugez dignes, non
point à la verité par nos propres forces: car cela ne peut
estre, mais par la vertu & par la grace admirable du Dieu
supreme, infiniment puissant & infiniment bon, qui fait
tout ce qu'il veut; & qui n'aime rien que ce qu'il fait.
Que quelqu'vn iuge de là si sans luy nous pouuons
faire quelque chose de bien, & si ceux qui font mal,
ne sont pas abandonnez, comme on dit, au sens reprouué ? D'où ie conclus aussi qu'il est impossible d'estre
homme de bien & honneste-homme, que l'on ne soit
egalement pieux, & persuadé d'vne verité aussi importante que celle-là.

Enfin l'homme de bien, l'honneste-homme & le
sage, tel qu'Apollon estant consulté en pourroit à peine
trouuer vn seul entre vne infinité, est iuge de soy-mesme & s'examine seuerement. Il ne se donne pas
beaucoup de peine des grands Seigneurs ny de la vaine
opinion du Vulgaire, pour accroistre sa fortune, quand
il a les choses necessaires. Il porte en soy-mesme le
modelle du monde par sa rondeur, afin qu'il n'y ait
point d'ordure estrangere qui se puisse asseoir sur la
netteté de sa personne, où il n'a rien negligé pour se
polir. Autant que le iour est long en Esté, & que la
nuict étend sa durée dans la saison de l'Hiuer, il se

considere & se pese soy-mesme iustement dans la balance, afin que rien ne s'entrouure & ne s'enfle de quelque costé : qu'il n'y ait point d'Angle qui ne se raporte egalement de toutes parts, & que le Niueau ne s'écarte point çà & là : que le dedans soit massif, qu'il soit solide, qu'il n'y ait rien de vuide au dessous, dont il soit facile de s'apperceuoir, en touchant des doigts. Qu'il ne laisse point fermer ses yeux au doux sommeil, qu'il n'ait repassé dans sa memoire tout ce qu'il a fait le long de la iournée, regardé en quoy il a manqué, si ses actions ont esté bonnes, dans le temps, ou hors de saison. Pourquoy la bien-sceance a esté deniée à cette œuure ? ou pourquoy la raison a manqué à celle-cy ? qu'il die en soy-mesme : que m'est-il échappé ? D'où est-ce que cette resolution m'est venuë en l'esprit, qu'il eust esté bon de changer ? Estant touché de la misere du pauure, pourquoy ay-ie senti mon ame atainte de douleur? Qu'ay-ie voulu, qu'il eust esté bon que ie n'eusse point desiré ? Pourquoy ay-ie preferé l'vtile à l'honneste?

---*Vtile honesto, cur malus ante tuli?*
N'ay-ie fasché personne de parole ou de mauuais visage? Pourquoy la Nature m'attire-t-elle dauantage que la Discipline?

Ainsi l'homme de bien, le Sage, & l'honneste homme penetrant dans toutes les choses qu'il a faites, & qu'il a dites depuis le matin iusques au soir : & les ayant roulées en son esprit, il deteste les mauuaises actions, & donne aux bonnes la palme & les recompenses qu'elles meritent.

SEPTIESME DISCOVRS.
De la Vertu.

Pres auoir essayé de répondre aux trois Discours d'vn excellent homme qui ne veut pas estre nommé, vn illustre Ami qui en a pesé toutes les raisons aussi-bien que moy, m'a fait sur ce propos vne question touchant la Vertu, dont l'on parle tant, & qui est si peu connuë. Il a desiré que ie luy en disse mon sentiment, & mesmes que ie me donnasse le soin d'en faire vn petit discours, si i'auois quelque loisir de reste, parce qu'il voyoit bien que i'estois occupé à d'autres choses. Ie ne sçauois d'abord si ie m'y deuois engager, n'ayant nul besoin de mon instruction, & ie ne voyois pas dailleurs qu'il fust trop aisé de satisfaire à sa curiosité, tant pour l'abondance de la matiere, que plusieurs ont traitée amplement dans leurs Liures de Morale, que pour dire sur ce suiet quelque chose qui ne fust pas tout à fait commun. Car qui n'a point ouy parler de cette Reine des habitudes, & qu'en pourrois-ie escrire qui n'ait esté dit mille fois? Cependant ce n'est pas sans dessein qu'il m'a fait cette question, où ie puis croire qu'il entreuoit quelque difficulté qu'il est mal-aisé de demesler. Ie ne me persuade point aussi que ie puisse adiouter quelque chose à ses belles connoissances, & ie n'ay point l'art d'escrire les communes d'vn air si merueilleux, qu'elles le puissent rauir. Ie n'ay rien à dire de nouueau: car y a-t-il quelque chose de nouueau sous le Soleil? mais ie serois raui de penetrer dans la dificulté de nostre Ami, & de satisfaire en mesme temps à ce qu'il desire de moy.

Le mot de Vertu se prend diuersement: on l'employe, pour la force, & pour la puissance, dont nous auons diuers tesmoignages dans les Liures anciens & modernes, & mesmes dans les saintes Escritures. On dit la vertu d'vne plante, d'vn mineral, d'vne gomme, & d'vn medicament : on marque le courage de quelqu'vn par le terme de Vertu : mais son vsage le plus ordinaire est de signifier cette perfection de la Nature raisonnable, entant qu'elle est le Principe de l'Intelligence & de la Volonté, pour faire les choses bonnes. De sorte que tout ce que nous appellons proprement vertu, est ordonné à la perfection de ces deux facultez. Or cette perfection consiste au dessein de connoistre la verité, & de se mettre en possession d'vn bien honneste.

Aristote l. 7. de la Physique ch. 3.

Aristote definit pourtant la Vertu Morale d'vne autre sorte, & l'appelle vne disposition de perfection pour quelque chose d'excellent, parce qu'elle perfectionne l'intelligence & la volonté pour vne excellente operation vers l'obiect qui leur est propre. D'autres prennent le nom de Vertu pour la volonté de faire les choses iustes & honnestes, & ie pense que Lactance est de cet auis dans le sixiesme Liure de son institution. Pour Ciceron qui l'a si bien connuë, il l'appelle vne perpetuelle adherence à la raison, ou plustost à la connoissance des Loix & des sciences, que la Nature a infuse dans les Esprits de tout le monde.

Or cette Vertu que Phocylide etablit entre deux extremes, aussi-bien qu'Aristote dans le troisiesme liure de ses Ethiques, est vne heureuse Mediocrité entre l'excez & le defaut, qui ne panche ny d'vn costé ny d'autre : & dautant qu'elle s'applique principalement à surmonter les perils & les difficultez qui se rencontrent dans le cours de la vie, on l'appelle Vertu du nom de *Vir* en Latin qui signifie *Fort*, comme *Vir* tire son etymologie de *Vis*, c'est à dire de la force, comme si la force & la Vertu n'estoient qu'vne mesme chose : & de fait les Anciens les confondoient souuent ensemble.

Et fractis rebus violentior ultima Virtus. Silius Ital.
l. 1.

Et nostre Horace dans la seconde Epistre de son premier Liure dit à Lollius, qu'Homere nous aprend dans l'exemple d'Vlisse, combien ont de pouuoir la Force & la Sagesse, quand elles sont iointes ensemble.

Rursus quid, Virtus, & quid sapientia possit,
Vtile proposuit nobis exemplar Vlyssem,

„ Cet Vlysse qui domta les murs de Troye, sceut con-
„ noistre auec beaucoup de Prudence les Villes & les
„ mœurs de plusieurs Nations. Et tandis que pour ses
„ Compagnons & pour soy-mesme, il disposoit de son
„ retour au trauers de la Mer spacieuse, il souffrit beau-
„ coup de peines, ne perit point dans les flots de ses mi-
„ seres, & endura des trauaux infinis. Vous connoissez,
„ les chants des Syrenes, *Illustre Lollius*, & vous sçauez
„ quels furent les breuuages de Circé. S'il eust esté si mal-
„ auisé, que d'en boire selon son desir, aussi-bien que
„ ses Compagnons, il eust perdu le cœur, & fust tom-
„ bé sous l'infame ioug d'vne Maistresse impudique, de-
„ uenu pour le reste de sa vie quelque chien sordide, ou
„ quelque pourceau ami de la bouë. Ce Poëte senten-
tieux en parle ainsi.

Mais il y a plusieurs sortes de Vertus humaines, puis que les vnes appartiennent à l'Intelligence & les autres à la Volonté. Les premieres pour la connoissance de la verité, & les secondes pour ne se determiner qu'à des choses honnestes, quelque pretexte qu'on pust auoir d'en vser d'autre sorte. Tout cela neantmoins selon les regles de la bien-sceance, & les Maximes de la droite raison, conuenablement à l'estat & à la condition de chacun; parce qu'il y a des choses propres aux hommes qui seroient mal-seantes aux femmes. Il y en a pour les Ieunes & pour les Vieux, pour les Roys & pour les Suiets, pour les personnes Publiques & pour les Priuées; pour les Riches & pour les Pauures, pour les gens de Lettres & pour les gens d'Affaires, pour les Guerriers & pour les Bourgeois. Mais en certain sens, les Vertus principales, que d'autres appellent *Cardinales*, se doiuent rencontrer en toutes les belles Ames, aussi-bien que les diuines, ou *Theologales*, bien que celles-cy soient infuses d'enhaut par vne grace speciale, sans quoy, nul ne se peut vanter de les auoir, & ne les peut mesmes acquerir par les seules forces de la Nature, comme la Foy, l'Esperance, & la Charité, lesquelles ne sont point asseurément données à tous les hommes, quoy que tous les hommes soient appellez dés leur naissance pour croire les mysteres sacrés, pour esperer les biens de la vie future, & pour aimer l'vnique Autheur de toutes les graces, afin d'estre sauuez selon les desseins de Dieu, qui veut sauuer tout le Monde, par les merites infinis de celuy qu'il a engendré de toute eternité, encore que tous les hommes ne soient pas sauuez.

Or par le moyen de ces Vertus admirables tousiours accompagnées de Force, de Iustice, de Prudence & de Temperance, nous sommes tous capables de garder les preceptes qui nous sont ordonnez : & sans elles, il nous est impossible de les garder. C'est pourquoy l'on dit fort bien en ce sens-là, que les Payens & tout le reste des hommes, n'ont point le pouuoir d'eux mesmes d'accomplir les Commandements, & qu'ils ne peuuent, ny faire le bien, ny fuir le mal, comme il faut ; quoy que plusieurs ayent fait de belles actions, & qu'ils ayent euité genereusement les occasions d'en commettre de mauuaises, comme Monsieur de la Mothe le Vayer, l'vn des plus consommez du siecle dans toutes sortes de belles connoissances, l'a fait si bien voir dans son excellent Liure de la Vertu des Payens. Mais, pour en dire la verité, ce n'a point esté par les motifs veritablement bons & vertueux qui ne peuuent estre conceus que dans le cœur de ceux qu'on appelle élus ou predestinez, & lesquels ne le sçauroient estre, sans ces trois Vertus diuines qui ne sont pas données à tous, comme nous le venons de dire, estant au dessus de la
portée

portée naturelle des hommes; car tous les hommes ne sont pas fidelles, bien que tous le peuuent estre, si Dieu leur fait la grace de les receuoir dans son alliance, comme le reconnoissent tous les Theologiens.

Ie ne sçay de quelle sorte ie suis venu à parler insensiblement d'vne matiere si sublime & si importante. Le sujet m'y a mené de luy-mesme, sans que i'y eusse veu d'abord aucune auenuë, n'ayant dessein que de traiter de la Vertu en general, ou tout au plus de la Vertu Morale. Ie n'en suis pourtant pas fasché, parce qu'à le bien prendre, ce peu de paroles estant consideré de prés, ne sera peut-estre pas tout à fait inutile, pour se demesler de plusieurs difficultez.

Quant aux Vertus qu'on appelle Cardinales, ou Principales, qui sont la Prudence, la Temperance, la Force, & la Iustice, dont dependent vne infinité d'autres, elles sont d'autant plus revnies & iointes ensemble, qu'elles sont tres parfaites : & manqueroient asseurément de cette perfection qui leur donne tant d'éclat, si elles estoient separées : car ny la Prudence, qui est iuste & temperante, n'est pas vraye Prudence, si elle n'est forte : ny la Temperance n'est point parfaite auec la Force & la Iustice, si elle n'est Prudente: ny la Force n'est point entiere auec la Prudence & la Temperance, si elle n'est iuste : ny la Iustice n'est point venerable auec la Force & la Prudence, si elle n'est temperante.

Il en est de mesme des trois principales vertus Theologales ou Diuines, qui se tiennent par la main, comme les trois Graces des Poëtes, & ne se quittent iamais; de sorte que si l'vne manquoit entre elles, les deux autres seroient languissantes. De là vient que sans la Foy, l'on n'a ny l'Esperance, ny la Charité : & sans la Charité & l'Esperance, la Foy est celle de qui l'on dit qu'elle est morte : mais si elle est viuante, c'est à dire assistée de ses deux compagnes fidelles, elle iustifie. *Epist. de S. Iaques.*

Vne ame donc ornée de ces trois diuines sœurs dans

ce monde corruptible, ne peche point au mesme temps qu'elle les possede viuement, bien qu'elle ne soit point impeccable d'elle mesme, & qu'elle ne se puisse vanter d'estre sans peché, ny par consequent infaillible: car nulle creature mortelle, ne se peut icy-bas donner cette gloire, excepté l'humanité sainte du Sauueur, ou son Corps Mystique qui est l'Eglise par vn priuilege special estant assemblée en son nom, pour le fait de la Doctrine & de la Discipline, ou pour l'intelligence de quelque point difficile, parce qu'elle est diuinement inspirée, & que les Vertus dont nous venons de parler, ne luy defaillent point, si plusieurs Theologiens en doiuent estre crûs. C'est à cause de cela mesme que le Seigneur dît au premier de ses Apostres, qu'il auoit prié pour luy, afin que sa foy ne defaillist point. Aussi la Grace fit elle venir cette foy à son secours dés le moment qu'il eut peché, & cet Apostre pleura amerement, ce qu'il n'eust pû faire, si le Seigneur infiniment bon ne l'eust regardé de son œil misericordieux: C'est pourquoy il fut retabli en suitte par trois fois dans la gloire de son Apostolat, dont il estoit decheu autant de fois par son reniement, & le Grand Pasteur luy donna la charge de paistre ses Oüailles & ses Agneaux, c'est à dire toute l'Eglise, où se trouuent meslez quantité de Boucs, d'Impies, d'Hypocrites, de Superbes, d'Amateurs d'eux mesmes, de Temeraires & de Reprouuez, qui ont peu ou point du tout de foy, exerçant cependant la patience des Saints auec vne dureté nompareille, à quoy ny la vigilance des bons Pasteurs, ny la dignité Pontificale, ny la pieté des Princes Chrestiens ne sçauroient presque remedier.

Voilà comme les Vertus surnaturelles sont aussi bien inseparables entre elles, que les quatre autres dont nous auons parlé : & toutes ensemble à le bien prendre n'en font qu'vne seule, qui s'appelle Vertu par excellence : & celuy qui les possede sans diuision, est ce Vertueux parfait, ce Sage accompli, ce Heros exemplaire, & cet homme diuin, qui est aussi rare que le Phœnix d'Arabie, ou que la Republique de Platon.

Ie ne doute point que la peine & les difficultez qui se rencontrent dans la pratique des Vertus, ne soient la cause de cette rareté : Car, il ne se faut point flatter, la route en a tousiours esté reconnuë mal-aisée, & s'est se moquer de dire qu'on arriue à la gloire sans combattre. Les Couronnes ne sont promises qu'à ceux qui courent dans la Lice : & si vous ostez les commandements difficiles, la Vertu ne sera plus Vertu.

Imperia dura tolle, quid erit virtus? *Seneque dans l'Hercule furieux.*
Son sentier est étroit, parce que c'est le mesme qui conduit à la vie, & cette Vertu austere est de telle humeur, qu'elle n'y reçoit personne de ceux qui sont chargez de grands fardeaux qui les empescheroient de passer, & veut mesmes qu'on y soit nud, & disposé pour le combat, comme des Athletes; c'est pourquoy l'on dit que les Riches n'y peuuent marcher.

La possession de cette noble & genereuse Vertu n'est pas moins agreable qu'elle est vtile : & si les Vicieux & les Mechants en connoissoient la valeur dans le cours de cette vie perissable, ie ne doute point qu'ils n'en preferassent la pauureté, les souffrances, & la persecution à leur opulence, à leur credit, & à leur authorité. Ce qui a fait dire à vn Ancien que la Vertu estoit vne grande recompence à elle mesme. *Virtus præmium est optimum.*

Vous ne sçauriez, sans vous meprendre, appeller heureux celuy qui possede de grands biens. Le nom d'heureux appartient bien pluftost à celuy, qui sçait vser prudemment des presents du Ciel, qui peut supporter la dure pauureté, & qui aprehende le vice, comme vn mal plus funeste que la Mort, sans auoir peur de perir pour ses chers Amis, ou pour sa Patrie. C'est ainsi qu'en parle Horace à Lollius dans le 4. Liure de ses Odes.

Non possidentem multa vocaueris
Recte beatum : rectius occupat
Nomen beati, qui deorum
Muneribus sapienter vti,
Duramque callet pauperiem pati,
Peiusque letho flagitium timet:
Non ille pro charis amicis,
Aut patria timidus perire.

Au reste la recompence de la Vertu n'est de rien moins que de l'immortalité : & quelques Philosophes mesmes ont crû que sans la Vertu, nul ne pouuoit estre heureux. Mais ceux qui mettoient la felicité du Vertueux dans la Vertu mesme, quoy qu'elle soit extrememement honorable, ne laissoient pas de se méprendre, parce qu'en effet la Vertu est tousiours penible: mais la vie heureuse la suit infailliblement, comme nous l'apprenons de la Couronne des Martyrs, & des trauaux de tant de personnages que leur sainteté a rendus fameux. Silius Italicus l'introduit ainsi parlant dans son grand Poëme. L'honneur & les loüanges m'accompagnent auec la gloire au visage riant, le Triomphe ceint de lauriers me conduit au dessus, des Astres: ma maison est pure, & ma demeure est sur vne Colline éleuée.

Mecum honor, & laudes, & læta gloria Vultus
Me Cinctus Lauro perducit ad Astra Triumphus,
Casta mihi domus, & celso stant colle penates.

Mais Horace s'en explique bien plus agreablement. Apres auoir dit que c'est vne chose douce & honorable de mourir pour la Patrie, & que la mort presse le fuïard, & qu'elle n'epargne ny les iarrets, ny le dos timide de la poltrone ieunesse, il adioute

Virtus, repulsæ nescia sordidæ
Intaminatis fulget honoribus:
Nec sumit, aut ponit secures
Arbitrio popularis auræ.

Virtus, recludens immeritis mori
Cælum, negata tentat iter via:
Cœtusque vulgares & vdam
Spernit humum, fugiente penna.

La Vertu qui n'a point apris à souffrir quelque honteux refus, éclate d'vne gloire toute pure, & ne prend point les haches, ny ne les quitte point aussi, selon les caprices du vent populaire. Elle ouure le Ciel à ceux qui n'ont point merité la mort, ou elle tente vn chemin par des lieux inaccessibles : & d'vne aile prompte, elle quitte auec mespris les assemblées vulgaires, & la terre humide.

Enfin la Vertû, éclate en tous lieux, & ne se peut surmonter, ny par les Richesses, ny par la Pauureté, ny par la Violence, ny par l'infirmité, ny par la Tirannie, ny par la Persecution ; mais laissant toutes ces choses au dessous sur la terre, elle s'éleue iusqu'au Ciel.

HVICTIESME DISCOVRS.

Que pour estre veritablement eloquens, il faut estre homme de bien.

NVl homme, à mon auis, ne se peut glorifier d'estre éloquent, s'il ne ioint la probité à la science, & à la facilité de bien parler, selon la pensée de Ciceron & de Quintilien ; c'est à dire s'il n'est vertueux, & s'il n'a tousiours dessein de defendre le bon droit & la verité iusques dans les Questiós paradoxes qui se peuuét soûtenir de part & d'autre, pour n'auoir point de fondement asseuré sur des principes certains, ou que l'vsage a receus : Car si vne cause est tellement mauuaise, qu'il n'y ait pas lieu de douter de sa fausseté ; quoy que l'on puisse faire pour la fauoriser, on ne la rendra ny meilleure, ny plus veritable, bien qu'elle se puisse pallier : & si quelqu'vn trauailloit en cela contre sa conscience, outre qu'il seroit iniuste, il auroit tort de s'imaginer que tous les artifices de l'hypocrisie peussent iamais egaler les sentiments d'vn cœur genereux, & que les malices les plus ingenieuses fussent comparables aux lumieres d'vne belle ame, qui suggerent les termes elegants, auec les raisons puissantes, & les grands mouuements. Ie ne regarde personne dans ce discours : & ie ne veux pas croire qu'il y en ait mesme aucune qui soit auiourd'huy dans ce sentiment : Mais si quelqu'vn possedé d'auarice ou d'ambitiõ, ou quelqu'autre ennuyé de sa condition, qu'il voudroit changer, pour obtenir des charges ou des benefices considerables, contrefaisoit l'homme de bien sous pretexte de pieté & de religion, & se seruoit de toutes les fleurs de sa Rhetorique pour emouuoir les Grands & le Peuple contre des personnes innocentes & vertueuses, parce qu'elles seroient demeurées dans vn silence respectueux, ou qu'elles ne se seroient pas vantées d'auoir veu ny connu ce qu'en effet elles n'auroient point veu, & ne seroit point venu à leur connoissance, comme si c'estoit vn crime de n'auoir pas bonne veuë, ou de n'estre pas si sçauant qu'vn autre ; non seulement il ne persuaderoit pas les honnestes-gens ; mais encore il se deshonoreroit soy mesme, comme vn Mercenaire, ou comme vne Ame prostituée. *Quod scimus, loquimur ; & quod vidimus, testamur.* Car, pour en dire la verité, l'eloquence qui dans le Liure de l'Exode est appellée *don de Dieu, & le propre ouurage du Seigneur,* ne doit point estre employée pour mentir, elle qui, selon le dire d'vn Ancien, sert de compagne à la Sagesse, & qui ne se peut trouuer dans vn mechant homme, que comme vne excellente liqueur dans vn vase infecté. Il faut donc bien s'empescher de l'employer à vn mauuais vsage ; Et comme elle est de l'ordre des choses Sacrées,

Exod.4.
10.14.

on se doit bien donner de garde de la profaner : & certes au lieu d'en profiter, celuy qui en voudroit vser de la sorte, en ressentiroit auec le temps vn effet tout contraire. Comme vn mauuais Politique, qui gouuerneroit miserablement vn Estat contre tous les interests de sa gloire & de son vtilité, pour assouuir seulement sa cruelle passion.

Plusieurs qui pour de certaines animositez, & raisons particulieres, ont essayé d'obscurcir les lumieres de la verité, se sont deshonorez eux-mesmes, dans les disputes, dont ils ont émeu la contention, pour maintenir leur credit & leur authorité. Cependant si ceuxlà mesmes qui ont soûtenu bien souuent auec opiniastreté vne cause iniuste, eussent entrepris d'en deffendre vne bonne, sans colere & sans preoccupation, qui doute qu'auec la science qui s'aquiert par l'estude, & auec l'éclat d'vne bonne renommée, ils n'eussent accrû leur gloire & leur estime ? Tant il est vray de dire que l'Orateur doit estre homme de bien, & qu'il ne doit iamais se seruir de son eloquence, que pour la deffense de la iustice, ou de la verité qu'on voudroit opprimer. La Iustice inuiolable & la Verité Diuine n'ont point de Superieur au Ciel ny sur la terre, où elles ne peuuent demeurer sans regner : & certes quelques efforts que l'on fasse pour les vaincre, elles resistent tousiours puissamment, & reflorissent au double, quand on s'imagine le plus de les auoir estouffées; dont l'histoire de la Naissance & du progrez de la Religion Chrestienne nous fournit des exemples assez fameux, sans en chercher ailleurs. Mais il est vray, qu'il importe fort souuent à la Iustice & à la Verité pour les faire connoistre, que l'eloquence leur preste la main; Ie parle de l'eloquence d'vn homme vertueux, tel que le depeint le Poëte, qui dit que Neptune appaisa la tempeste, comme il arriue souuent parmi vn grand peuple, quand il s'y émeut quelque sedition qui aigrit les viles ames du Vulgaire, lors que l'on commence à faire voler les feux & les cailloux, & que la fureur preste des armes : car si dans ce mesme temps quelque personnage que la pieté & le merite rendent venerable, s'offre d'auanture à leurs yeux, ils gardent tous le silence : & se tenant attentifs pour l'escouter, cet excellent homme retient leur esprit par son discours eloquent, & adoucit leur courage.

Ille regit dictis animos & pectora mulcet.

Et certes quand la Probité & l'Eloquence se trouuent iointes ensemble, il n'y a rien de raisonnable qui leur puisse resister, & ce qui ne l'est pas, en creue de depit. Leur douce puissance se fait obeïr : & la Tirannie de la violence n'est pas capable de l'opprimer.

Quand Ciceron le plus homme de bien de son temps, iouïssoit de la grande reputation qu'il s'estoit acquise, les armes victorieuses cederent à son eloquence : car enfin la mesme foule qui se pressoit si fort autresfois dans les ruës pour voir les fameux triomphes, ne faisoit pas moins de foule autour de luy pour l'escouter, si sa langue diserte entreprenoit la defense des Accusez, dont la tristesse se lisoit sur le front ; ou si par vn art laborieux il s'efforçoit de purger vn crime capital, dont quelque Citoyen se trouuoit chargé par vne accusation iniuste, toute l'audience resonnoit de ses loüanges.

Quand Pison haranguoit dans le Barreau, il emportoit les affections des Iuges, & entraînoit, pour ainsi dire, leurs sentiments par son eloquence. Ils le suiuoient comme leur Vainqueur. Ils pleuroient mesmes, s'il leur ordonnoit de pleurer : Ils estoient ioyeux, s'il marquoit d'auoir de la ioye : & s'il leur suggeroit la colere, ils ne la pouuoient éuiter. Quel Iuge, luy disoit vn de ses Amis, ne regarde point vostre visage auec étonnement ? Qui ne regit point son sentiment par le poids de vos paroles ? Et parlant de luy en son absence ; ô Dieux, dit-il, quelle grace porte-t-il sur ses

ses levres par la douceur de sa voix ? Les belles paroles soûtenuës de tout l'éclat, dont elles sont capables, remplissent tous les lieux d'alentour. Le sens subtil qu'elles contiennent enrichi de figures diuerses, s'insinuë dans tous les cœurs, auec vn air si charmant, qu'il ne s'y peut rien desirer: & certes ce luy estoit vne grande gloire de flechir par son eloquence la seuerité du Senat, entreprenant la defense des gens de bien, & la conuiction des coupables.

Eloquio sanctum modò permulcere Senatum,
Exonerare pios modò, nunc onerare nocentes.

Mais tout cela n'estoit pas moins fondé sur la reputation de sa probité, que sur sa langue diserte. Toutesfois l'eloquence qui decoule comme vn torrent precieux de la bouche des gens de bien, leur est quelquesfois vne vertu funeste.

—— *& torrens dicendi copia, multis*
Et sua mortifera est facundia——

Iuuenal.
Sat. 10.

Nous en auons des exemples illustres en Demostene & en Ciceron, les deux plus fameux Orateurs du monde, qui perirent malheureusement. La source inépuisable des belles choses accompagnée d'vne facilité merueilleuse à bien parler, fut cause de leur mort : & les veritez mesmes eternelles en dispensent quelquesfois si peu ceux qui les annocent, qu'elles leur ont attiré le plus souuent des haines mortelles. Ie laisseray à part sur ce propos les exemples Sacrez, lesquels sont infinis. Les persecutions pour la verité sont assez connuës : & il n'a pas esté iusques aux Poëtes qui ne nous ayent representé la deplorable fatalité des Orateurs les plus accomplis par les morts tragiques d'Orphée & d'Amphion. Cet Orphée qu'ils appelloient Interprete des Dieux, qui retira du meurtre & de la Barbarie les hommes sauuages ; ce qui luy donna le bruit d'auoir trouué l'inuention d'adoucir les Tygres & les Lions furieux. Ce fut pour vn pareil sujet qu'on dit qu'Amphion en bastissant les murs de Thebes, fit mouuoir les pierres d'elles mesmes au son de sa Lyre, & qu'il les faisoit aller où il vouloit par les charmes de sa voix: car les rochers de Citheron agitez par vn art merueilleux s'assemblerent de leur bon gré pour composer ensemble les parties d'vne muraille complette.

Saxa Cithæronis Thebas agitata per artem
Sponte sua in muri membra coisse ferunt.

D'où vient que les premiers Chrestiens tirerent de là des Emblémes de leur pieté, pour montrer l'effet de la doctrine celeste annoncée aux hommes par le grand Ange, que les Propheres auoient de tout temps predit qui deuoit venir pour accomplir les ordres de Dieu: & firent representer Orphée & Amphion dans leurs chapelles soûterraines, où pendant les persecutions que les Empereurs leur faisoient souffrir, ils se cachoient pour celebrer les saints Mysteres, si nous deuons adiouster foy au Liure de celuy, qui de nos iours, a recherché si curieusement toutes les singularitez qui sont renfermées dans les Catacombes de Rome.

Au reste, pour montrer la force de l'eloquence sous l'Embléme d'Orphée; Virgile le descrit auec son eloquence acoustumée sur la fin de ses Georgiques, apres y auoir depeint l'horrible sejour des Enfers, où l'épouuentable Roy des Morts accompagné des dures puissances qui ne se laissent point flechir aux prieres des Mortels, fut touché des regrets & des plaintes d'Orphée, qui luy redemandoit l'ame d'Euridice. Les Esprits legers, dit-il, & les fantosmes des Corps priuez de la lumiere s'esmeurent dans leurs sieges profonds à la douceur de ses chants. Les Abysmes du Tartare où la Mort habite, en furent saisis d'étonnement: les Ombres s'en émerueillerent, & les ames vulgaires se presserent des épaules pour l'écouter; dont il ne se faut pourtant pas étonner, puis que la Beste à cent testes, rauie par la douceur de ses airs, abbaissa bien ses oreilles sombres pour l'oüir, & que les Serpents des Eumenides s'y rendirent attentifs. On adioute mesmes que Promethée, &

le pere de Pelops trouuerent quelque relâche à leurs peines par la melodie de ses sons : que Cerbere en retint ses trois gueules voulant abboyer : qu'Ixion & Tityé en poufferent quelques soûris : que les Danaïdes charmées d'vne si grande douceur, s'oublierent de mettre de l'eau dans leurs cruches, & qu'Orion pour y auoir presté l'oreille, n'eut plus de soucy de chaffer dans les Enfers aux Lions ny aux Onces peureux.

Ouide en fait vne description à peu pres de la mesme forte dans son dixiéme Liure des Metamorphoses, aussi-bien que Seneque le Tragique dans le second Chœur de son Hercule furieux, où il dit que la mesme harmonie qui auoit attiré les Oyseaux, les Arbres & les Rochers, & qui auoit arresté le cours des riuieres, & retenu la colere des plus fiers Animaux, adoucit les rigueurs de l'Enfer.

Quæ syluas, & aues, saxaque traxerat
Ars, quæ præbuerat fluminibus moras,
Ad cuius sonitum constiterant feræ,
Mulcet non solitis vocibus inferos.

Orphée auec le son de sa Lyre de Thrace, arresta donc les Animaux sauuages, & fit demeurer ferme pour l'oüir le rapide cours des riuieres.

Orphea detinuisse feras, & concita dicunt
Flumina Threicia detinuisse Lyra.

Prop. Eli.
1. du 1. l.

Et si vn autre Poëte en doit estre cru, les forets suiuirent Orphée de leur bon gré, se trouuant charmées par la douceur de sa voix : & la force de l'art de sa Mere eut tant de pouuoir en sa bouche, qu'il retardoit par son moyen le cours des riuieres & la legereté des vents : & comme si les chesnes eussent eu des oreilles, il les attiroit par l'harmonie de son luth.

Vnde vocalem temerè insequuta
Orphea syluæ,
Arte materna rapidos morantem
Fluminum lapsus, celeresque ventos

Horace
od. 12. l. 1.

Blandum, & auritas fidibus canoris
    Ducere quercus.

Mais n'obmettons point sur ce propos vne excellente Epigramme de Festus Anicnus faisant connoistre clairement ce que les Poëtes ont entendu par la Musique d'Orphée. Ie la raporteray tout du long, parce qu'elle ne se lit pas ordinairement.

Threicius quondam vates fide creditur canora
    Mouisse sensus acrium ferarum:
Atque amnes tenuisse vagos,
    Et surda cantu concitasse saxa.
Suauisonosque modos testudini arbores secutæ
    Vmbram feruntur præbuisse vati.
Sed placidis hominum dictis fera corda mitigauit,
    Doctaque vitam voce temperauit,
Iustitiam docuit: cœtu quoque congregauit vno
    Moresque agrestes expoliuit Orpheus.

En voicy le sens. On croit qu'autresfois le Chantre de Thrace en touchant les cordes de son Luth, émeut les Bestes farouches par la douceur de ses airs, & qu'il arresta le courant des riuieres, Il fit dancer apres luy les rochers les plus sourds. Les arbres suiuirent les sons de sa Lyre charmante, & l'on dit, qu'ils s'offrirent d'eux-mesmes à luy donner de l'ombrage. Mais en effet, il adoucit le cœur des hommes par des paroles gracieuses, & tempera les dereglements de leur vie par vne docte voix. Il leur enseigna la Iustice, les mit en societé, & polit la rudesse de leur Esprit.

Ie ne sçaurois m'empescher de raporter encore celle-cy de Caius Casius de Parme, qui sert admirablement à nostre suiet : & ie le fais d'autant plus volontiers que la piece est difficile & qu'elle s'offre rarement aux yeux de ceux qui en voudroient satisfaire leur Curiosité.

Argutæ primum cum plectra parentis, & auro
Distinctam sumpsit citharam Rhodopeïus heros:

Ridebant segnes pulsus, digitosque micantes
Serius, & chordis indoctæ dissona vocis.
Mox pudor exardens & gloria dulcis honesti
Lusibus auertit puerilibus. Omnis & illuc
Perditus incumbens, Musæ pallebat amore.
Et nunc maternis inhiat, nunc ille paternis
Cantibus, hinc illinc discens dependet vtrinque.
Nulla Venus faciem cœpit mentita dolosis
Compedibus. Somni fuerat, parcusque Lyæi.
Donec ridiculus dudum modulamine syluas,
Euulsosque suis scopulos radicibus egit.
Ausus & ire viam viuentibus inconcessam,
Pœnarum oblitos demulsit carmine Manes.
Non leuis adscensus, si quis petit ardua, sudor
Plurimus hunc tollit. Nocturno exsomnis oliuo
Immoritur. Iactat, quod mox laudauerat in se,
Qui cupit æternæ donari frondis honore.

Elle est vn peu longue, & ne manque pas de lieux qui s'expliquent mal-aisément : mais voicy comme i'en ay rendu le sens.

La premiere fois que le Heros de Rhodope prit l'archet & la Lyre de sa Mere, dont la douceur des airs enchantoit les oreilles & le cœur, on se sousrioit du foible effort de ses mains, & de la lenteur de ses beaux doigts, aussi-bien que de sa voix mal conduite, la voulant aiuster aux tons mignards des cordes de son Luth. Aussi-tost la pudeur & l'amour des belles choses, échauffant son courage, le detournerent de ces jeux d'Enfant. Il s'appliqua tout entier à l'estude : la passion qu'il conceut pour les Muses, le fit pallir : & s'efforçant tantost d'aprendre l'art auquel excelloit sa Mere, & tantost de profiter dans les diuines connoissances de son pere, il s'attacha aux soins de tous les deux. Cependant nulle Venus qui amollit le cœur par ses charmes ne le retint dans ses chaînes trompeuses. Il dormoit peu, & fut extremement sobre, iusques à ce que de ioli qu'il estoit dans sa premiere enfance, il fe rendit capable d'attirer apres foy les rochers & les bois par la douceur de fes airs. Ayant bien mefmes ofé marcher par vne route interditte à tout homme viuant, il adoucit la peine des Enfers par fes chanfons admirables. Le chemin n'eft pas facile pour arriuer à la gloire fublime. Il y monta pourtant auec beaucoup de fueur. Il veilloit les nuicts à la clarté de la lampe. Enfin celuy qui fouhaitoit n'agueres d'eftre honoré du laurier immortel, fe glorifie de ce qu'il auoit depuis peu recherché auec tant de follicitudes, pour en meriter de la loüange.

Mais enfin vne eloquence fi merueilleufe & fi diuine n'empefcha point Orphée d'eftre cruellement affaffiné: & il ne faut pas s'étonner fi l'on perfecute quelquefois des perfonnes rares & d'vn merite extraordinaire qui defendent eloquemment des veritez importantes, bien qu'ils ioignent les bonnes mœurs & la pieté à vn fçauoir exquis. Tout le monde ne veut pas eftre detrompé, & tous les fiecles ne font pas heureux pour diffiper les tenebres de l'ignorance, & pour empefcher la licence des crimes, ny le couts des pernicieufes doctrines. Plufieurs, s'il faut ainfi dire, s'étoupent les oreilles pour ne pas ouïr, & fe bouchent les yeux pour ne voir goute, & vne infinité reffentent vne ioye nompareille d'eftre feduits. Mais quoy qu'il en foit, il eft mefmes glorieux de fouffrir pour la Iuftice; & il eft toufiours honteux de proftituer fon eloquence pour defendre le Luxe, le Menfonge, l'Impieté, & la Fauffeté.

C'eft icy le Difcours que ie m'eftois propofé d'écrire fur le modelle des fentiments d'eftime & d'amour qu'a pour la verité & pour la fincerité l'vn des plus habiles & des plus genereux hommes du monde que i'ay nommé fur la fin de la quatriefme page de ces Memoires.

I'Auois deſſein de faire ſuiure en cet endroit mon Traité du Poëme Epique : mais l'ayant étendu bien loin au delà de ce que ie me l'eſtois imaginé d'abord, ie le reſerue pour en compoſer vne partie toute entiere, que ie diuiſeray en pluſieurs Chapitres, pour en rendre la lecture moins ennuyeuſe & plus diuerſifiée. Cependant i'acheueray cette quatrieſme Partie de mes Memoires, par les trois pieces ſuiuantes, dont la premiere eſtant d'vn ſujet nouueau, ou du moins, dont l'on n'a point encore eſcrit, que ie ſçache, aucun traité, ne deplaira peut-eſtre pas à tout le monde.

NEVFIESME DISCOVRS.

DV BALET.

IE ne parle point icy de ces vilaines Maſcarades qui courent dans les ruës de Paris & des autres Villes du Royaume, le iour du Carnaual, ny moins encore de ces dances impudiques qui ſe font quelquesfois en des maiſons particulieres où l'on meſle des actions impures, & de mauuaiſes equiuoques, qui réjoüiſſent les Ames baſſes; mais d'vne Dance honneſte, où rien ne choque la modeſtie & la bien-ſeance; de ſorte que les Cardinaux, Monſieur le Nonce Apoſtolique, & les yeux des Prelats les plus Saints & les plus Religieux, en ſont teſmoins, auſſi-bien que toute la Cour, en preſence du Roy & de la Reine, deuant qui ce ſeroit vn crime de faire quelque choſe, dont il ne ſeroit pas permis d'eſcrire à vne perſonne de ma condition.

Ie ne fais point de doute que *Bal* & *Balet* ne viennent d'vne mesme origine, & que tous les deux ne soient deriuez de *Baler*, qui signifie dancer & saulter en vieux langage François, selon la remarque d'vn sçauant homme, dans ses origines de la langue Françoise. Les Dances Pyrriques des Anciens auoient vn grand raport à nos Balets : & les Païsans d'Italie qui tiroient leur extraction de Troye, & qui s'esbatoient auec vne rude Poësie, & des ris demesurez, portoient des masques affreux, formez d'écorces creuses, celebrant les loüanges de Bacchus, & appendoient à vn pin, en son honneur, leurs visages empruntez.

Virg. Georg. *Oraque corticibus sumunt horrenda cauatis,*
l. 2. *Et te Bacche canunt per carmina leta, tibique*
Oscilla ex alta suspendunt mollia foetu.

Mais quoy qu'il en soit, pour dire ce que c'est que *Balet*, de la façon qu'il est auiourd'huy en vsage parmi nous ; il me semble que ce n'est autre chose qu'vne Dance de plusieurs personnes masquées sous des habits éclatants, composée de diuerses Entrées ou Parties, qui se peuuent distribuer en plusieurs Actes, & se rapportent agreablement à vn Tout, auec des Airs diferents, pour representer vn sujet inuenté ; où le Plaisant, le Rare, & le Merueilleux ne soient point oubliez.

Ie ne sçay si les Anciens l'eussent defini de la sorte : car peut estre qu'en ces petites choses-là, ils bornoient vn peu dauantage leurs desseins que nous ne faisons pas, & qu'ils se contentoient de quelque Mommerie, ou tout au plus, de ce que nous appellons *le grand Balet*, en suitte de plusieurs Entrées où tous les Danceurs, auec des masques noirs, sont egalement parez d'aigrettes, de plumes, & de clinquant ; mais auiourd'huy nous prenons le Balet d'vne maniere plus étenduë : & vne galanterie de cette espece qui ne seroit que de Danceurs vestus de la sorte, ou tels que les Ardents, ou *Iuuenal* les Sauuages du Balet de Charles VI. ne passeroit tout *des Vrsins.* au plus que pour vne masquarade, où la bonne-grace
des

des personnes, leur belle disposition, & la magnificence des habits, ne laisseroient pas selon les Sujets d'estre mises en consideration.

Pour faire donc vn Balet de reputation, il faut bien que celuy que nous venons d'appeller *grand*, s'y rencontre; mais il faut que ce soit à la fin des Entrées pour leur seruir de conclusion, comme nous l'auons desja dit.

La Musique & la Symphonie des instruments & des voix y sont tout à fait de la bien-seance, aussi-bien que les Machines proportionnées aux Suiets, & les changements de Scene ou de Theatre, quand il est à propos: car le Balet à le bien prendre, n'est autre chose qu'vne Comedie muette, où toutes les actions se representent par la dance & par les habits, sans parler, excepté dans les Recits qui se chantent, & qui ne doiuent que bien rarement passer trois couplets, & ne paroissent d'ordinaire qu'au commencement des Actes, & deuant le grand Balet.

Le nombre des Actes, quand il y en a plusieurs, n'est pas limité : il suffit neantmoins de n'y en mettre que trois, chacun rempli de dix ou douze entrées, seruant toutes au Suiet de l'inuention : mais auec vne telle diuersité qu'on n'ait pas le loisir de s'en ennuyer; c'est à dire qu'il ne les faut pas faire trop longues, & qu'elles doiuent estre inegales, quelques-vnes d'vn seul personage, d'autres de deux, ou de trois, ou de quatre, & quelques autres de cinq ou de six, quoy que beaucoup plus rarement, auec des pas & des habits parfaitement aiustez à la representation. Il s'est neantmoins veu des Balets considerables, où l'on a mis quatre Actes, comme en celuy de la Nuit, dancé par le Roy, en l'année 1653. d'autres, où l'on en a mis iusques à cinq, comme en celuy de la Prosperité des Armes de la France, que fit dancer deuant le Roy, feu Monsieur le Cardinal de Richelieu en l'année 1640. quelques autres aussi, où il n'y en a que deux, & d'autres encore où il n'y en a qu'vn feul, qui n'en valent pas quelquesfois moins pour cela, quand le Suiet en eſt bien entendu, comme l'admirable Balet des doubles femmes que fit dancer feu M. de Nemours en 1626. & que l'on euſt pû repreſenter triples ou quatruples, ſi l'on euſt voulu, les faiſant voir comme des perſonnes renuerſées qui euſſent marché ſur leurs mains, auec des teſtes poſtiches entre les iambes, & ſoûtenant leurs iuppes de la ceinture en haut par le moyen d'vn Cercle, ce qui euſt pû reüſſir; Puis laiſſant aller la iuppe attachée au tour du Cercle, on euſt veu d'vn coſté vne ieune Demoiſelle debout, & de l'autre, quelque vieille femme ialouſe ou de quelqu'autre humeur que l'on euſt voulu.

Ie n'improuuerois pas que les Violons à qui l'on donne des habits, fiſſent auſſi vne Entrée, ce qui reuſſit agreablement, quand on la ſçait bien menager pour la faire ſeruir au Suiet; d'où s'eſtant retirez, ils montent ſur leur Echafaut dreſſé exprés, pour voir commodément les Danceurs & les Machines, quand il y en a, & que le Sujet le requiert, afin d'y aiuſter leurs concerts.

Ie ne comprens pas au rang des Machines, les Toiles peintes, les Decorations de la Scene, ou du Theatre, ny les Perſpectiues, quoy qu'elles y pourroient eſtre contées; mais ſeulement les pieces detachées, comme des Rochers, des Arbres, des Vaiſſeaux, des Globes obſcurs ou lumineux, des Aſtres, des Beſtes & des Chariots.

Mais à propos de Chariots, il faut bien prendre garde, ſi l'on y en introduit quelques-vns, que ce ne ſoit pas comme le furent ceux de l'Harmonie, & de la Concorde dans le Balet de la Proſperité des Armes de la France, où ils ſe mouuoient d'eux meſmes, ſans eſtre tirez de quoy que ce fuſt, ce qui n'eſt nullement vray-ſemblable, parce qu'vn chariot doit eſtre attelé; mais il ne faut pas neantmoins que les Cheuaux, les Taureaux, les Lions, les Tigres, les Panteres, les Aigles, les Cignes, les Colombes, ou les autres Animaux qui le tirent, ſoient d'autre ſorte qu'en repreſentation par des machines qui les contrefaſſent, autrement ce ne ſeroit plus Balet; outre que les Animaux effectifs ne reüſſiſſent iamais dans ces ſortes de Galanteries, comme il parut aſſez au Balet Royal du grand bal de la Doüairiere Billebahaut, dancé au Louure en l'année 1626. où Marais vn Danceur illuſtre de ce temps-là, qui repreſentoit le Grand Turc, eſtoit monté ſur vn Cheual naturel: car quelque dreſſé qu'il fuſt, il ne s'en pût ſeruir comme il euſt bien voulu à la lueur des flambeaux, parmi beaucoup de monde, & dans le bruit d'vn grand concert de Violons; De ſorte que l'Acteur parfaictement adroit & diſpos, fut contraint de mettre pié à terre pluſtoſt qu'il n'euſt fait pour dancer: & le Cheual étonné, & de fort mauuaiſe grace, ayant meſme gaſté la place, fut retiré promptement; au lieu que le meſme Marais & quelques autres repreſentant des Coureurs de bague, & des Docteurs armez, allant rompre à la quintaine contre vn Faquin, dans vn autre Balet, reüſſirent beaucoup mieux, eſtant montez ſur de Mules ou des Cheuaux contrefaits. Des Aſnes, des Geniſſes, des Chevres, des Moutons, & des Chiens qu'on y a quelquesfois introduits, n'y ont pas trouué vn plus heureux ſuccez: & tout au contraire, il n'eſt rien de plus ioli, que quand ils y ſont admis en machines, pourueu qu'elles ſoient bien faites.

Il n'eſt pourtant pas touſiours neceſſaire que ces repreſentations ſoient tout entieres, mais ſeulement qu'elles s'expriment en partie, comme par vn viſage contrefait, ou par vne teſte poſtiche, comme on depeint d'ordinaire Acteon, qui prend la forme d'vn Cerf, pour punition d'auoir veu Diane toute nuë, ou les compagnons d'Vliſſe changez en pourceaux, en loups, ou en Lyons par la force des Enchantements de Circé, lors qu'on n'y voit encore que la teſte de changée. Il en eſt de meſme des Oyſeaux qui ſe figurent par des Maſques reſſemblants, & par des habits de plumes naturelles, & des Ailes au lieu de bras, comme on represente dans les Metamorphoses les Pierides, qui se changent en Pies, Coronis en Corneille, Cicnus en Cigne, & Alcione en Alcion. Ce qui, sans difficulté, est beaucoup plus plaisant, que si l'on vouloit faire les mesmes choses plus naïuement. C'est ainsi que des Nymphes & des Bergers s'y changent en Fontaines, en Fleur, en Arbre & en Rochers; quoy que les Fontaines, les Fleurs, les Arbres, & les Rochers se puissent aisement substituer par de petites machines, qui iouënt auec certains ressorts que sçauent tous les Ingenieurs, en la place des Nymphes, des Bergers, ou des ieunes Amants.

Que si l'on representoit Orphée & Amphion, qui émeuuent les chesnes & les marbres les plus durs, par les charmes de leurs voix; ces chesnes & ces marbres émûs, le doiuent estre comme d'eux mesmes, & non pas comme les Chariots tirez par des representations de choses animées.

Autresfois vn Baladin representoit egalement bien en dançant Daphné & Niobé, car il estoit de bois comme Daphné, & de pierre comme Niobé; Pour faire connoistre que celuy dont parle Ausone, qui representoit Daphné & Niobé dans quelque Balet de son temps, estoit vn fort mauuais danceur:

Daphnem & Niobem saltauit simius idem
Ligneus vt Daphnè, saxeus vt Niobè.

Mais nous apprenons aussi delà que les Anciens representoient des Fables & des Histoires dans la dance, ce que Iuuenal nous donne encore à connoistre, quand il dit qu'vne femme de Toscane, voyant representer les postures de pieds & de mains de Leda par le Danceur Batille, ne pouuoit retenir son eau &c.

Iuuenal. Saty. 6.

Chironomon Ledam molli saltante Batillo
Tuccia Vesicæ non imperat———

Au reste si dans les Balets Royaux, il n'entre du rare

& du Comique, ou du Plaisant, aussi-bien que du Magnifique & du Merueilleux, ils ne seront pas tels qu'ils doiuent estre, & ceux qui s'appliquent à leur composition, s'en acquittent fort mal, s'ils ne les y ioignent pas auec iugement : Car si ce que l'on y mesle, n'est rare, les Merueilleux n'y sera pas suprenant : & le Plaisant ou le Comique ne sera gueres diuertissant, s'il n'y a de la nouueauté ; C'est pourquoy l'on y doit ioindre pour l'ordinaire les trois ensemble, bien que les Suiets fussent communs : mais principalement, le Rare & le Merueilleux y doiuent paroistre, si les Suiets sont tout à fait serieux.

Que si le Balet n'est point du tout serieux, il faut neantmoins que la maniere & l'inuention nouuelle le rendent agreable & honneste, y meslant des choses extraordinaires qui tiennent lieu du Merueilleux, comme au Balet des Fees des Forets de S. Germain, dancé vne seule fois au Louure par le feu Roy en l'année 1625. ou Guillemine la Quinteuse, Robine la Hazardeuse, Iaqueline l'Entenduë, Alison la Hargneuse, & Macette la Caprioleuse (c'est ainsi que se nommoient les cinq Fees de ce Balet) signalerent admirablement leur pouuoir, la premiere presidant à la Musique, la seconde aux Ieux de hazard, la troisiesme aux diuerses especes de Folie, la quatriesme aux Combats, & la derniere à la Dance; chacune qui auoit son Acte à part, composé de diuerses Entrées, enuoyant deuant elle son Genie qui faisoit le Recit, l'vn habillé de Violons, de Tuorbes & de Luths, & coëffé d'vn Pulpitre ou Lutrin, pour la Musique, le second vestu de Cartes & de Tarots, de Dez, d'Echiquiers, & de Tourniquets, & coëffé d'vne Table, pour les Ieux de hazard ; le troisiéme vestu d'vne Marotte, pour la Folie ; le quatriéme couuert de Cuiraces, de Plastrons & de machines de Guerre, & portant sur la teste vn Bastió, pour les Combats : & le dernier orné de plumes legeres de diuerses couleurs pour la dan-

Z iij

ce, qui donna ſuiet à vn Balet de Billeboquets animez, & en ſuitte à vn grand Balet.

Le Roy qui aime toutes les belles choſes, où il reüſſit admirablement, s'eſt plû de faire des Balets de toutes les ſortes, & i'ay aprîs de ceux qui en ont eſté Spectateurs, & des Relations que i'en ay leuës, qu'ils ont eſté parfaitement bien conduits, ſelon les Suiets : que dans les Serieux, la magnificence des Machines & des habits s'y eſt trouuée telle qu'on le pouuoit deſirer, & que les inuentions en ont eſté ingenieuſes, comme en celuy de la Nuict de 1653. diuiſé en quatre parties : celuy des Nopces de Pelée & de Thetis de l'année 1654. diuiſé en trois Actes: celuy des plaiſirs de la Campagne, de l'année 1655. diuiſé en deux parties: celuy de Pſyché de l'année 1656. diuiſé en deux Actes: & celuy de l'Amour malade en cette année 1657. qui ne contient qu'vn Acte compoſé de dix Entrées, & d'vne eſpece de petite Comedie en Muſique, que font l'Amour, le Temps, la Raiſon, & le Depit, laquelle doit eſtre infailliblement fort agreable; comme tout ce qui paroiſt dans vn lieu ſi grand, & ſi éclairé, ne peut pas qu'il ne ſoit rare & merueilleux. Mais puis que le Temps, le Depit, & la Raiſon ont eſté appellez pour guerir l'Amour malade, & qu'ils ont iugé que le remede d'vn Balet, ſeroit fort propre à luy redonner la ſanté, il n'euſt pas eſté impoſſible que chacun de ces trois perſonnages n'euſt compoſé ſon Acte de diuerſes Entrées agreables, nouuelles, & ſurprenantes, pour réioüir cet Amour & pour le guerir : comme ſi par exemple, le Temps, euſt introduit l'Occaſion accompagnée des Moments fauorables, l'heure du Berger, le Mois de May auec ſa gayeté accouſtumée, vne Muſique, vne Chaſſe, la Patience & la Perſeuerance, qui ſont les filles du Temps, & ainſi du reſte. Le Depit ſe fuſt ſerui des Soucis, des Querelles, de la Guerre, & des Procez, des Dedains; du ſot Orgueil, de l'Opiniaſtreté, de la Ialoufie, du Trauail & de la Peine, & ainfi des autres chofes qui peuuent appartenir au Depit. Et la Raifon euft employé pour fes remedes, l'Eloquence, la Perfuafion, la bonne Chere, la Ioye & les Plaifirs qui auroient pû donner fuiet, fi l'on euft voulu, à vn grand Balet: mais le deffein en a efté pris d'vn autre biais, & ie ne doute point qu'il n'ait parfaitement reuffi.

Toutesfois de tous les cinq Balets que ie viens de nommer, ie m'imagine par la defcription qu'on m'en a faite, que celuy des Nopces de Pelée & de Thetis a efté le plus accompli & le plus fomptueux, où la richeffe de fon Suiet eft tirée d'vne Fable illuftre qui nous aprend que l'Ocean, qui embraffe la Terre, confentit au mariage de Pelée & de Thetis, & que lors que le iour approcha, pour en celebrer les Nopces, toute la Theffalie s'affembla dans le Palais, où elle porta la ioye auec fes prefents, chacun la faifant paroiftre fur fon vifage. On quitta Scyros: Tempé qui eftoit proche de Phtie, en fut abandonnée: les maifons des Grecs en demeurerent defertes, auffi-bien que les murs de Lariffe, & tout le monde y fut en foule ; de forte que la campagne ceffa d'eftre cultiuée: la vigne rampante ne fut plus nettoyée auec les rafteaux recourbez: le Taureau ne froiffa plus les guerets auec le foc enfoncé: la Serpe ne fit plus diminuer les ombres des arbres : la Roüille fe mit aux outils du labourage : mais la maifon Royale de Pelée éclata de tous coftez: fa magnificence & tous les apartements fpacieux brillerent fous la viuacité de l'or: L'Yuoire blanchit fous les fieges fuperbes: les grands Vafes ornerent les buffets : & toute l'opulente maifon fe vit parée des richeffes des plus grands Roys du monde. Au milieu de l'Augufte Palais, on dreffa le lit Nuptial de la Deeffe fur des dents d'Elephant qui viennent des Indes, & il eftoit enrichi d'vne couuerture de pourpre marine, teinte en couleur de rofe.

Puluinar vero Diuæ geniale locatur
Sedibus in mediis, Indo quod dente politum
Tincta tegit roseo conchilis purpura fuco.

Chiron y vint le premier du Mont Pelion, auec des presents rustiques: car de toutes les fleurs que portent les champs, ou qui croissent sur les hautes montagnes de Thessalie, & de celles que les haleines fecondes du temperé Fauonie font naistre sur le bord des riuieres, il fit des bouquets & des couronnes meslées de diuerses couleurs, dont-il reioüit toute la maison qui fut parfumée de leur agreable odeur.

Penée s'y trouua tout de mesme, & quitta la vallée verdoyante de Tempé ceinte de bocages, & celebre par le bal des Nereides: mais ce ne fut pas les mains vuides: car il en aporta les hestres entiers auec leurs racines, & des lauriers éleuez sur vne tige droite, non toutesfois sans le Plane qui menace de sa cime, ny sans le Cipres, & la sœur paresseuse du flamboyant Phaëton. Il arrangea tous ces arbres autour du grand Palais pour y faire des auenuës couuertes.

C'est le Peuplier.

Promethée le suiuit auec son adresse naturelle, portant sur son corps les flestrissures de l'ancien tourment qu'il souffrit autresfois, quand il fut enchaîné sur vn rocher, d'où il estoit suspendu de ses rochers escarpez.

Enfin le Pere des Dieux y vint tout de mesme auec sa Venerable Espouse & ses diuins Enfans, ne laissant au Ciel que le rayonnant Phebus, & Diane fille vnique de Latone sur le Mont Ida de Crete, dont elle cherissoit le seiour: car l'vn & l'autre mepriserent Pelée, & ne voulurent point celebrer les honneurs des torches Nuptiales de Thetis.

Catule de qui nous aprenons toutes ces choses, & qui donne dans son Poëme des Argonautes l'idée d'vn Balet merueilleux, adioute que les Dieux s'estant assis autour des tables somptueuses, lesquelles on couurit de plusieurs seruices, les Parques en se branlant d'vn mouuement debile, entreprirent de faire vn recit de choses

choses toutes veritables. Vne veste blanche bordée de pourpre, enueloppoit de toutes parts leur corps tremblant, des bandelettes qui auoient la blancheur de la neige, noüoient leurs cheueux sur le haut de leur teste qui auoit l'odeur des roses, & s'exerçoient dans vn labeur continuel. Leur main gauche tenoit vne quenouille couuerte de laine douce, tandis que la droite deuidant le fil, le formoit de ses doigts renuersez, & le tournant d'vn poulce souple, elle faisoit tourner de haut en bas le fuseau suspendu. Les Filandieres tiroient tousiours quelque chose auec les dents pour egaler leur ouurage : & la laine morduë, demeuroit sur leurs levres arides, laquelle auparauant s'estendoit dans le fil delié. Au reste des paniers de jonc enfermoient à leurs pieds de douces toisons de laine blanche : mais enfin repoussant ces toisons, elles reciterent les destinées d'Achile qui deuoit naistre de cette grande Aliance.

Ie me suis insensiblement laissé gagner à la beauté de cette description, qui fait bien voir l'excellence d'vn si rare suiet. Ie le prefere donc à tous les autres : & ie tiens que celuy de Psyché doit estre mis en suitte, puis celuy de la Nuict : & en dernier lieu, le suiet des plaisirs de la campagne, qui sont toutes matieres fecondes, ausquelles on peut donner telle forme que l'on veut.

Il y a deux ans que le Roy dança aussi vn petit Balet *du Temps*, lequel fut diuisé en deux parties : mais comme le suiet n'en fut pas enuisagé dans toute son étenduë, parce qu'on prit le dessein de celuy des Nopces de Pelée & de Thetis, il est vray qu'il fut moins beau que les autres, quoy qu'il ne fust point indigne des plaisirs du grand Prince qui le voulut dancer. Ie tiens pourtant que l'on en pourroit faire vne excellente piece : & i'ay mesmes si bonne opinion de l'idée que i'en conçois presentement escriuant ce petit Traité depuis que i'ay fait allumer de la chandelle dans mon Cabinet, le soir que le Roy dance au Louure son Balet de l'Amour *L'onziéme iour de Feurier 1657.*

malade, pour la quatriefme fois, que fi le Temps me le permet, efcriuant à fon fuiet, ie le paſſeray doucement auec luy mefme, vne partie de la Nuict, pour efcrire ce qui m'en eſt venu en l'efprit.

DESSEIN D'VN BALET DV
Temps.

Le temps ne pouuant eſtre precedé d'aucune chofe plus ancienne que luy, fait la premiere Entrée de fon Balet, traîné dans vn Chariot de Nuages par le Iour & la Nuict, accompagné des Minutes & des Moments qui font vn Recit, lequel eſtant fini, les quatre premieres Monarchies qui comme Captiues & vaincuës par le Temps, fuiuent fon Char de triomphe, repreſenteront leur Decadence en dançant fous des habits, & auec des pas aiuſtez au fuiet.

Le Temps doit eſtre repreſenté par vn Vieillard robuſte & vigoureux, ayant neantmoins la barbe chenuë, vne Robe de couleur changeante, qui luy defcende iuſqu'à my-iambe, parce qu'il eſt fort changeant: des Ailes au dos & aux pieds, parce qu'il va fort viſte: vne Sphere, ou vn Globe celeſte fur la teſte : des Cifeaux à fa ceinture, & des trames de diuerſes couleurs au tour d'vn deuidoir pofé deuant luy, dont il faſſe pluſieurs pelotons qu'il iette dans l'vn des pans de fa Robe, apres les auoir coupez auec fes grands Cifeaux.

Le Iour foit repreſenté par vn ieune Adolefcent de l'âge de douze ans, veſtu de fatin blanc, ou de toile d'argent, auec vn mafque d'or, couronné de rayons, vne fraife ou colet de fleurs diuerſes, vne ceinture d'or par où il foit attaché au Chariot du Temps : qu'il tienne vn Arc & vne fleche d'or à la main.

La Nuit foit vne ieune fille de mefme aage & grandeur que l'Adolefcent, morifque, auec vne robe noire trainante à terre, vne Couronne d'Eſtoiles fur la teſte, vn Collier & vne Ceinture d'argent par où elle foit attachée au Chariot du Temps, auec vn Arc & vne fleche aussi d'argent à la main.

Les Minutes & les Moments qui feront le Recit, paroistront comme des Ombres d'hommes & de femmes, tristes & gayes, vieilles & ieunes, vestuës de couleurs diferentes: ou bien se feront voir les vns apres les autres par vne fenestre de Nuée, à costé, ou derriere le Chariot du Temps, ce qui pourroit estre assez agreable.

Les quatre Monarchies des Assyriens, des Perses, des Grecs, & des Romains vestuës comme des Reines de ces Nations là, se prosternant deuant le Temps, & se connoissant vaincuës par son pouuoir qui dompte tout.

III. ENTRE'E.

Apres le Recit, & l'Entrée des quatre Monarchies, doit suiure celle du Siecle d'or, accompagné de l'Abondance & de l'Innocence.

IV. ENTRE'E.

Vn Arbre mobile chargé de fleurs & de fruicts auec vn concert d'Oiseaux.

V. ENTRE'E.

Trois ieunes Bergers, & autant de filles habillées en Nymphes dançant autour de l'Arbre mobile au son des Flustes, des Musettes, & autres instruments rustiques.

Le Siecle d'or doit estre representé par vn ieune-homme blond, marqué d'or, couronné d'Espics & de Raisins d'or, & richement vestu, tenant pour Sceptre le Rameau d'or.

L'Abondance representée par vne grosse fille portant la corne d'Amalthée.

L'Innocence representée par vne fille menuë ayant le visage modeste, vestuë de toile d'argent blanche, fort simplement.

VI. ENTRE'E.

Le Siecle d'argent, accompagné de l'Honneur & de la Liberté.

VII. ENTRE'E.

Vn Autel mobile chargé de cœurs d'Amants fidelles & de presents rustiques, auec vn concert de Cornets.

VIII. ENTRE'E.

Deux Bergers amoureux de deux Bergeres pitoyables qui se marient aupres de l'Autel de la Fidelité, par le ministere d'vn Druide.

Le Siecle d'argent representé par vn Venerable Vieillard, dont les cheueux, la barbe & le visage soient d'argent, vestu d'vne longue iuppe verte ou iaune, auec des lambrequins en broderie d'argent, les manches bouffantes de mesme, coëffé comme Cibele d'vne ville ou chasteau d'argent, tenant pour sceptre en sa main vne ecaire ou vne regle d'argent.

L'honneur representé par vn ieune-homme robuste couronné d'vn Diadesme & richement vestu.

La Liberté representée par vne fort belle personne negligemment habillée auec vne cotte à l'antique sur sa iuppe, les cheueux pendants auec vn chappeau sur sa teste, qui est l'enseigne de la liberté.

IX. ENTRE'E.

Le Siecle de Fer, accompagné du Trauail & de l'Iniustice.

X. ENTRE'E.

Vn Rocher mobile chargé de trophées d'armes, auec vn son de trompettes.

XI. ENTRE'E.

Vn Passant battu par des Voleurs cachez derriere le rocher.

Le Siecle de fer doit estre representé par vn homme barbare, ayant les cheueux, la barbe & le visage sombres, comme on represente Pluton, armé d'vne cuirasse sur vne sotane noire, portant sur sa teste vne Couronne de fer figurée en pointes, auec vn Baudrier d'argent où pende vn Cimeterre pareil, & tenant en sa main vn Sceptre de fer.

Le Trauail representé par vn Ciclope, ou vn personage enfumé, vestu de noir, ayant vne deuantiere de cuir, comme vn forgeron.

L'Iniustice representée par vne femme folle, & barbuë, ayant des oreilles d'asne à la teste.

LE SECOND ACTE.

XII. ENTRE'E.

Apollon fait le recit, parce qu'il est le mesme que le Soleil pere des Ans, & par consequent des Aages dont les Entrées s'ensuiuent.

XIII. ENTRE'E.

Vn petit garçon, & vne petite fille aagez de deux ans, accompagnez d'vn petit cochon & d'vn poussin d'irondelle : ou des Enfants au dessous de sept ou huict ans.

XIV. ENTRE'E.

Vn garçon & vne fille de dix ans, accompagnez d'vn Mouton, & d'vne Poule d'Inde, ou des Enfants de ces aages là qui vont à l'escole.

XV. ENTRE'E.

Vn ieune-homme & vne ieune fille aagez de vingt ans, qui est l'aage de faire l'Amour, accompagnez d'vn Dain & d'vn Paon.

XVI. ENTRE'E.

Vn homme guerrier & vne femme en l'aage de trente ans, accompagnez d'vne Taureau, & d'vn Poule auec ses poussins.

XVII. ENTRE'E.

Vn homme dans les honneurs & vne Dame en l'aage de quarante ans, accompagnez d'vn Lion & d'vne Autruche.

XVIII. ENTRE'E.

Vn homme dans la Magistrature auec sa femme en l'aage de cinquante ans, accompagnez d'vn Renard & d'vne Cane.

XIX. ENTRE'E.

Vn homme dans le Negoce auec sa femme aagez de 60. ans, accompagnez d'vn Loup, & d'vn Perroquet.

XX. ENTRE'E.

Vn homme auare auec des lunettes sur le nez & sa femme aagez de 70. ans, contant leur argent, accompagnez d'vn Chien & d'vne Corneille.

XXI. ENTRE'E.

Deux vieilles personnes decrepites accompagnées d'vn vieux Asne & d'vne Oye.

Si l'on veut, ces dernieres Entrées se pourront reduire à quatre, le premier aage representé par de petits garçons & de petites filles ioüant à diuers jeux d'Enfant.

Le second aage representé par des galants & des coquettes.

Le troisiesme aage par des hommes & des femmes auançant sur le declin.

Et le dernier aage par de vieilles gens, où l'on peut imaginer beaucoup de choses fort agreables.

LE TROISIESME ACTE.
XXII. ENTRE'E.

Diane qui est la mesme que la Lune qui preside aux Mois, fait le troisiesme Recit, accompagnée si l'on veut des Nymphes chasseresses.

XXIII. ENTRE'E.

Le Printemps qui est la premiere saison de l'année accompagné des mois de Mars, d'Auril, & de May.

Le Printemps couronné de Fleurs representé comme Zephire ou Flore, vestu de vert, ayant des Ailes au dos, & portant vn Cofin de fleurs en son bras.

Mars habillé en Iardinier.

Auril en Chasseur.

May en Amoureux.

Et si l'on veut chacun de ces mois accompagné de quelque chose qui leur soit conuenable, fera son Entrée à part, & portera les enseignes de son signe apres soy, ce qui se pourroit egalement obseruer aux Mois qui se rencontrent dans les autres saisons, ou bien l'on feroit pour ces Mois des Entrées de Iardiniers, de Chasseurs, de Galants, de Bergers, de Faucheurs, de Moissonneurs, de Laboureurs, de Vandangeurs, de Bucherons, de Cuisiniers, d'Yurongnes, & de gens Masqués.

XXIV. ENTRE'E.

L'Esté accompagné des mois de Iuin, de Iuillet & d'Aoust.

L'Esté representé comme Ceres couronnée d'Epics de bled & vestuë legerement de couleur iaune & vermeille, ayant vne faucille à la main.

Iuin habillé en Berger.

Iuillet en Faucheur.

Aoust en Moissonneur.

XXV. ENTRE'E.

L'Automne conduisant les Mois de Septembre, d'Octobre & de Nouembre.

L'Automne representée comme Pomone ou Bacchus, tenant en sa main vn panier de raisins & de fruicts, couronnée de mesme.

Septembre habillé en Laboureur.

Octobre en Vandangeur.

Nouembre en Porcher.

XXVI. ENTRE'E.

L'Hiuer conduisant les Mois de Decembre, de Ianuier & de Feurier.

L'Hiuer representé en vieille vestuë de fourrures, couronnée de chicots de bois sec, tenant d'vne main vn manchon, ou quelque chauferete.

Decembre habillé en Boucher.

Ianuier en Yurongne.

Feurier en Mascarade.

QVATRIESME ACTE.

XXVII. ENTRE'E.

Le quatriesme Recit se fait par l'Aurore qui preside aux iours d'ont les entrées s'ensuiuent.

XXVIII. ENTRE'E.

Les sept Planettes, dont les sept iours de la semaine tirent leurs noms: ou si l'on veut on donnera vne entrée à chaque iour, representé par chaque Planette, auec les influences qui leur sont propres, comme les Honneurs qui sont donnez au Soleil, les choses Maritimes à la Lune, la Guerre à Mars, la Marchandise à Mercure, les Richesses à Iupiter, les Delices à Venus, & les Arts à Saturne.

XXIX. ENTRE'E.
La Nuict & le Iour detachez du Chariot du Temps.

XXX. ENTRE'E.
Les douze heures du iour habillées toutes de mesme sorte, lesquelles pourront dancer le grand Balet: & voyant paroistre dans la sale le Chariot du Temps, se retireront à sa suitte, chacune le poussant de l'espaule, & finissant ainsi toute l'action, si l'on ne veut se seruir de quelqu'autre inuention plus ingenieuse, qui ne seroit peut-estre pas trop dificile à trouuer.

Continuation du Discours.

Le lendemain que i'eus escrit le dessein du Balet du Temps, où il n'y a rien que d'Honneste & de Moral, parmi les imaginations d'vn spectacle agreable, s'il estoit executé, vn Gentil-homme de beaucoup d'esprit, qui le voulut lire tout du long, me tesmoigna que non seulement il le trouuoit à son gré; mais qu'il ne croyoit pas qu'il fust bien aisé d'inuenter beaucoup de suiets aussi riches & aussi abondans que celuy-là. Ie ne feignis point de luy dire qu'il s'en inuenteroit mille, & que tout cela n'estoit qu'vn jeu d'esprit qui ne dependoit que d'vn peu d'esprit, quand on en sçait les regles; de sorte qu'il n'y a presque rien de grand & de considerable au monde, sans conter vne infinité de petites choses, sur quoy l'on n'en pust bien faire autant. Comment l'entendez-vous, me repliqua-t-il? voulez-vous parler des Elements, des quatre Parties du Monde; des Planettes, de la Mer, des Enfers, des Saisons, des Nations, des Animaux? Il n'en faut pas douter, luy dis-ie, & de plus, des Habitudes bonnes & mauuaises, des Passions, des Maladies, des Soucis, des Sciences, des Conditions, des cinq Sens de Nature,

des

des facultés de l'Ame, de la Fortune, des Oracles, des Emblesmes, des Histoires, des Fables, des Auantures des Romans, des Plaisirs de la vie, des Ieux de hazard, comme des ieux d'Echects, de Cartes & de Tarots, des Armoiries, & d'vne infinité de choses semblables. Il me témoigna qu'il eust esté bien aise d'en voir quelqu'vn qui fust bien conduit sur le ieu des Cartes & des Tarots, comme on dit qu'il s'en est fait vn sur le ieu des Echects; mais qu'il estoit persuadé que cela seroit fort dificile aussi bien que sur les Armoiries, les Oracles & les Emblesmes, ou les Enigmes que ie luy auois nommez, quoy qu'il y entreuist quelque chose de bon: que neantmoins s'il estoit obligé d'y trauailler, il s'y trouueroit bien empesché & ne sçauroit par où commencer. Ie luy demanday la soirée pour y penser, & le lendemain, ie luy donnay à lire ce que ie m'estois imaginé sur ce suiet, pour satisfaire à sa Curiosité.

SECOND DESSEIN.
Pour le Balet des Armoiries, où se trouue compris celuy des Cartes & des Tarots.

Vn Palais representé sur la toile, ou bien en perspectiue, orné sur le frontispice, des Armes de qui l'on voudra, ou du Prince qui dance le Balet, auec les supports, timbres, cimier & cri qui sont toutes marques & ornements des Armoiries des grands Seigneurs: & de ce Palais, sortent les Violons vestus des liurées du Prince, ou de quelque Dame qu'il honore de son estime.

II. ENTRE'E.

Le premier Recit fait par les Blazons des Armoiries, qui sont deux Metaux, cinq couleurs, & cinq fourures representez par douze Musiciens habillez l'vn de toile d'or, l'autre de toile d'argent, le troisiéme d'azur, le quatriéme de rouge pour la gueule, le cinquiéme de vert pour le synople, le 6. de noir pour le sable, le 7. de pourpre, le 8. d'hermines, le 9. de vair, le 10. de lozangé, le 11. dechiqueté, & le 12. de diapré.

III. ENTRE'E.

Quatre Herauts & vn Roy d'Armes auec fon caducée reprefentez, comme on a de coûtume de les habiller.

IV. ENTRE'E.

Vn Pauillon Royal tendu au bout d'vne lice par quatre Officiers veftus comme on voudra, & que de ce pauillon fortent,

V. ENTRE'E.

le Monde, le Mat, & le Bagat pour tenir lieu de Iuges du camp, le Monde reprefenté par vne groffe boule qui fe meuue d'elle mefme, ayant quelque forme humaine, ou bien par vne figure coëffée d'vn Globe, & ceinte du Zodiac en guife d'écharpe : le Mat habillé en fol, & le Bagat comme vn Mercier de Bagatelles.

VI. ENTRE'E.

Les quatre Roys des Tarots accompagnez chacun de leur Efpoufe, veftus à peu pres comme ils font reprefentez dans les Cartes ; leurs robes ou manteaux femez des marques qu'on leur donne, comme par exemple le Roy de Couppes habillé d'vn habit rouge femé de couppes d'or ; celuy de deniers d'azur femé de deniers d'or : celuy d'Efpées de pourpre femé d'efpées d'argent à la garde d'or ; & celuy de Baftons d'argent femé de baftons de Synople : les Reines veftuës de la mefme forte, & couronnées d'vne façon ridicule.

VII. ENTRE'E.

Les quatre Cheualiers des mefmes Tarots montez fur leurs cheuaux caparaçonnez de leurs Enfeignes de Coupe, d'Efpée, de Bafton, & de Deniers, l'vn veftu & couronné en Duc, l'autre en Marquis, l'autre en Comte, & le dernier en Vicomte ou Baron qui font tous habits diferents.

VIII. ENTRE'E.

Les quatre Valets à pied, qui font comme des Efcuiers, chacun portant fon Enfeigne auec la rondache, & l'efpée haute ; cette rondache marquée de De-

niers, de Coupe, d'Espée & de Baston.
IX. ENTRE'E.

Les quatre Valets des Cartes communes habillez auec les marques qu'ils portent de cœur, de carreau, de trefle & de pique, representants la Hire, Lancelot du Lac, Oger le Danois, & Galaor : on pourra si l'on veut les faire combattre auec les Valets ou les Faons des Tarots qu'ils chasseront de viue force, auec tout ce qui porte leurs liurées pour faire place aux Entrées suiuantes.

X. ENTRE'E.

Les quatre Reines des Cartes habillées de vestes blanches semées les vnes de cœurs rouges, les autres de carreaux de mesme couleur, & les deux autres de piques & de trefles noirs : & seront suiuies par

XI. ENTRE'E.

Les quatre Roys de cœur, de carreau, de trefle & de pique, faisant vn plaisant Balet auec les Reines leurs Espouses, qui seront etonnées de se voir parmi des gens inconnus où le pouuoir de quelque Vrgande les aura transportez : & si l'on le iuge à propos le Bagat des Tarots les diuertira de ses petits Bigeoux, ou le fou des mesmes Tarots leur donnera du plaisir, & le Monde les obligera tous de se renfermer dans le Pauillon, lequel disparoistra tout aussi-tost.

LE SECOND ACTE.
XII. ENTRE'E.

Vn Recit fait par les Soutenants ou Supports des Armes, representez par deux femmes Gauloises habillées à l'antique, deux Sauuages, deux Mores, deux Harpies, ou deux Sirenes, ou deux Griffons, ou deux Aigles, ou deux Lions, afin de choisir de tout ce nombre là. Ce Recit dira que le Blazon s'offence de ce que l'Armoirie sa Maistresse s'est des-ja renduë trop commune, & qu'aucun n'est digne d'estre honoré de ses bonnes-graces, s'il n'est semblable à ceux qui font les Entrées suiuantes.

XIII. ENTRE'E.

Quatre ou six Gentils-hommes de nom & d'armes, portant quelques plaisantes armes qui fassent allusion à leur nom. Il sera permis de mettre en ce nombre là, si l'on veut, le Baron de Feneste, le Comte Gandalin, le Seigneur de Baché, le Vicomte de Romarin, le Chastelain de Sotte-ville, le Marquis d'Agreable, le Damoisel de la Mer, & plusieurs autres semblables.

XIV. ENTRE'E.

Deux Damoiselles de campagne, ou si l'on veut la Dame de Lauande, & la Comtesse de Phileria, qui fassent preuues de leur Noblesse par quelque armoirie crotesque qu'elles portent sur l'épaule.

XV. ENTRE'E.

Quatre Nobles de la Robe ridiculement armez, sur de longs habits auec des casques en teste surmontez de bourrelets, chapperons, ou bonnets carrez, ou autres choses semblables.

XVI. ENTRE'E.

Deus Bourgeois & autant de Bourgeoises, ennoblis.

XVII. ENTRE'E.

Vn Mulet chargé de Bagage auec sa couuerture armoriale conduit par deux Palefreniers ou Muletiers.

XVIII. ENTRE'E.

Deux Trompettes & deux Escuyers portant vne Banniere ou vn Estendart enrichi d'armoiries.

XIX. ENTRE'E.

Deux Crieurs publics ou Pleureurs auec leurs armoiries deuant & derriere.

LE TROISIEME ACTE.

XX. ENTRE'E.

Vn Recit fait par l'Armoirie en personne, habillée d'ecussons simples, composez, écartelez & contre-cartelez, disant qu'elle fera voir les images de quelques-vns des fameux Cheualiers qu'elle a ornez de ses illustres Enseignes.

XXI. ENTRE'E.

Les quatre fils Aimon, Renaud, Alard, Guichard & Richard, montez fur le grand Cheual Bayard.

XXII. ENTRE'E.

Les Pairs de France fous Charlemagne.

XXIII. ENTRE'E.

Les Cheualiers de la Table-ronde.

XXIV. ENTRE'E.

Les neuf Preux, & fi l'on veut pour le grand Balet les Heros des Siecles paffez.

Voicy vn Balet des Emblefmes ou des Hieroglyphiques.

TROISIESME DESSEIN.
Du Balet des Emblefmes & des Hieroglyphiques.

Le Nil accompagné de fes coudées, fera le recit: il fera reprefenté en vieillard chenu couronné de rofeaux: fes coudées feront des Enfants tenant des rofeaux en leurs mains pour marquer la hauteur de fes eaux.

II. ENTRE'E.

L'Egypte pleine de Hieroglyphiques, reprefentée par vne belle Dame d'vn teint brun, auec vne robe chargée de figures triangulaires, & de Crocodilles, coëffée d'vn Triangle qui reprefente le Delta, qui eft la figure de l'Egypte: qu'elle tienne vn Sceptre de Reine & qu'elle faffe entrer ce qui fuit.

III. ENTRE'E.

Deux Pyramides couuertes de Hieroglyphiques lefquelles s'ouurent: & que de leur milieu fortent,

IV. ENTRE'E.

Ifis & Ofiris. La premiere veftuë d'vne robe noire femée de Lunes & de Croiffants, parce qu'elle n'eft autre que la Lune qui éclaire la nuict: auec vne tefte de Vache; ayant efté la mefme qu'Io changée en Vache, & portant vn Ciftre Egyptien d'vne main, & vn cofin de fleurs en l'autre.

Ofiris veftu de blanc femé de Soleils d'or, eftant le mefme que le Soleil, auec vne tefte de Cheual,

portant d'vne main vn Ciftre, & de l'autre vn foüet.
V. ENTRE'E.

Pan qui eſt la figure de tout le monde, faiſant retirer Iſis & Oſiris dans leurs Pyramides.

Il doit auoir la face cramoiſie, des cornes ſur le front, vn Soleil & vne Lune ſur l'eſtomac: vn manteau bleu ſemé d'Eſtoiles ſur les eſpaules: il doit eſtre bouquin de la ceinture en bas, & porter ſes chalumeaux.

VI. ENTRE'E.

Canopus & Anubis introduits apres Pan par le pouuoir de la Deeſſe Egypte.

Canopus repreſenté dans vn pot de terre, d'où il ne doit faire paroiſtre que la teſte, & les deux mains, l'vne deſquelles doit tenir vne feüille de cheſne.

Anubis porte la teſte d'vn Chien, & paroiſt au reſte en habit de Mercure.

VII. ENTRE'E.

Les Sacrificateurs d'Apis ou du Dieu des ſaiſons, repreſenté par vn bœuf blanc & noir, ayant vne petite eſtoile au front. Les Sacrificateurs portant les marques de leur office.

VIII. ENTRE'E.

Vne demi-femme iuſques au nombril, & de là en bas vn pilier, qui ſont les delices de la vie.

IX. ENTRE'E.

Vne femme ſans teſte, entre deux Mercures Barbus qui eſt le bon, où rien n'eſt ſuperflus, auec les puiſſants diſcours.

X. ENTRE'E.

Vn homme à ſept teſtes, qui eſt le Sçauoir. Il fait ſortir l'Egypte qui l'auoit introduit, & donne entrée à vn Balet de Gruës, qui repreſentent par leur intelligence la grandeur des Empires, d'où la diſcorde eſt bannie.

XI. ENTRE'E.

Balet des Gruës entre leſquelles il y en a vne qui tient lieu de Monarque. La bonne intelligence eſt l'affermiſſement des Monarchies.

XII. ENTRE'E.

La France qui chasse l'homme à sept testes, representée par vne femme belliqueuse, & neantmoins couronnée de feüilles de Vigne, & d'Epics de bled.

XIII. ENTRE'E.

Grand Balet composé de Princes que la Diuinité de la France introduit, pour montrer qu'elle a en effet, ce que l'Egypte n'auoit qu'en Hieroglyphique seulement.

Continuation du Discours.

On leut aussi ces deux derniers desseins, où quelques-vns trouuerent à redire, comme il n'arriue iamais autrement ; parce que les goûts sont tousiours fort differents. Toutesfois il furent aprouuez du plus grand nombre, les ayant regardez dans le sens qu'ils furent proposez, c'est à dire comme vne idée imparfaite de quelque chose de plus beau en ce genre là, quand on y voudroit vn peu penser. Là-dessus on demanda, si l'on en pourroit faire autant de la Poësie & des Romans; on dit qu'il n'en faloit pas douter, tout de mesme que de l'Eloquence, de la Philosophie, de la Mathematique, de la Medecine, des Diuinations, des Arts, & presque de tout ce qui se peut imaginer : & l'ayant fait voir sur le champ touchant la Poësie, parce qu'il n'est rien de plus aisé, l'on en proposa ainsi la distribution.

QVATRIESME DESSEIN.
Du Balet des Muses.

On le peut diuiser en trois Actes en cette sorte.

ACTE I.
I. ENTRE'E.

La Poësie ou le Genie de la Poësie fera le recit, & sera representée par vne belle & ieune personne couronnée de laurier sur des cheueux cordonnez, vestuë d'vne robe semée de pieds & de mesures, pour exprimer les pieds & les mesures des Vers : elle doit estre encore à plusieurs etages pour representer les Vers longs

& courts, elle pourra auſſi tirer ſi l'on veut pluſieurs Vers d'vne gibeciere penduë à ſa ceinture.

II. ENTRE'E.

Euterpe qui eſt la Muſe de la Muſique & de l'Eloquence ſera guidée ſi l'on veut par Mercure, dont elle aura le chapeau ſur la teſte, & portera ſon caducée, ſa robe ſera de couleur changeante, pour marquer les changements de la Muſique. On luy peut donner vn manteau qui tombe en arriere, pour teſmoigner ſes voyages: & ſi l'on veut au lieu de caducée elle pourra tenir vn Giſtre, ſur lequel elle fera quelques accords, & introduira diuerſes ſortes de Muſiques, les vnes de flutes ruſtiques, les autres de Violes & de voix, & les autres de Luths.

III. ENTRE'E.

Erato qui eſt la Muſe des Balets, des Epigrammes & des Vers enioüez, doit paroiſtre fort ieune & vn peu affetée, parce qu'elle a du raport à l'humeur & à la planette de Venus. La couleur de ſa robe doit eſtre incarnate, ſemée d'Arcs, de fleches & de lacs d'Amour. Il ne faut pas que cette robe ſoit fort longue, ny qu'elle ſe ioigne trop ſur la gorge. Que ſon habit ne ſoit pas ſi aiuſté par derriere que par deuant, pour marquer ſa malice & ſes artifices, & qu'elle introduiſe quelque plaiſante Maſcarade, ſous des habits de Satyres, de Nymphes folaſtres, de petits Amours qui ſe ioüent auec de pommes & autres choſes ſemblables.

IV. ENTRE'E.

Thalie qui eſt la Muſe de la Comedie, & des chanſons à boire, veſtuë de iaune auec des Lunes & des Croiſſants d'argent en broderie, parce que ſon genie a du raport à cette planette, que ſa coëfure ſoit en croiſſant renuerſé, & d'vne coupe ſur le haut de ſa teſte. Que le Soc qui eſt l'ancienne marque de la Comedie, luy ſerue de chauſſure, & qu'elle introduiſe des Pantalons, des Franciſquines, des Triuelins, des Enfans ſans ſouci

souci, & des gens de debauche qui difent des chanfons à boire.

LE SECOND ACTE.
V. ENTRE'E.

Quatre Poëtes diuerfement veftus, & proportionnez aux quatre genres principaux de la poëfie, feront le Recit.

VI. ENTRE'E.

Clio qui eft la Mufe des Tragedies & de l'Hiftoire, doit paroiftre vn peu colere, parce qu'elle eft de l'humeur de Mars, à qui elle reffemble beaucoup. Elle fera donc coëffée en Amazone, & fera veftuë d'vne cotte-d'arme rouge où des trophées feront reprefentez. Sa chauffeure doit eftre de brodequins ou du Cothurne, qui marque la Tragedie: la trompette, ou tout au moins le fifre doit eftre fon inftrument. Elle introduira des perfonnages tragiques, comme des Guerriers qui fe battent, des Princeffes enleuées, vne Nourrice eplorée, vn Amant defefperé, des Vieillards chargez d'ennuis. &c.

VII. ENTRE'E.

Melpomene qui eft la Mufe des Oracles, & des Vers diuins, ayant du raport au Soleil, doit auoir vn mafque d'or, le Trepied Delphique fur fa tefte, fa robe blanche femée de Soleils d'or. Qu'elle porte vn liure de mufique, & qu'elle introduife, les chefnes de Dodone & la Colombe d'or, les Preftres d'Apollon, les Sibiles ou autres chofes femblables.

VIII. ENTRE'E.

Polymnie qui prefide aux paftorales & aux chofes ruftiques, ayant du raport à la Planette de Saturne, doit eftre halée, comme les femmes des champs, couronnée de fleurs & de fruits, fa robe grife femée de faulx, de paelles, de faucilles, & de rateaux: la cornemufe ou le haut-bois doit eftre fon inftrument: qu'elle introduife Hefiode & Virgile Poëtes des chofes ruftiftiques ou des Bergers Poëtes, des Bergeres, des

Cc

Laboureurs, des Iardiniers, des Artisans, & choses semblables.

LE TROISIESME ACTE.
IX. ENTRE'E.
Orphée & Amphion feront le recit.
X. ENTRE'E.
Terpsicoré Muse de la Cour, tenant beaucoup de la Planette de Iupiter, doit paroistre belle, agreablement vestuë d'vn habit de couleur à la mode, qu'elle iouë de la Guitarre, & qu'elle introduise des Flateurs, des Parasites, des Galands, des Railleurs, & ainsi du reste.

XI ENTRE'E.
Vranie Muse qui preside à la Magie, vieille & laide, auec des cheueux noirs & longs, vestuë en sorciere, d'vne robe noire semée d'Estoiles d'argent, qu'elle porte vn cornet à bouquin, ou bien vn liure, auec vne verge blanche, & qu'elle fasse venir des Astrologues, des Magiciens, des Esprits folets, & choses semblables.

XII. ENTRE'E.
Calliope Muse des Heros & des Vers heroïques, soit pleine de Maiesté, couronnée d'or, & du laurier triomphal, que sa veste soit de bleu-celeste, qu'elle tienne vn Sceptre, ou qu'elle porte au bras force couronnes de laurier: & qu'elle introduise le grand Balet.

Continuation du Discours.

Si l'on vouloit faire vn Balet des Romans, il y auroit trente inuentions pour y reussir. Il ne faudroit qu'introduire sur la Scene Perceforest, Iean de Meun, Guillaume de Loris, Oluiedo, & quelques autres celebres Autheurs de ces sortes de Liures, d'où l'on pourroit tirer d'assez beaux suiets, sans en chercher ailleurs. Si l'on vouloit, ils feroient aussi agreablement le premier recit, & laisseroient la place à Vrgande qui par la force de ses enchantements feroit paroistre Amadis de Gaule, la belle Oriane, Florisel de Niquée, l'Escuier Gandalin, la Damoiselle de Dannemarc, & la bonne

Dariolette, Alguif l'Enchanteur, Busando le Nain, le Geant Aigolant, & Grifalcon auec plusieurs auantures memorables, qu'il seroit facile de tirer d'vn si grand fonds, & sur tout du Palais d'Apolidon, & de la tour de l'Vniuers, sans parler des imaginations incomparables de Miquel de Ceruantes, & de toutes les Bergeries de Monsieur d'Vrfé. On en pourroit faire egalement de tous les anciens jeux de la Grece, des Pythies, du Trepied de Delphes, des Sibiles, & des Cornes de Iupiter Hammon, des Orgies de Bacchus, de ses voyages & de ses conquestes, des trauaux d'Hercules, des Auantures d'Vlysse, & de son retour en sa maison, où les Amoureux de sa femme faisoient tant de festins, au depens de son bien, de l'Eneide Burlesque, des Songes, de la Tromperie, de l'Opinion, de l'Amour, de l'Antipathie, & d'vne infinité de choses semblables, où il faut tousiours garder la bien-seance & l'honnesteté, & ne representer iamais rien qui puisse laisser vne vilaine idée, ou quelque mauuaise impression.

Voilà ce que i'auois à dire du Balet, dont ie croy qu'on n'a point écrit iusqu'à present, bien qu'on ait fait quelques traitez de la dance & de l'art de saulter. Vn autre plus ieune, plus galant, plus habile, & plus à la mode que ie ne suis pas, y auroit peut-estre mieux reussi, & s'en seroit acquité de meilleure grace : mais quoy qu'il en soit, ie tiens que nous pouuons parler de toutes choses, & l'estime que le Roy a tesmoigné de faire de cette sorte de diuertissement qui n'est pas destitué de ses moralitez, quand il est bien entendu, m'a donné suiet d'en escrire ma pensée, & d'en laisser le iugement au Public.

Le 13. iour de Feurier 1657.

DIXIESME DISCOVRS.

De la Version de quelques lieux dificiles des Poëtes.

ON me l'auoit dit plusieurs fois, & ie m'en estois tousiours bien douté qu'il est mal-aisé de faire passer les graces d'vne langue dans vne autre, quand on veut traduire les Autheurs elegans, & sur tout les Poëtes: mais il n'est pourtant pas tousiours impossible d'y reussir: & quand on s'en veut donner la peine, il y a peu d'equiuoques dans les mots, & mesmes de ieux dans les paroles qui ne se puissent conseruer: I'en ay fait l'experience sur les Poëtes Latins que i'ay traduits: & ie puis dire auec verité que ie n'y en ay point trouué qui ne se pust assez agreablement exprimer. Ce qui seroit à peine croyable, si nous n'en auions des exemples pour le iustifier, outre ceux que ie donneray dans vn Chapitre de l'Imitation que ie destine dans mon traité du Poëme Epique, pour l'elegance & la naïueté de l'expression; C'est pourquoy i'y traduiray exprés tous les passages que i'ay dessein d'y alleguer. Ie veux bien neantmoins en raporter encore quelques-vns des plus dificiles, afin que l'on en fasse iugement. La fin de cette Epigramme de Martial.

Martial.
Epig. 59. l. 11.
 Errasti, lupe, Littera sed vna:
 Nam quo tempore prædium dedisti,
 Mallem tu mihi prandium dedisses.

Ou cette Epigramme toute entiere du mesme Poëte.

Epig. 59. l. 12.
 Odi te, quia bellus es, Sabelle:
 Res est putida, bellus & Sabellus:
 Bellum denique malo, quam Sabellum:
 Tabescas vtinam Sabelle belle.

Ou cette autre encore du 9. l. Epig. 22.

Artemidorus amat, Calliodorus arat.
Ou celle-cy du 3. liure.
Digna tuo cur sis, indignaque nomine dicam?
Frigida es, & Nigra es; non es & es Chione.
Sont de ce nombre là, aussi-bien que la 85. Epig. de Catulle qui commence.
Chommoda dicebat si quando commoda vellet
Dicere & hinsidias Arius incidias, &c.
Le *Peruigilium veneris* d'vn Autheur incertain où se lisent ces Vers.
T uno qui vore de super hoc spumeo pont de glouo
Cærulas inter caternas, inter & bipedes equos.
& plus bas.
Ipsa surgentis papillas de Faboni paritu
Vrguet in totos pentes &c.
Ces paroles de Varron, dans les Catalectes.
Nam quæ vetustas hic adest gallantibus?
La sixiesme Epigramme des jeux qui sont dans les mesmes Catalectes. Ce mot de la 54. Epig. de Catulle *Salaputium disertum.* La 113. Epig. du mesme Poëte qui commence par ces mots *multus homo es.* La premiere Satyre de Perse, plusieurs Elegies de Properce & quelques Sylues de Stace, & vn grand nombre d'autres qui sont fort dificiles, & que i'ay peut-estre renduës assez intelligibles dans les Liures que i'ay donnez au public. Car pour parler seulement de Martial, il semble assez mal-aisé de trouuer des termes dans la langue françoise qui repondent iustement & de bonne grace au *Prædium* & au *Prandium* du Latin auec la seule diference d'vne lettre ; ou bien au *Bellum* qui signifie guerre, & au *Sabellum,* qui est le nom d'vn homme de l'autre Epigramme ; & ainsi du reste (car ie ne veux pas m'arrester sur ces choses là) toutesfois il n'est pas impossible de s'en demesler, comme on le peut iuger de mes Versions qui sont entre les mains de plusieurs.

Mais pour les Pieces qui ne consistent que dans vn certain ieu de paroles & de pensées tout ensemble, se raportant les vnes aux autres auec vne suitte reglée, il m'a esté bien plus facile de les rendre en Vers qu'en Prose, parce que les Vers font vne partie de ce jeu, qui est absolument necessaire pour repondre à la pensée de l'Autheur, ioint que les petites choses qui ne se peuuent soûtenir d'elles-mesmes, ont besoin de tous les ornemens de la Poësie pour paroistre agreablement. Ie mets en ce rang là cette Epitaphe de Virgile, qu'il fit luy-mesme estant au lit de la mort pour luy seruir d'Epitaphe.

Mantua me genuit, Calabri rapuere, tenet nunc
   Parthenope, cecini pascua, rura, duces.

Laquelle i'ay ainsi rendüe en quatre Vers.

J'ay partagé mes iours en diuerses Prouinces,
Ma naissance à Mantoüe, en Calabre ma mort,
Naples par mon tombeau rend illustre son sort.
J'ay chanté les Bergers, les Laboureurs, les Princes.

Ie ne sçay si le Pentametre du distique se pouuoit traduire plus heureusement, que par le dernier Vers de ce Quatrain, où les termes de *Bergers* & *de Laboureurs* sont mieux employez, que si i'eusse mis *pascages* & *champs*, comme il y a dans le Latin, puis que le Poete y employe le terme de *duces*, au lieu de *arma* ou quelqu'autre semblable, qui eust eu plus de proportion auec *pascua* & *rura*. Il ne faut pas oublier sur ce propos cet autre distique

Pastor, arator, eques, paui, colui superaui,
   Capras, rus, hostes, fronde, ligone, manu.

que nous auons ainsi rendu en pareil nombre de Vers & de paroles, pour ne changer point la figure, & le iuste raport des mots en quoy consiste toute la beauté de cette Epigramme faite sous le nom de Virgile ou par Virgile luy-mesme, pour marquer les principaux Ouurages des Bucoliques, des Georgiques, & des douze liures de l'Eneide qu'il auoit composez,

Berger, Rustic, Guerrier, i'ay pû, beché, mis bas,
   Cheures, Champs, Ennemis, d'herbe, de soc, de bras.

Ie croy que l'on peut dire hardiment sur ce suiet qu'il y a peu d'autres expressions dans la langue qu'on puisse choisir pour cela, si ce n'est que quelque bonne fortune nous offrist vn meilleur mot que celuy de *rustic*: mais ie croy, que ny *colon*, ny *rural*, ny *fermier* ne seroient pas si bons: & pour celuy de *Laboureur*, qui seroit à la verité meilleur, il ne peut entrer dans le Vers en cet endroit, pource qu'il est de trois sylabes, & il ne faut qu'vn mot de deux sylabes. Cette autre Epigramme de Virgile qui fut tant admirée de son temps,

Nocte pluit tota, redeunt spectacula mane:
Diuisum Imperium cum Ioue Cæsar habet.

me semble d'autant plus considerable, que le dernier Vers auquel consiste toute la pointe, est assez heureusement rendu.

Il pleut toute la nuit: mais le matin les ieux,
Eclairez du Soleil qui commence à reluire,
Redoublent leur éclat par celuy de ses feux.
Cesar & Iupiter ont partagé l'Empire.

Les Scholiastes Latins en feroient peut-estre malaisément vne construction plus intelligible: mais voicy les cinq fameux que le Poete composa en suitte.

Hos ego versiculos feci, tulit alter honores.
Sic vos non vobis, nidificatis aues.
Sic vos non vobis, mellificatis apes.
Sic vos non vobis, vellera fertis oues.
Sic vos non vobis, fertis aratra boues.

Lesquels i'ay ainsi rendus Vers pour Vers, à la reserue du premier à cause de la rime,

Pour auoir quelque estime, ô qu'on s'en fait acroire!
I'ay composé ces Vers, vn autre en a la gloire.
Ainsi pour vous oyseaux, vos nids vous ne dressez.
Ainsi mouches pour vous, les fleurs vous ne succez.
Ainsi pour vous Moutons, vous ne portez la laine.
Ainsi pour vous Taureaux, vous n'écorchez la plaine.

Ie croy que ce Vers qui sert d'Argument aux Satyres de Perse,

Vates, vota, ignauus, princeps, liber, auarus.

n'eſtoit pas non plus trop facile à rendre en deux autres Vers, conſeruant l'ordre & la penſée de l'Autheur pour le traduire fidellement & le faire rimer.

Perſe traitte du Vers, du vœu ſouuent biʒare,
Du Pareſſeux, du Roy, du Libre, & de l'Auare.

I'en pourrois raporter beaucoup d'autres de la meſme ſorte qui ſont dans ma verſion des Catalectes des Anciens Poetes, comme cette Epigramme de Citerius Sidonius de Siracuſe,

Almo, Theon, Thyrſis, orti ſub monte Pelori,
Semine diſparili, Laurente, Lacone, Sabino.
Vite Sabine, Lacon ſulco, ſue cognite Laurens.
Thyrſis oues, vitulos Theon egerat, Almo capellas.
Almo puer, pubeſque Theon, at Thyrſis Ephebus.
Canna Almo, Thyrſis ſtipula, Theon ore melodus.
Naïs amat Thyrſin, Glauce Almona, Niſa Theonem.
Niſa roſas, Glauce violas, dat lilia Naïs.

laquelle i'ay rendue en cette ſorte.

Almon, Theon, Thyrſis neʒ ſous le mont Pelore,
A Laurente, à Lacone, & dans Sabine encore,
D'origine inegaux : & de dons diferens,
Lacon pour les guerets, pour les Sangliers Laurens,
Et pour les vins par tout Sabine eſt eſtimée.
Theon conduit les bœufs, d'Almon l'ame eſt charmée
De paiſtre les Cheureaux, & celle de Thyrſis
De garder ſes moutons, ſous les ombres aſſis.
Almon bien ieune encor : Theon hors de l'enfance:
De Thirſis, le duuet marque l'adoleſcence.
Du ieune Almon par tout, on parle des roſeaux,
De la voix de Theon, & des doux chalumeaux
Dont Thyrſis ſçait ſi bien menager l'harmonie,
Que des cœurs les plus durs il flatte la manie.
Naïs aime Thyrſis, Glauce cherit Almon:
Et Niſe a de l'amour pour le gentil Theon.
Niſe pour ſon Amant fit des bouquets de roſes,
Naïs de lys doreʒ, Glauce des fleurs écloſes.

L'Empereur

DE M. DE MAROLLES.

L'Empereur Adrien ayant fait celle-cy sur le mesme modelle.

Vt belli sonuere tubæ, violenta peremit
Hippolyte Theutranta: Lyce Clonon: Oebalon Alce.
Oebalon ense: Clonon Iaculo: Theutranta Sagitta.
Oebalus ibat equo: curru Clonus: at pede Theutras.
Plus puero Theutras: puer Oebalus: at Clonus heros.
Figitur ora Clonus: latus Oebalus: ilia Theutras
Iphyclis Theutras: Doryni Clonus: Oebalus Idæ
Argolicus Theutras: Mæsus Clonus: Oebalus Arcas.

Ie l'ay aussi renduë en cette sorte.

Si tost que la trompette a sonné les allarmes,
La Vaillante Hypolite ataque de ses armes,
Et fait perir Theutras: Lyce assomme Clonus:
Alce abat d'vn grand coup l'admirable Oebalus.
Clone d'vn iauelot: Oebale de l'espée:
Et Theutras d'vne fleche à la voix etoupée.
Oebale estoit en selle, & Clone sur vn char:
Theutras tenoit à pied le bouclier & le dart.
Celuy-cy ieune encore: Oebale auec moins d'âge:
Et Clone en grand Heros signaloit son courage.
Mais Clone par la bouche: Oebale par le flanc:
Et de ses intestins Theutras perdit le sang.
Diphycle estoit Theutras, & Clone de Doryne:
Oebale au mont Ida deuoit son origine.
Clone de la Mesie; Oebale Arcadien,
Et Theutras glorieux de se dire Argien.

Eugenius personnage Consulaire, en ayant fait encore vne dans le mesme genre, ie ne la sçaurois oublier.

Occumbunt fixi iaculo, mucrone, sagitta,
    Ora, latus, iugulum, Sæua, Rufinus, Atis.
Brutus Atim perimit, Milo Sæuam, Næua Rufinum:
    Græcus Atis, Medus Sæua, Rufinus Arabs.
Iam vir Atis, sed Sæua puer, iuuenisque Rufinus:
    Dux Atis, armiger at Sæua, Rufinus eques.
Sæua Nothus, generosus Atis, de plebe Rufinus:
    Magnus Eques, Medius Dux, famulusque minor.

Flauus Sæua, niger Atis, inter vtrumque Rufinus:
Blandus Atis, patiens Sæua, Rufinus atrox.
Abſque modo largus, laſciuus, parcus auarus,
Laudis Atis, formæ Sæua, Rufinus opum.
Arcu Sæua bonus, Atis armis, iure Rufinus.
Voce Rufinus, Atis carmine, Sæua lyra.
Sæua pila, curſuque Rufinus, Atiſque palæſtra
Ore Rufinus, Atis corpore, Sæua coma.

Ie l'ay ainſi traduite, conſeruant ce me ſemble le ieu du du Poëte auec aſſez de fidelité.

Sæua, Rufin, Atis, percez de part en part,
D'vn trait tiré de loin, de l'eſpée, & du dart,
Dans le goſier, au flanc, au trauers du viſage,
Tombent tout au milieu de l'ample paiſage.
Brutus tranſperce Atis, Milon perce Sæua,
Et Rufin eſt tué par le vaillant Næua.
Atis Grec, Sæua Mede, le bon Rufin Algarbe.
Atis homme tout fait, Sæue & Rufin ſans barbe:
Atis chef, Sæua drille, & Rufin Cheualier.
Sæua, dit-on baſtard, Atis d'vn ſang altier,
Rufin de race obſcure, & d'vne taille à craindre.
Le Prince bas de corps, & le pieton moindre.
Sæua roux, Atis noir, Rufin entre les deux:
Sæua ſage, Atis doux, & Rufin furieux,
Sans borne liberal, l'vn Amant, l'autre auare,
Rufin riche, Atis fort, Sæua de beauté rare.
Sæua pour bander l'arc: & pour le droit Rufin:
Pour les combats Atis ſçauoit le fin du fin:
Il faiſoit de beaux Vers, Rufin ſçauoit bien dire:
Sæua aiuſtoit ſa voix aux cordes de ſa Lyre.
A la balle il forçoit les ieunes & les vieux:
Rufin couroit fort viſte; Atis luitoit le mieux.
Rufin entre tous trois le plus beau de viſage,
Sæua pour les cheueux, Atis pour le corſage.

Puis que nous ſommes ſur ce propos, ie ſuis d'auis de n'oublier pas icy trois petites Epigrammes du meſme air, attribuées par quelques-vns à Virgile, & par d'autres à Ausone, afin d'en conseruer la Version que i'en ay faite. Elles traittent de la mort de trois choses en mesme temps.

Sus, iuuenis, serpens, casum venere sub vnum.
Sus iacet ex ictu, pede serpens, ille veneno.

Ce ieu est assez dificile à rendre. Le voicy neantmoins.

Vn sanglier, vn ieune homme, vn dangereux serpent,
Perissent à la fois par vn mesme accident:
Le Sanglier d'vn grand coup, le serpent par la Plante,
Et le venin mortel le ieune homme supplante.

Autre.

Anguis, aper, iuuenis pereunt vi, vulnere, morsu.
Hic fremit, ille gemit, sibilat hic moriens.

Ie croy que celuy-cy sera rendu plus iustement que le premier.

Vn serpent, vn sanglier, vn garçon aux abbois,
Par force, par blessure, & par piqueure amere,
Sifle, fremit, se plaint, & meurent à la fois
Du coup que chacun d'eux se donnent en colere.

Autre.

Sus, serpens, iuuenis pariter periere vicissim.
Dente perit iuuenis, pede serpens, porcus ab ictu.

Ie le tourne donc ainsi, n'ayant pû euiter la rime feminine du premier quatrain.

Vn sanglier, vn serpent, vn ieune homme atterré,
Par vn semblable sort, & de mort violente,
Le garçon par la dent, le serpent par la plante,
Et par vn rude choq le porc est enferré.

Si i'osois ie rapporterois encore diuerses Epigrammes que i'ay traduites Vers pour Vers dans les Catalectes comme celle de Quintus Ciceron des douze signes du Zodiac, celle qu'vn autre ancien a faite des douze mois, & plusieurs d'Ennius; de Varron, & de Petrone : mais ie me contenteray de celle-cy de Petrus Afranius pour seruir d'Eloges aux neuf Muses, & pour finir en mesme temps.

Clio secla retrò memorat sermone soluto.
Euterpe geminis loquitur caua tibia ventis.
Voce Thalia cluens soccis Dea comica gaudet.
Melpomene roboans tragicis feruescit iambis.
Aurea Therpsicore totam lyra personat æthram.
Fila premens digitis Erato modulamina fingit.
Flectitur in faciles variosque polymnia motus.
Vranie numeris scrutatur munera mundi.
Calliope doctis dat laurea serta Poëtis.

Ayant essayé de rendre ainsi Vers pour Vers le sens du Poëte.

Clio tient du passé la memoire recente.
Euterpe auec la fluste est ioyeuse & galante.
Thalie a du Comique & le soc & la voix.
Du Tragique trompeur Melpomene a fait choix.
La belle Therpsicore enchante de sa lyre.
Erato de ses doigts exprime son bien-dire.
Polymnie en tous lieux marque ses pas diuers
On consacre Vranie aux soins de l'vniuers.
Et Calliope enfin pour les sçauants ordonne,
De lauriers immortels l'immortelle couronne.

I'estois en pensée de n'adiouter rien dauantage à ce Chapitre, où le peu d'exemples que i'ay rapportés, pouuoient suffire au dessein que ie m'estois proposé: mais afin de conseruer la version de quelques Epigrammes des Autheurs que ie viens de nommer, vn Ami parfaitement aimable à qui ie ne sçaurois rien refuser, m'oblige de les donner.

Voicy donc vne description des douze mois d'vn Autheur incertain, où ie n'ay point fait scrupule de changer quelques petites choses pour le sens en faueur de la rime.

Dira patet Jani Romanis ianua bellis.
Vota Deo Diti Februa mensis habet.
Incipe Mars, anni felicia fata reduce.
*Tunc Aries Veneri * Lintea serta legit.*

* *Linteā.*

DE M. DE MAROLLES.

Dulcia Maïa, tuis dulcia exagona Nonis.
  Arce poli Geminos Iunius ecce locat.
Iulius ardenti diuertit lumina Solis.
  Aere Flammifero cuncta Leone calent.
Poma legit Virgo, maturi mitia Solis.
  Fundit, & October vina falerna lacis.
Aret tota soli species vi dura Nepai.
  Munde December amat te genialis hyems.

Ce que i'ay imité en cette sorte.

Puto vdc.

  Du temple de Ianus les portes sont ouuertes.
  Les Coupes de Feurier à Pluton sont offertes.
  Mars commence l'année, & les belles saisons.
  Le Belier à Venus decouure ses toisons.
  Maïe, offre tes Essains pour le iour de tes nonnes.
  Iuin, pour les deux iumeaux au Ciel place tu donnes.
  Iuillet épand en l'air tous les feux du Soleil.
  Tout s'eschauffe au mois d'Aoust par le Lion vermeil.
  La Vierge au temps des fruicts nous debite ses pommes
  Octobre a les bons vins pour l'vsage des hommes.
  En Nouembre, le froit desseiche le terroir.
  En Decembre l'Hiuer ne cesse de pleuuoir.

Celle-cy est de Quintus Ciceron des douze signes du Zodiac, & commence par celuy de Feurier.

  Flumina verna cient obscuro lumine pisces.
  Curriculumque Aries aquat noctisque diisque.
  Cornua quem comunt florum prænuncia Tauri.
  Aridaque Æstatis Gemini primordia pandunt.
  Longaque iam minuit præclarus lumina Cancer.
  Languificusque Leo proflat ferus ore calores.
  Post modicum quatiens Virgo fugat orta vaporem.
  Autumni reserat portas, æquatque diurna
  Tempora nocturnis dispenso sidere Libra.
  Et fœtos ramos denudat flamma Nepai:
  Pigra sagittipotens iaculatur frigora terris.
  Bruma gelu glacians iubare spira Capricorni.
  Quam sequitur Nebulas rorans liquor altus Aquarij,
  Tanta supra, circaque vigent ubi flumina. Mundi

>   At dextra lævaque ciet rota fulgida Solis
>   Mobile curriculum: & Lunæ simulacra feruntur.
>   Squamma sub æterno conspectu torta Draconis
>   Eminet, hunc inter fulgentem sidera septem
>   Magna quatit stellans : quam seruans serus in alta
>   Conditur Oceani ripa cum luce Bootis.

Ce que i'ay essayé d'expliquer dans vn pareil nombre de Vers.

>   Les fleuues du Printemps attirent les poissons.
>   Le Belier genereux prepare les moissons.
>   Les Cornes du Taureau s'ornent de fleurs vermeilles.
>   Aux Iumeaux, de l'Esté nous deuons les merueilles.
>   L'Ecreuisse accourcit la lumiere des iours.
>   Le farouche Lion nous échauffe tousiours.
>   La Vierge peu à peu chasse l'ardeur bruslante.
>   La Balance introduit l'Automne malfaisante.
>   Le Scorpion sans fiel depoüille nos fruictiers.
>   L'Archer lance le froid sur tous nos Eglantiers.
>   Le Capricorne inspire en Hiuer les gelées.
>   Et du Verseau diuin les eaux sont ecoulées.
>   Mais de tous les costez dans son char nompareil,
>   Les rayons lumineux nous font voir le Soleil
>   Et par d'autres sentiers d'vne lumiere brune
>   Nous voyons chaque mois renouueller la Lune.
>   Le Dragon se decouure en lieu fort eleué;
>   Où son dos lumineux est d'ecailles paué;
>   Où luit entre sept feux vne brillante Estoile,
>   Que le Cocher de l'Ourse empesche qu'on ne voile.

Marcus Terentius Varro a composé ceux-cy touchant les cinq Zones.

>   Mundus domus est maxima rerum.
>   Quinque altitonæ hanc fragmina Zonæ
>   Cingunt : per quas limbus pictus
>   Bissex signis stelli micantibus
>   Altus in obliquo æthere Lunæ
>   Bigas, solisque receptat.

Ce que i'ay ainsi rendu.

DE M. DE MAROLLES. 207

De toute la Nature en choses fort diuerses,
Le Monde, à le bien prendre, est la grande Maison:
Cinq zones dont le lustre, & la riche toison,
Qu'vn or palle enuironne, admettent les trauerses
D'vne Escharpe enrichie en mille & mille endroits
De signes estoilez, chauts & tiedes, & froit.,
Embrassent l'Vniuers, receuant la lumiere
Des Enfans de Latone en leur ample carriere.

On iuge à propos que ie n'obmette pas ce Distiche de Petronius Afranius, de la diuision du Monde entre les Enfans de Saturne.

Iupiter astra, fretum Neptunus, tartara Pluto
Regna paterna tenent, tres tria, quisque suum.

Dont voicy le sens.

Iupiter a le Ciel, Neptune l'eau profonde,
A Pluton les Enfers offrent le dernier lieu.
Ces trois ont en trois parts diuisé le grand monde:
Et chacun en sa part preside comme vn Dieu.

Celuy-cy est des moyens de conseruer la santé.

Balnea, vina, Venus corrumpunt corpora nostra
Et Vitam faciunt balnea, vina, Venus.

Que i'explique en aussi peu de mots.

Les bains, le vin, l'Amour corrompent nostre corps;
Et toutesfois les trois rendent les membres forts.

Mais puisque ce Petrone d'Affrique nous fait souuenir du Romain, qui fut cet Arbitre si fameux du temps de Neron, pourrions-nous oublier ces beaux Vers qui se trouuent de luy dans son elegante Satire?

Primus in orbe Deos fecit timor: ardua cœlo
Fulmina cum caderent: discussaque mænia flammis,
Atque ictus flagraret Athos: mox Phœbus ad ortus
Lustrata deiectus humo, lunaque senectus,
Et reparatus honos. hinc signa effusa per orbem,
Et permutatis disiunctus mensibus annus
Proiecit vicium hoc: atque error iussit inanis
Agricolas primos Cereri dare mensis honores;
Palmitibus plenis Bacchum vincire: Palemque

Pastorum gaudere manu. Natat obrutus, omni
Neptunus demersus aqua. Pallasque cauernas
Vindicat, & voti reus, & qui vendidit orbem,
Iam sibi quisque Deos auido certamine fingit.

Ie les ay rendus en cette sorte.

L'Effroy fut le premier qui mit des Dieux au monde,
Quand les foudres du Ciel, sur la terre feconde,
Auec vn bruit terrible, & de leurs feux tortus,
Les rocs furent frappez, & les murs abatus.
Athos fut embrazé; lors que dans sa carriere,
Le Soleil reprenant sa route coutumiere,
La Lune ayant vieilli sur la fin de ses mois,
Et raieuni ses rais qu'elle perd tant de fois,
Dans le monde aussi-tost, auec la iournée,
Les mois furent marquez, les semaines, l'année:
Et ce vice conceu, fit naistre dans le cœur
L'erreur auec la crainte, & cette vaine erreur
Obligea les Bergers, & la troupe rustique
D'offrir sur les autels d'vne maniere antique
Les premices des bleds à la bonne Ceres,
La richesse des champs, & l'honneur des guerets.
Du genereux Bacchus ils ornerent la teste:
De la grande Pales ils chommerent la feste:
Neptune surmontant sur ses moites cheuaux
Les abysmes de l'onde, en vanta ses trauaux:
Pallas vangea l'honneur de ses diuines roches:
Diane aima les bois, & Bacchus les debauches.
Enfin par tout le monde, en tout temps, en tout lieu,
Pour ses besoins pressants chacun se fit vn Dieu.

Le mesme Autheur fit cette Epigramme de l'ennuy qu'il faut éuiter.

Nolo ego semper idem capiti suffundere costum:
   Nec toto stomachum conciliare mero.
Taurus amat gramen mutata carpere valle:
   Et fera mutatis sustinet ora cibis.
Ipsa dies ideo nos grato perluit haustu,
   Quod permutatis hora recurrit equis.

Ie croy que c'est à dire.

 Ie ne veux pas tousiours repandre sur ma teste
 Vn semblable parfum, ny tousiours ie n'apreste
 Pour mon foible estomac le vin accoustumé.
 De vallon en vallon le Bestail affamé,
 Pour changer de pasture & selon ses caprices
 Court, d'herbage en herbage, il y prend ses delices.
 La nuict mesmes nous plaist aussi-bien que le iour,
 Et les cheuaux des deux se suiuent tour à tour.

C'en est encore icy vne autre du mesme Autheur.

 Inueniat quod quisque velit. non omnibus vnum est,
  Quod placet. hic spinas colligit, ille rosas.

C'est à dire.

 Que chacun trouue enfin ce qu'il peut souhaiter:
 Mais bien souuent le mal ne se peut euiter.
 Ce qui doit plaire à tous n'est pas la mesme chose.
 L'espine pique l'vn, l'autre cueille la rose.

Epigramme d'Aulus Septimius Serenus.

 Inquit amicus ager domino, sere : plurima reddam.
 Si bene mi facias, memini tibi soluere grates.

Ie l'ay traduite ainsi.

 Le champ ami dit à son Maistre,
  Semez, ie vous le rendray bien.
 Si vous auez souci de me faire paroistre,
  Cultiuant mes guerets, vous n'y perderez rien.

Cet Oracle d'vn Ancié est assez digne d'estre remarqué.

 Tarpeio quondam sedit qua vertice cornix,
  Est, bene non potuit dicere : dixit erit.

En voicy la traduction.

 Iadis vne Corneille assise au capitole
 Des hommes imitant la voix & la parole,
 Pour quelques môts Romains que son bec profera,
 Ne put dire iamais, il est, mais il sera.

Ne diroit-on pas que ces deux Vers pour Ennius, ne signifient rien de ioli?

 Enni Poëta salue, qui mortalibus
 Versus propinas flammeos medullitus.

Ee

Cependant ie n'ay pas laiſſé de les traduire, & d'y trouuer ce ſens.

  Ie te ſalue Ennie!
  Car par tout l'Vniuers,
 Tu donnes aux Mortels vne flame infuſe,
  Qui brûle dans tes Vers.

Marcus Terentius Varro a fait celle-cy du vin.

 Vino nil quidquam iucundius duit:
 Hoc ægritudinem ad medendum inuenerunt.
 Hoc hilaritatis dulce ſeminarium.
 Hoc continet coagulum conuiuia.

Ie l'explique en cette ſorte.

  De toutes les choſes du monde,
  Le Vin ennemi de l'onde,
  Se celebre en tous lieux:
 Il fait naiſtre la ioye, & rien ne le ſeconde
  Entre les mets les plus delicieux.

Pour mettre ſur vne ſtatuë de Cupidon d'vn Autheur inconnu.

 Sol calet Igne meo: flagrat Neptunus in Yndis.
 Penſa dedi Alcidæ: Bacchum ſeruire coegi.

Le Dieu parle ainſi.

 Par mes feux le Soleil s'échauffe en ſa carriere,
  Neptune brûle au fond des eaux:
 Alcide à la quenoüille aiuſte les fuſeaux:
 Et Bacchus craint touſiours vne Maiſtreſſe altiere.

Contre Caius Ceſar d'vn Autheur inconnu.

 Gallias Cæſar ſubegit, Nicomedes Cæſarem.
 Ecce nunc Cæſar triumphat, qui ſubegit Gallias.
 Nicomedes non triumphat, qui ſubegit Cæſarem.

Celuy-là m'a donné vn peu plus de peine que les autres: & ie ne ſçay pas ſi en ayant multiplié les Vers dans la traduction, i'y auray vn peu reüſſi.

  Ceſar a ſubiugué les Gaules
  Nicomede a vaincu Ceſar.
 La robe triomphale honore les eſpaules
  Du vainqueur des trois Gaules,

Pourpris de son merite & non point du hazar:
Toutesfois Nicomede ayant vaincu Cesar,
   Auec sa victoire,
   N'a pas la mesme gloire.

Inscription pour vne statuë de Caius Cesar, d'vn Autheur inconnu.

Brutus, quia Reges eiecit, Consul primo factus est:
Hic, quia Consules eiecit, Rex postremo factus est.

I'ay tasché d'en approcher par cette Version.

Brutus premier Consul, chasse les anciens Roys:
Cesar dernier des Roys, ayant chassé de Rome
   Les Consuls & les Loix,
Assuietit l'Empire au pouuoir d'vn seul homme.

Contre les adulteres de Cesar, luy faisant encore des reproches contre d'autres vices ausquels il estoit suiet.

Vrbani seruate vxores: mæchum caluum adducimus;
Auro in Gallia stuprum emisti: hic sumpsisti mutuum.

On la trouuera vn peu piquante, si l'on en prend bien le sens.

Citoyens gardez vos femmes;
Nous amenons vn chauue, vn galand amoureux:
Ses vices dans la Gaule étonnerent les Dames;
Mais icy, vous sçaurez comme il est dangereux.

Contre le Consul Marcus Bibulus.

Consule non Bibulo quicquam, sed Cæsare factum est:
Nam Bibulo fieri Consule nil memini.

C'en est icy le sens qu'il a falu aiuster auec la rime.

Rien ne se fit sous le Consul Bibule:
Mais sous Cesar les fastes glorieux,
Celebrent ses exploits, son cœur ambitieux:
Et tout ce que ie sçay de l'autre, est ridicule.

Celle-cy de Licinius Caluus contre Pompée est tres-mordante.

Fasciola qui crurá ligat, digito caput vno
   Scalpit, quid credas hunc sibi velle? virum.

I'en ay temperé l'expression en cette sorte.

Celuy qui se serre la cuisse,
Auec vn bandage etroit,
Qui se gratte la teste auec le bout du doigts:
Ie le dis sans malice,
Que penses-tu qu'il veuille? vn Ami fort adroit.

Epigramme de Ciceron contre le Consulat de Caninius Reuilius qui ne dura qu'vn iour.

Vigilantem habemus Consulem Caninium:
In Consulatu somnum non vidit suo.

C'est à dire en aussi peu de mots.

Sans mentir Caninie est Consul vigilant;
Ses faisceaux n'ont point veu le sommeil nonchalant.

Contre Ventidius Bassus.

Concurrite omnes Augures, Aruspices:
Portentum inusitatum conflatum est recens.
Nam Mulos qui fricabat, Consul factus est.

Ie l'ay traduite en cette sorte.

Accourez, Augurs, Aruspices;
Vn prodige vient d'arriuer.
Vn Muletier Consul pourra-t-il captiuer
Nos loix à ses caprices?

Contre Claude Neron Empereur.

Asper & immites; breuiter vis omnia dicam?
Dispeream, si te mater amare potest.

On voit bien qu'elle est contre l'amour que cet infame Prince portoit à sa Mere.

Esprit rude & fascheux qu'on ne peut estimer;
Ta Mere, asseure-toy, ne te sçauroit aimer.

Contre le mesme, ayant fait mourir sa Mere Agripine.

Quis negat Æneæ magna de stirpe Neronem?
Sustulit hic matrem, sustulit ille Patrem.

La force de cette Epigramme consiste au mot de *sustulit* qui a deux significations de *porter* & *d'oster*. I'en ay approché neantmoins comme i'ay pû, en cette sorte.

Neron du grand Enée a pris son origine;
Qui le pourroit nier?

Le Troyen genereux son pere & son bouclier
Porte sur son epaule : & sa Mere Agripine,
Neron derobe au iour, n'osant pas s'y fier.

Contre Claude Tibere Cesar.

Fastidit vinum, quia tam sitit iste cruorem.
Tam bibit hunc auide quàm bibit ante merum.

En voicy l'explication.

Tu changes donc, Cesar, les siecles de Saturne?
Et tant que ta bonne fortune,
De nostre liberté te fera triomser,
Nous aurons les siecles de fer.

Epigramme du Consul Ablauius contre l'Empereur Constantin, reuenant en quelque façon au sens de la precedente.

Saturni aurea secla quis requirat?
Sunt hæc gemmea, sed Neroniana.

I'ay employé ces mesmes Vers dans vne histoire que i'ay escrite de Constantin.

Qui de Saturne veut chercher les siecles d'or?
De Perles sont ceux-cy, mais de Neron encor.

Pour dire Cruels, comme estoit Neron. En voicy vne autre contre l'Empereur Othon.

Cur Otho mentito sit, quæris exul honore?
Vxoris Mæchus cœperat esse suæ.

Qui se pourroit rendre ainsi.

Demandez-vous pourquoy dans le bannissement
Nostre Othon dissimule, & change d'ornement?
Il craint le deshonneur qui le rendroit infame:
Car il est deuenu Maquereau de sa femme.

De Iulius Florus qui preferoit la douceur de sa condition à celle de l'Empereur.

Ego nolo Cæsar esse:
Ambulare per Britannos:
Scythicas pati pruinas.

L'Empereur Adrian luy fit cette responsc.

Ego nolo Florus esse:
Ambulare per tabernas:

Latitare per popinas
Culices pati rotundos.

C'est à dire, pour les Vers de Florus.

Ie ne suis point Cesar, mon ame est diuertie
D'aller chez les Bretons, & de voir la Scythie.

Pour la response d'Adrian.

De l'humeur de Florus ie ne suis point ialoux:
Ie hai les cabarets, & ie crains fort les poux.

Epitaphe de Licinus qui n'auoit esté qu'vn affranchi.

Marmoreo Licinus tumulo iacet, at Cato nullo,
Pompeius paruo, credimus esse Deos?

Voicy comme ie l'ay traduite.

Sous vn marbre est gisant Licin cheri des Cieux;
On luy dresse vn tombeau sa trame estant coupée,
A Caton point du tout, vn petit à Pompée;
Croirons nous desormais que le monde ait des Dieux?

En voicy vne autre de Caton.

Ne mirere sacri deformia busta Catonis.
Visuntur magni parua sepulchra Iouis.

Ie l'ay renduë ainsi.

Caton tout saint qu'il est n'a qu'vn petit buscher:
On n'en voit qu'vn petit pour le grand Iupiter.

Tombeau des Pompeiens, rendu Vers pour Vers.

Alter Niliaco tumulo iacet, alter Ibero.
Tertius Eois partibus occubuit.
Omnis habet Magnos mundi plaga. Djs ita visum est.
Partem quisque suam nunc quoque victus habet.

C'est à dire.

L'vn gist dans son tombeau sur les riues du Nil:
Le second en Espagne, & le tiers en Asie.
Pompée est donc par tout: & dans sa fantaisie,
La Parque inexorable a deuidé son fil.

Cette Epigramme de Martial au suiet de Catulle, est bien digne ce me semble d'estre icy au nombre des autres,

Tantum parua suo debet Verona Catullo,
Quantum magna suo Mantua Virgilio.

Laquelle i'ay essayé de rendre en aussi peu de mots, quoy que d'abord la chose me semblast dificile, à cause de six termes qu'il faut faire entrer de necessité dans l'Epigramme, sans qu'il soit permis de les changer, si l'on en veut conseruer le sens: ces six termes sont, *petite & grande*, *Verone & Mantouë*, *Catulle & Virgile*. Cependant ne les voyant point rimer ensemble, ie crûs qu'il me seroit mal-aisé de les faire entrer à propos en deux lignes mesurées, où il faut conseruer la Cezure & la Rime : voicy neantmoins comme ie m'en suis demeslé.

De Catulle & Virgile, egalement on louë
La petite Verone, & la grande Mantouë.

Et afin de remplir le reste de la feuille, puisque la suiuante a commencé, deuant que celle-cy fust finie, & qu'elle nous a laissé plus d'espace que nous ne pensions pas, i'adiouteray encore ces diuerses Epigrammes d'vn ancien Grammairien appellé Phocas, sur vn mesme suiet, à l'imitation de celle-cy de Virgile, contre vn certain Ballista qui fut assommé à coups de pierres, pour auoir esté surpris en larcin,

Monte sub hoc lapidum tegitur Ballista sepultus:
Nocte die tutum carpe viator iter.

que i'ay renduë en cette sorte.

Sous ce Mont de Cailloux, gist Balliste enterré;
Passant, va ton chemin nuict & iour asseuré.

Ce que le Grammairien Phocas a imité en cette sorte,

Ballistam sua pœna tegit, via tuta per oras,
Hic Ballista iacet. certo pede perge, viator.

que voicy en deux façons.

Le tombeau de Balliste, est son propre supplice.
Balliste icy gisant
Asseure le passant.

Autre.

Carcere montoso, clausus Ballista tenetur,
Securi fraudis pergite nocte viri.

Ie l'ay renduë en quatre petits Vers.

Dans vne prison montagneuse,
Sous vne roche scabreuse,

Balliste a renfermé,
Son corps de cailloux assommé.

Autre.

Quid trepidas tandem gressu pauitante viator?
Nocturnum furem saxeus imber habet.
Cailloux epais tombent sur le pipeur
Marche, passant, affranchi de la peur.

Autre.

Balliste vitam rapuit lapis : ipse sepulchrum
Intulit. Vmbra nocens pendula saxa tremit.

Celle-cy, à mon auis vaut mieux que les autres.

Balliste est assommé sous vn monceau de pierre,
Ses membres y sont confondus :
Et bien qu'vn sepulchre l'enserre,
Son ombre craint tousiours les rochers suspendus.

Autre.

Crimina latronis dignissima pœna coërcet.
Duritiam mentis damnat vbique lapis.
On peut bien egaler au crime du Voleur,
La durté de la pierre à la durté du cœur.

Au reste Virgile se diuertit par vne poësie legere pour les obseques d'vn Moucheron, quand il fit ces Vers.

Parue Culex, pecorum Custos tibi tale merenti,
Funeris officium vita pro munere reddit.

Ce que i'ay rendu en cette sorte.

Petit Moucheron tu merites
Que tes vertus soient escrites
De la main du Berger qui gardoit son troupeau.
Tu luy donnas le iour, il te fit ce tombeau.

Il ne me seroit pas mal-aisé d'en raporter dauantage : mais outre que cela suffit, on pourra lire le reste dans le Recueil des Catalectes des Anciens que i'ay traduit, si l'on l'imprime quelque iour ; où l'on verra beaucoup de plus belles pieces, & de plus longue haleine, en Prose & en Vers, où i'ay compris l'admirable Centon d'Ausone, & quelques autres petits Poëmes du mesme Autheur.

ONZIESME

ONZIESME DISCOVRS.

Touchant quelques obmiſſions & fautes ſuruenuës dans l'Edition des trois premieres parties de mes Memoires, où ſont compris les Eloges de pluſieurs perſonnes Illuſtres, que i'ay connus.

IE deſtine ce Chapitre pour faire quelques obſeruations ſur les trois premieres parties de mes Memoires que i'ay donnez au Public. I'y trouue bien des choſes à deſirer, beaucoup d'autres à corriger, & ſi i'eſtois capable d'en connoiſtre toutes les fautes, ie ſerois raui de les marquer, & de les changer ſi ie pouuois en quelque choſe de meilleur : mais quelque ſoin que l'homme apport en tout ce qu'il fait, il y laiſſe touſiours des marques de ſon ignorance & de ſon infirmité.

Dans la 6. ligne de la ſeconde page de l'Epiſtre *iouïr de la douceur de voſtre conuerſation* euſt eſté meilleur que *la douceur de voſtre entretien*, parce que deux lignes apres i'vſe de cette façon de parler, *mais ie vous entretiendray* &c. & quoy que cela ſoit peu de choſe, il y faloit neantmoins prendre garde, pour ne ſe ſeruir pas deux fois d'vn meſme mot ſans ſujet. Il en eſt de meſme de la 23. l. dans la 4. page où *bien que ie fuſſe d'vn naturel enioüé* euſt peut-eſtre eſté meilleur que *bien que ie fuſſe aſſez gai*, pour euiter le mot *aſſez* qui eſt repeté incontinent apres.

Dans la page 5. l. 34. il faut lire S. *Aubin des Bois*, qui eſt le nom d'vne Abbaye en Bretagne qui me fut donnée par les liberalités du Roy Henry IV. au lieu de *S. Paul des Bois*.

Page 6. l. 18. où parlant de Charles Emanuel Duc de Nemours, i'ay dit, *qui l'aimoit vniquement*, n'eſt pas ſi bien, ce me semble, ny si respectueux, que si i'eusse dit, *qui l'honoroit de son estime.*

Page 7. l. 14. où parlant de mon pere qui commandoit les troupes du Comte de la Val qui fut tué en Hongrie, i'ay escrit *auec les ordres du Comte*, il faloit *auec les gens & les troupes du Comte*, c'est à dire du Comte de la Val.

Page 8. l. 9. *que i'ay tousiours suiuis*, il faloit *que i'ay suiui tousiours depuis*, & ne faire pas vn relatif de *suiuis* à exemples d'escriture, qui est du second genre & non pas du premier, au lieu qu'*exemple*, pour dire similitude ou comparaison, est du premier genre & non pas du second.

Dans la page 9. où i'ay parlé de Claude de Rochefort, Baron de Lucai depuis beau-frere de Monsieur le Marquis de Pienne Gouuerneur de Pignerol. Il tire son origine d'vne maison Illustre de Bourgongne dont estoient Guy & Guillaume de Rochefort, Chanceliers de France l'vn apres l'autre. René de Rochefort Seigneur de la Croisette Cheualier des Ordres du Roy estoit son grand Oncle, comme il estoit Ayeul maternel d'Anne de Brouilli son Espouse, dont il a des Enfans qui promettent beaucoup.

Rochefort.

Dans la 33. l. de la 14. page l'Imprimeur a fait vne faute considerable par l'addition d'vne seule lettre, quand il a mis *c'est vne chose surprenante* au lieu de dire simplement *est vne chose surprenante*.

Page 15. l. 35. *n'a point d'Enfans*, il faut, *n'a point eu d'Enfans*.

Page 16. l 14 en parlant d'vne Escarcelle de veloux violet auec des fermaux d'argent doré, que les Prelats portoient anciennement penduë à leur Ceinture, il faut apres *aniourd'huy* adiouter ces mots, *comme c'estoit la coûtume des anciens Prelats, afin d'y mettre les aumosnes qu'ils distribuoient eux mesmes aux paunres.*

Page 17. l. 30. il faut lire, que Madame la Princesse de Conti luy resmoigna auec beaucoup de bonté, qu'elle vouloit retenir sa fille aupres d'elle.

Page 22.l.16. *ne se mit au deuant de nous*, il suffisoit *ne se mist deuant nous*.

Page 32.l.7. où i'ay parlé des deux Mazures Curez de S. *M. Mazure.*
Paul l'vn apres l'autre, ce ne deuoit pas estre sans eloge;
parce que le defunct estoit personne de grand merite,
aussi-bien que celuy qui vit encore à present.

Dans la page 45. où i'ay nommé Monsieur le Comte *M. le Mares-*
de Guische, ie deuois auoir aiouté, depuis Duc de *chal de*
Grandmont Gouuerneur de Bearn, & Mareschal de *Grandmont.*
France, par la consideration de son merite, dés le temps
du feu Roy, ioignant l'esprit & la valeur à vne naissance
illustre, qui tire son extraction des Roys de Nauarre &
des Comtes de Bigorre. Ie l'ay connu dés sa premiere
ieunesse auec Monsieur le Comte de Louuigni son frere, donnant de si grandes esperances de ce qu'il deuoit
estre vn iour, & de la haute reputation qu'il s'est depuis acquise. Il me semble qu'il me faisoit l'honneur
de m'aimer vn peu, & ie n'auois point de plus grande
ioye que de le voir souuent, beaucoup plus pour l'amour
de luy-mesme, que pour l'affection toute particuliere
que ie portois à Monsieur l'Abbé de Crosilles qui demeuroit chez luy. Monsieur le Comte de Louuigni son
frere estoit, comme luy, l'vn des Gentils-hommes de
France le mieux fait, agreable dans la conuersation: &
quoy qu'il eust beaucoup d'esprit, si est-ce qu'il n'auoit
pas tant de soin de le cultiuer par l'estude, que Monsieur
le Mareschal en eut de perfectionner & de polir le
sien de fort bonne heure ; de sorte que ie l'ay tousiours
veu considerer comme l'vn des plus grands Suiets de la
Cour: & tout le monde sçait l'estime particuliere qu'en
a fait depuis Monsieur le Cardinal de Richelieu le plus
grand personnage de son siecle.

Dans la page 52. où i'ay marqué la mort de Monsieur
le Duc de Retelois en l'année 1622. ie pouuois aussi remarquer la mort de Monsieur le Duc de Fronsac fils vni- *Duc de Fron-*
que de Monsieur le Comte de S. Paul, oncle de Mon- *sac.*
sieur de Longueuille, cousin germain de Monsieur le

Duc de Retelois. Ce Prince agreable de visage, & d'assez belle taille, quoy qu'il auoit quelque disposition à deuenir gros, tenoit beaucoup moins de Monsieur le Comte de S. Paul son pere, que de Madame sa mere Anne de Caumont qui estoit brune, & fut tué en la dixhuictiesme année de son aage dans vne attaque qui fut faite à Montpellier le 2. iour de Septembre 1622. laissant vn regret extreme de soy pour la grande esperance qu'il donnoit de sa vertu naissante, apres s'estre signalé contre des Rebelles dans l'Isle de Rié en Poictou.

Comte d'Alais. La mesme année mourut à Pesenas d'vne maladie causée par les fatigues de l'armée François de Valois Comte d'Alais, Colonel de la caualerie-legere de France, six mois apres auoir espousé Louyse Henriette de la Chastre, fille de Monsieur le Mareschal de la Chastre. Ce ieune Prince le troisiesme des Enfans de Monsieur le Duc d'Angoulesme, estoit d'vne beauté rare, d'vn air agreable & d'vne mine auantageuse: mais pour en dire la verité, il estoit inferieur pour l'esprit à Monsieur son frere Louys de Valois, qui ne luy ressembloit point du tout, & qui pour lors portoit la Sotane à cause de l'Euesché d'Agde qu'il resigna depuis à Monsieur de Portes oncle de Madame la Princesse.

Comte de Crussol. Monsieur le Comte de Crussol, qui depuis épousa la veufue de Monsieur le Comte d'Alais, estoit alors vn ieune Seigneur que sa naissance illustre rendoit moins considerable parmi ces Princes, que la douceur de ses inclinations & les graces de sa personne, qui attiroient sur luy l'admiration de tout le monde, & principalement des Dames, qui s'estonnoient de sa beauté merueilleuse: & ie me souuiens que la vieille Mademoiselle de Vitri, Tante de Monsieur le Mareschal de Vitri & de Monsieur le Mareschal de l'Hospital, qui venoit souuent à l'Hostel de Neuers, parce qu'elle estoit fort amie de cette maison, disoit en considerant vne si excellente phisionomie qu'elle y rencontroit plusieurs fois; que c'estoit vne grande beuuë à la Nature d'auoir mis sur le visage d'vn garçon ce qui eust esté beaucoup mieux sur celuy d'vne fille; & faisoit connoistre en disant cela, qu'elle vouloit parler d'vne personne de grande condition, qui manquoit, à son auis, de ce que celuy-cy auoit de trop. Le temps a changé toutes ces choses : mais en recompense il a mis dans l'ame de ce Seigneur l'esclat des vertus & de la valeur, mille fois plus considerable que la beauté du corps.

Monsieur le Marquis de Pralain fils aisné de Monsieur le Mareschal de Pralain est mort depuis, ayant eu des charges considerables dans l'armée. Il estoit aussi deslors d'vn esprit agreable & delié, d'vne taille mediocre, & pour le visage, le vray portrait de Madame du Plessis Guenegaud sa sœur. S'il eust vescu plus long temps, les qualitez de Monsieur son pere ne luy pouuoient manquer : mais il a laissé vn frere que le bruit de la Renommée m'aprend qu'il est digne de tous les honneurs qui se peuuent promettre à vne personne de sa condition. *M. de Pralais.*

Monsieur le Mareschal de Grançai petit-fils de Monsieur le Mareschal de Feruaques Guillaume de Hautemer, à cause de Madame sa mere Anne de Hautemer, sœur de Madame de Prie & de Madame de la Ferté-Imbaud, portoit alors le nom de Medaui, aîné de deux freres, dont l'vn estoit Cheualier, & l'autre qui estoit Abbé de Cormeille en Normandie, est à present Euesque de Sees. Il s'est signalé depuis en plusieurs occasions importantes, pour lesquelles il fut creé Mareschal de France, & a tenu le Gouuernement de Grauelines, tandis que cette place a esté dans l'obeïssance du Roy. *M. de Grançai.*

Dans la mesme page 52. Entre les Cousins germains de Monsieur le Duc de Retelois, qui prirent le deüil de sa mort, mais qui le porterent bien dauantage dans le cœur, furent Monsieur le Duc d'Onane de l'illustre famille des Sforses, fils de Renée de Loraine, Duchesse d'Onane sœur de Madame de Neuers: Monsieur le *Duc d'Onane.*

C. de Carces. Comte de Carces de Prouence, neueu de Monsieur du Maine & de Madame de Neuers, à cause de Madame la Comtesse de Carces leur sœur de Mere, fille d'Henrie de Sauoye Duchesse de Mayenne, du premier lict; Messieurs les Comte de Suse & Marquis de Tauanes & de Lauardin, parents & alliez au mesme degré & du mesme costé.

Suse. Tauanes.

Dans la page 54. où i'ay marqué à la fin de l'année 1622. la grande maladie de Mademoiselle de Neuers, il la faloit mettre dans la page 72. à la fin du mois de Nouembre 1626.

Dans la page 57. en parlant du second Duc de Retelois, qui depuis fut Prince de Mantouë, & pere de Monsieur le Duc de Mantouë d'auiourd'huy, il faloit marquer entre ceux qu'il honoroit principalement de son estime & de son amitié, Monsieur de S. Germain Beaupré qui estoit tout à fait dans sa confidence : & certes comme il auoit l'humeur parfaitement enioüée, & de la grace dans toutes ses actions, il eust esté bien mal-aisé deslors de le connoistre, & de ne le pas fort estimer. Il a conserué tousiours depuis le souuenir de ce temps-là, & me l'a dit quelquesfois, parlant de ce Prince auec toutes les tendresses, qui se peuuent imaginer. Monsieur de S. Germain est d'vne maison illustre, sur les frontieres du Limousin, frere aisné de Monsieur le Mareschal de Foucaud, descendu d'vn autre Mareschal de France du mesme nom sous le regne de Charles VII. Le Feron le nommé Iean de Foucaud.

M. de S. Germain Beaupré.

Ie pouuois marquer dans la page 79. Monsieur de Bouteuille de la Maison de Montmorenci, dans le peu d'années qu'il a vescu, pour n'auoir donné que trop de marques de sa Valeur dans les combats singuliers, bien qu'il fust d'vn des hommes de France le moins querelleux & le plus doux, mais aussi le moins endurant, perit malheureusement auec le Comte des Chapelles, si cela se peut dire, apres auoir acquis tant de reputation de Valeur, & s'estre resolu auec tant de genero-

M. de Bouteuille.

DE M. DE MAROLLES.

sité à la mort, dont la grandeur de sa naissance, de son courage & de ses alliances ne le purent non plus garentir que le Chef de sa Maison, qui finit ses iours quelque temps aparauant de la mesme sorte, pour auoir esté si infortuné que de faire souleuer quelques troupes en Languedoc contre le seruite du Roy. Tant y a que Monsieur de Bouteuille qui auoit tué le Comte de Vaillac de qui la Vaillance & la mine estoient si redoutables, & qui s'estoit battu plusieurs fois par pur diuertissement, pour éprouuer le cœur des plus braues, ou pour d'autres suiets de peu d'importance, plustost pour auoir la gloire de vaincre que pour se vanger, ou pour le plaisir de tuer (car il ne refusoit iamais de quartier à celuy qui luy rendoit les armes) acheua ses iours dans la vigueur de sa ieunesse, laissant vn fils heritier de son courage & de son nom, & deux filles de beauté & de vertu rares, Madame de Valançai & Madame de Chastillon.

Monsj. de Montmorency

Monsieur de Chalais autre illustre malheureux de qui la ieunesse auoit esté si galante, eleué à la Cour aupres du Roy qui l'auoit receu dans ses plaisirs, estant l'vn des plus adroits Gentils-hommes du Royaume; mais qui ne sçeut pas demeurer dans la retenuë, à quoy la confiance qu'on auoit prise en luy, le deuoit obliger, eut querelle auec le Comte de Pontgibaut, frere puisné de Monsieur le Comte du Lude, l'vn des plus beaux & plus accomplis Seigneurs de la Cour, & le tua dans vne rencontre funeste à Paris en descendant de son carrosse deuant la Croix de la ruë des petits Champs, où sa belle teste admirée de tant de personnes, se vit en vn moment trempée dans son sang & dans la bouë, & le ieune Gentilhomme perdit tout d'vn coup ses grandes esperances & la gloire qu'il pensoit auoir acquise d'estre l'vn des plus heureux & des plus braues de la Cour: car bien que la mort ne soit pas tousiours honteuse, si est-ce qu'elle ne laisse pas d'effacer dans de pareils rencontres le lustre de beaucoup de vertus.

M. de Chalais.

C. de Pontgibaud.

C. de Montresor.

Dans la page 83. où i'ay parlé de Monsieur le Comte de Montresor, qui s'estoit attaché par vne charge auprés de Monseigneur le Duc d'Orleans qui l'y auoit engagé par l'estime qu'il faisoit de son éprit & de son courage. Il suiuit ce grand Prince dans tous les mouuements de sa fortune assez agitée : & s'en estant retiré, quelques années apres, il a depuis fait choix d'vne autre sorte de profession, ayant receu des Benefices de la Cour, qui l'a consideré & qui le considere encore comme vne personne d'vn merite rare. Il est frere puisné de Monsieur le Marquis de Bourdeilles, & doit sa naissance à feu Messire Henri de Bourdeilles Seneschal & Gouuerneur de Perigord, Cheualier des deux ordres du Roy, & à l'vne des plus honnestes & des plus vertueuses Dames de son siecle, Magdelaine de la Chastre, fille de Messire Gaspard de la Chastre Seigneur de Nancé & de Gabriele de Bastarnai, qui est vne maison originaire de Dauphiné, fonduë en celle de Montresor, depuis le regne de Louys XI.

M. de Betune.

Dans la page 83. ie pouuois dire au suiet de feu Monsieur de Betune Cheualier des Ordres du Roy, & l'vn des Seigneurs de son temps le plus adroit, le plus sage, & le mieux fait, qu'il auoit vne grace nompareille dans toutes ses actions : que la douceur de son entretien charmoit tout le monde : que pour moy ie ne me lassois iamais de l'écouter & d'estre auprés de luy, parce qu'il disoit tousiours de bonnes choses; & que ses grands employs & son bel esprit, luy auoient acquis vne connoissance parfaite de tous les interests des Princes, chez qui les Roys l'auoient arresté plusieurs années de sa belle vie dans les plus importantes negotiations : Aux quelles a succedé depuis en Italie Monsieur le Mareschal d'Estrée son gendre, dont il s'est egalement acquité auec beaucoup de gloire, ayant d'ailleurs signalé son courage & sa valeur en cent occasions considerables : & l'vn & l'autre ont laissé des Enfants dignes de leur haute reputation.

M. le Maresf. d'Estrée.

Dans

DE M. DE MAROLLES.

Dans la mesme page sur la fin où i'ay dit quelque chose de Monsieur le Comte de S. Aignan, François de Beauuilliers premier Gentilhomme de la Chambre du Roy, fils d'Honorat de Beauuilliers Comte de S. Aignan, Lieutenant Colonel de la Caualerie legere, & petit-fils de Monsieur le Mareschal de Montigni du costé de sa Mere; si ie ne m'y fusse point vn peu trop pressé, i'y aurois pû remarquer la consideration que le Roy fait de son esprit, de son courage, & de toutes ses grandes qualitez : & ie n'y aurois peut estre pas oublié, qu'il herite le nom qu'il porte par droit de succession, dans la vingt-deuxiesme generation depuis Geofroy I. Seigneur de Donzy & de Cosne sur Loire, en 1050. (il y a plus de six cens ans) par huict familles diferentes antées les vnes dans les autres, à sçauoir celles de Donzy & de Neuers, de Courtenay-France, de Chastillon, de Bourbon ancien, de Bourgongne ancienne, de Chalon, de Husson, & de Beauuilliers; cette derniere connuë entre les illustres de France depuis Odin de Beauuilliers fils de Burle de Beauuilliers vaillant Cheualier dés le temps de Philippe Auguste, & alliée dans plusieurs Maisons considerables; comme ie le iustifiay dernierement sur diuers memoires, à la recommendation du valeureux & sçauant Gentilhomme Seraphin le Bossu Cheualier Seigneur de Marsay en Touraine, & Gouuerneur de Giem.

M. le C. de S. Aignan.

M. de Marsay.

Dans la page 84. on peut adiouter apres la 8. ligne. Il y a peu de Gentilshommes en France de qui l'excellente education ait esté mieux secondée par vn beau Naturel qu'elle l'a esté en la personne de Monsieur le Marquis d'Heruault qui transmet à Messieurs ses Enfans les mesmes soins que Monsieur son pere a voulu prendre de luy pendant sa ieunesse : & ie ne fais point de doute que ce ne soit auec vn egal bon-heur, tant ils sont bien nez, & dignes de sortir de parents genereux de l'vn & de l'autre costé.

M. de Heruault.

M. de V. Im-fay.

Au mesme lieu, où i'ay affecté de dire les noms de quelques illustres de la Prouince d'où ie suis, ie n'y ay pas oublié feu Monsieur de Valançai, Messire Iaques d'Estempes Cheualier des deux ordres du Roy, non seulement digne des grands Emplois qu'il auoit eus; mais des charges les plus Considerables de l'Estat, ioignant vn grand cœur à vne viuacité d'esprit merueilleuse, qui sont des qualitez assez familieres à ceux de cette maison, où nous auons veu exceller en mesme temps cinq freres de conditions diferentes, dont il n'y en a plus qu'vn seul de viuant qui est si considerable

C'est M. le Bailli de Valançai.

dans la robe. Mais de deux illustres reiettons qui restent de la tige de l'aisné (il y en a vn qui se contente de la gloire qu'il s'est acquise dans le Celibat) le premier allié dans la maison de Montmoranci, promet vne glorieuse & nombreuse posterité.

M. d'Humieres.

Dans la mesme page, i'ay parlé assez amplement de feu Monsieur le Vicomte de Brigueil, & de feu Monsieur son fils, Ayeul & pere de Monsieur d'Humieres allié dans la Maison de la Chastre, ayant plusieurs freres qui soutiendront bien auec luy la gloire de son nom. Celuy de *Bregueil* a esté mal imprimé dans la 9. ligne de la mesme page : & plus bas, i'ay parlé des

Paumi.

Vicomtes de Paumi du surnom de Voyer ou de *le Voyer*. Sur quoy l'on peut remarquer que les deux sont egalement honorables, que les Anciens disoient *le Voyer*, & ceux d'apresent escriuent *de Voyer*.

D. de la Rochefoucaud.

Monsieur le Duc de la Rochefoucaud petit-Neueu du Cardinal de son Nom, estoit l'vn des plus parfaits Courtisants de son temps. La Valeur de ses Ancestres luy estoit hereditaire : & ses seruices mirent dans sa maison le tiltre de Duché dont iouït à present Monsieur le Duc de la Rochefoucaud son fils aisné, qui ioint la Valeur guerriere à vn esprit parfaitement eclairé.

Pons.

Dans la page 85. où i'ay nommé Monsieur de Pons, du nom d'Argi, d'vne ancienne maison de Touraine, i'ay crû parler de luy auec Eloge, quand ie l'ay considéré comme vn Gentilhomme de beaucoup d'esprit, qui n'a pas seulement conserué les biens qu'il a eus d'vn pere tres-sage ; mais qui par sa prudence, s'est rendu soigneux d'en acquerir d'autres, pour accroistre les esperances de plusieurs Neueux de ses Sœurs, tous Gentilshommes bien faits : & certes, il y a de la gloire à ne dissiper point les biens qu'on tient d'vn pere sage & vertueux, comme estoit le sien : mais elle est encore beaucoup plus grande, quand par sa prudence, auec plusieurs autres excellentes qualitez, on les augmente, sans faire tort à personne, pour les desseins que i'ay remarquez.

Dans la page 86. apres la 12. ligne, on pouuoit adiouter, Gilbert de Preaux Cheualier, Chambellan, & Gouuerneur de la personne du feu Roy, & Gouuerneur de Han sur les frontieres de Picardie. Ce Gentilhomme qui parloit agreablement de toutes choses, & qui auoit beaucoup d'esprit, a laissé plusieurs Enfans de Charlote de Lauardin sa seconde femme, & entre autres Claude de Preaux son fils aisné chef de sa Maison, l'vne des anciennes de la Prouince de Touraine, connuë depuis plus de trois cens ans, laquelle s'est partagée auec les branches de Lauardin, de Beauuais, de Riz & d'Antigui, dont la quatriesme alliée dans la Maison de Bridieu, vient de tomber en quenoüille par la mort de deux ieunes Gentilshommes portant les armes pour le seruice du Roy, commandant vne compagnie de Gens-d'armes de Monsieur le Duc de Guise, & la derniere alliée dans la maison de Thienne originaire de Vicence, & depuis en celle du Mée de Menou, subsiste encore à present auec l'esperance d'vne nombreuse posterité. *M. de Preaux*

Dans la mesme page sur la fin, mettons y encore. Le surnom de Iussac qui sert auiourd'huy de titre à Claude de Iussac, Cheualier Gouuerneur de la Tour du Havre, l'vne des personnes du monde que i'hono- *M. de Iussac.*

re le plus, parce qu'il n'a pas moins de courtoisie & de generosité que d'esprit & de cœur, se communique à plusieurs branches considerables d'vne famille illustre originaire de Guienne, dont celle de Monsieur le Marquis d'Ambleuille alliée de la maison de Bourdeilles, est tres-considerable: & Messieurs de la Moriniere en Touraine en font vne tige depuis cent cinquante ans, que Iean de Iussac Cheualier premier Escuyer de l'Escurie du Roy, Seigneur de S. Marsault, & d'Argenton, dit l'Escuyer Marrasin, espousa Ieanne de Crunes Dame de la Moriniere & de Moncorp, fille de Messire Iean de Crunes Seigneur de Maillé. Monsieur des Champs, d'Entraigues & de Beaufort, est chef d'vne autre branche, & Monsieur de la Foleine chef d'vne troisiesme, les deux dernieres diuisées de celle de la Moriniere, dont Messire René de Iussac Cheualier Seigneur de la Moriniere, & de l'Estang est maintenant le chef, ayant vn fils appellé comme luy, de Françoise de Dampierre sa premiere femme.

C. de Fiesque.   Dans la page 97. Monsieur le Comte de Fiesque d'vne grande famille, originaire de Genes, qui a donné deux Papes à l'Eglise & plus de vingt Cardinaux, aussi-bien que des Capitaine fameux, s'est trouué embarrassé dans quelques affaires épineuses qui l'ont eloigné non seulement de la Cour; mais du Royaume, où il estoit capable de rendre des seruices considerables. Il auoit vn frere Abbé fort honneste homme, qui n'a pas suruescu long-temps Madame la Comtesse de Fiesque sa Mere, sœur du Comte de Tilieres, l'vne des plus modestes & des plus vertueuses Dames de son temps.

Page 101. ligne derniere, il faut lire *Anne du Hamel* veufue de feu Monsieur Barantin, Conseiller d'Estat, Tresorier des parties casuelles, au lieu de *Marie du Hamel*, qui estoit le nom de Madame l'Aduocat sa sœur, dont sont sortis Monsieur l'Aduocat, Madame Parfait & les descendants de ceux-cy assez connus dans les charges de la Robe & de la maison du Roy.

DE M. DE MAROLLES.

Dans la page 109. si le lieu me l'eust permis, i'aurois dit volontiers quelque chose des excellentes qualitez qui ont acquis tant d'estime à Messire Roger de Buade Abbé d'Obasine, au lieu de l'auoir nommé simplement sans eloge, comme i'ay fait. Ce Gentilhomme d'vn iugement exquis & d'vne probité rare s'estant attaché particulierement auec Monsieur le Comte de Montresor son intime Ami, dans les interests de son Altesse Royale, en vn temps où la Cour ne luy estoit pas fauorable, sa fortune fut beaucoup trauersée : mais il la surmonta par son adresse, & par vne patience incroyable : & sur le point que sa vertu s'en alloit estre couronnée, il tomba malade d'vne fievre lente, qui luy dura plus de six mois : & le 21. iour de Iuin de l'année 1645. ie le vis mourir, apres vne longue agonie, assisté de Monsieur l'Abbé de S. Germain de Morgues, chez Monsieur de Mommor qui auoit épousé Henriette Marie de Buade sa Niece, & qui le fit inhumer honorablement dans sa Chapelle de S. Nicolas des Champs, où ce genereux personnage a mis encore depuis peu le corps du Celebre Pierre Gassendi, qui mourut au mesme lieu, en l'année 1655. comme ie l'ay remarqué autre-part. Monsieur l'Abbé d'Obasine estoit fils de Messire Antoine de Buade, Seigneur de Frontenac, Cheualier des Ordres du Roy & son premier Maistre d'Hostel, & de Ieanne de Secondat fille de Ican de Secondat & de Leonor de Breigneux : & Antoine de Buade Seigneur de Frontenac, originaire d'vne maison illustre en Guienne, fils de Geofroy de Buade & d'Anne de Carbonniere, eut plusieurs Enfans de sa femme, outre Monsieur l'Abbé d'Obasine, & entre autres Henry de Buade Cheualier Baron de Palluau en Touraine & Mestre de Camp du Regiment de Nauarre, qui de son Epouse Anne Phelippeaux sœur de Messieurs d'Herbaud & de la Vrilliere, & de Mes-Dames les Marquises d'Vxel & d'Humieres, a laissé Messire Louys de Buade Comte de Frontenac & de

Palluau, de qui l'esprit & la valeur sont egalement recommandables, s'estant signalé aussi-bien que ses peres en plusieurs occasions dont il portera des marques d'honneur toute sa vie, par les blesseures qu'il y a receuës dans le seruice du Roy. Et de plusieurs Sœurs qu'il a euës, Anne & Henriette Marie de Buade, mariées en des maisons puissantes, luy donnent les alliances illustres de Monsieur de S. Luc & de Monsieur de Monmort.

Chabot. Page 114. Monsieur de Chabot dont la famille & le nom sont assez connus, estoit l'vn des braues de la Cour, d'vne mine agreable & auantageuse, qui depuis fut preferé à beaucoup d'autres pour épouser Mademoiselle de Rohan, riche & puissante heritiere de l'vne des plus grandes maisons du Royaume, alliée des *Rohan.* Couronnes, qui luy porta la Duché de Rohan, bien qu'elle fust de Religion diferente. Mais sa vie n'a pas esté de longue durée, & il a laissé en mourant de son illustre Espouse, des Enfans qui sont parfaitement bien nez.

Mauleurier. Monsieur de Mauleurier fils de Monsieur de Breues qui auoit esté Ambassadeur à Constantinople, & depuis premier Gouuerneur de la personne de Monseigneur le Duc d'Orleans, se peut dire l'vn des plus adroits & plus vertueux Gentilshommes de France. Il se connoist en toutes les belles choses: & de quoy qu'il se mesle, il y reussit parfaitement. Sa famille ancienne & illustre du nom de Sauari, est originaire de Touraine, & ses Ancestres estoient Seigneurs de l'Isle-Sauari sur l'Indre, au dessous de Palleau, qui appartient maintenant à Monsieur le Comte de Frontenac. I'en ay trouué quelques tiltres dés l'an 1200. dans vne petite Abbaye que ie possede depuis 47. ans où Iean Sauari confirma vn don que son pere Iean Sauari auoit fait à l'Abbaye de Baugerais, s'estant croisé pour aller à la conqueste de la Terre-Sainte, du consentement de sa femme Hersendis & de ses fils Iourdain, Guillaume, Emeri, Estienne, & Raoul. Ce tiltre seelé du sceau de ses armes qui portent écartelé d'argent & de sable. La branche de Lancosme, qui subsiste depuis plus de trois cens ans auec des alliances considerables, portant le mesme nom que celle de Breues en est separée de longue main, & reconnoist à present pour son chef Messire Antoine Sauari, Seigneur de Lancosme en Touraine, fils de Claude Sauari & de Magdelaine de Brouilli, & Neueu de Iaques Sauari Seigneur de Lancosme Ambassadeur pour le Roy en Leuant. *M. de Lancosme.*

Monsieur de Langeron éleué dans la maison de son Altesse Royale, qui l'a tousiours consideré, comme vne personne de condition, s'est allié depuis dans la maison d'Espaisses, & a ioint la probité & la pieté à la valeur guerriere, & à la bien-seance de la Cour. *M. de Langeron.*

Monsieur le Comte de la Feuillade de la Maison d'Aubusson fils d'vn pere valeureux, & petit-fils de Georges d'Aubusson, qui s'estoit signalé en diuerses rencontres honorables, ayant fini glorieusement ses iours à la guerre pour le seruice du Roy, estoit aisné de Monsieur l'Archeuesque d'Embrun, & de Monsieur le Comte de la Feuillade d'à present, à qui ie tiens à honneur d'estre allié à cause d'Antoinette de Vouhet ma bis-Ayeule, sœur d'vne autre Dame du mesme nom, dont ceux de la Feuillade sont aussi descendus: & de Louyse d'Aubusson fille de Messire Georges d'Aubusson, Comte de la Feuillade, mariée auec Monsieur de la Mothe Chauueron d'vne ancienne maison de Touraine sont sortis plusieurs Enfans, dont il y a lieu d'esperer que l'aisné continuera la posterité dans quelque alliance honorable. *De la Feuillade.* *Chauueron.*

Dans la page 120. ligne 14. au lieu de *S. Germain d'Auxerre*, lisez *S. Martin d'Autun*.

Page 124. Monsieur le Marquis de Ruuigni estoit du nombre de ceux de qui la discretion & la qualité estoit fort considerée d'vne grande Princesse, qui receuoit *M. de Ruuigny.*

en ce temps là chez elle, les plus honnestes gens de la Cour. Ce Gentilhomme a receu des marques honorables de l'estime qu'on a tousiours fait de sa conduitte, de son esprit & de son iugement. Il s'est depuis allié dans vne Maison honorable & opulente qui luy a donné pour beau-frere Monsieur l'Abbé Taleman, dont la politesse est si exquise, & le merite si peu contesté.

M. le Pr. Barillon.

Dans la page 129. ie ne deuois pas auoir obmis ces Mots. Ie vis en ce temps là (c'estoit en 1641.) Monsieur le President Barillon à Amboise où il estoit detenu. C'estoit vn homme d'vne vertu rare, libre dans la captiuité, genereux dans l'aduersité, passionné en tout temps pour la gloire du Roy & de l'Estat, Iuge incorruptible sur le Tribunal, officieux à tout le monde, & modeste dans la prosperité. Madame la Presidente sa femme, l'vne des illustres du Siecle, s'y estoit enfermée auec luy, où estoient aussi Messieurs ses Enfants, qui sont auiourd huy si capables de soûtenir la gloire d'vn pere si genereux. Toute la Prouince en estoit consolée par les soins qu'il prenoit d'en accommoder tous les diferents, dont chacun se tenoit honoré de le constituer iuge, puis qu'il trouuoit bon d'en prendre la peine, bien qu'il ne bougeast d'vn lieu: mais chacun ayant la liberté de le venir trouuer, il en estoit receu auec toute la courtoisie & la ciuilité qu'on se le sçauroit imaginer. Il fit des liberalitez à ceux qui le gardoient dans vne si belle prison, sans auoir dessein de les corrompre, pacifia les diuisions des Chanoines du Chasteau, repara plusieurs lieux que le temps auoit ruinez dans leur Eglise, estendit ses soins iusques à la Maison Royale dont Monsieur le Marquis de Sourdis estoit Gouuerneur, & en fit peindre dans de grands tableaux toutes les Veuës, qui sont admirables de quelque part qu'on les considere, voyant d'vn costé la Loire, qui serpente dans vne Varanne spacieuse, & ouuerte de douze ou quinze lieuës de païs, depuis

le

le Chasteau de Chaumont, iusques à celuy de Maillé, qui est quatre lieuës au dessous de la Ville de Tours, qui luy paroist à main droite en perspectiue, auec la celebre Abbaye de Mairmontier, & vn grand nombre de Chasteaux & de maisons agreables le long d'vne coste eleuée qui se coupe en plusieurs valons où coulent des ruisseaux de sources viues : & de l'autre, l'on voit la forest & toutes ses routes, auec le Vallon estroit de la Masse, qui partage vne prairie bordée de maisons & de iardinages. La liberté luy fut renduë quelque temps apres; mais il n'en ioüit pas long-temps: & il a fini genereusement ses iours dans vne autre detention plus éloignée & plus fascheuse que la premiere peu d'années apres la mort du feu Roy, laissant vn grand deüil dans sa famille: mais principalement à son frere aisné Monsieur de Morangis Conseiller d'Estat, & directeur des finances de qui les sentiments ne sont pas moins genereux, & la vie moins illustre.

Page 133. au suiet de Monsieur de Liancour Cheualier des Ordres du Roy, & honoré du titre de Duc. Ce Seigneur ayant receüilli plusieurs grádes successions, & entre autres celle de Monsieur le Comte de la Rocheguion son frere de mere, se trouue allié à la vertu mesme, ayant espousé la fille & la sœur des deux Mareschaux de Schomberg, dont la gloire est si pure, & le nom si fameux : & d'vn seul fils que Dieu luy auoit donné, conforme à ses inclinations genereuses, qui commençoit de signaler dans les armes sa vertu naissante, pour le seruice du Roy, il ne luy est demeuré qu'vne seule heritiere, que sa beauté, sa sagesse & son opulence rendra infailliblement l'vne des plus considerables personnes du Royaume.

M. de Liancour.

Dans la page 135. où i'ay marqué la mort de Monsieur le Cardinal de Richelieu, ie pouuois prendre occasion de m'estendre plus que ie n'ay fait, pour parler de ses vertus & de tous les miracles de sa vie : mais ie m'en suis abstenu à dessein, parce qu'il y a trop de

M. le C. de Richelieu.

choses à dire sur vn si grand suiet, & que d'ailleurs assez d'autres en ont composé des Panegyriques entiers & fait des histoires fort amples. I'ay eu peur aussi de manquer de forces pour traiter vne matiere si importante : & comme ie ne me commets pas volontiers auec des testes si eleuées, qui ne nous voyent point, ou qui nous regardent au fond des abysmes, si elles abaissent leurs yeux sur nous, ie n'ay osé m'y hazarder, ne voulant d'ailleurs ny flatter, ny attirer la haine contre moy, en disant la verité. Quoy qu'il en soit, Monsieur le Cardinal de Richelieu estoit vn grand homme qui auoit conceu des desseins magnifiques pour la splendeur de cette Monarchie : mais la foiblesse des hommes d'vn costé, & leur malignité de l'autre, auec certaines coûtumes établies de longue main, & la misere du temps causée par les troubles qui furent émus pendant la minorité du feu Roy, en rendirent les moyens dificiles & onereux. Il faut neantmoins auoüer qu'il eust porté les choses bien auant, si la mort ne l'eust point preuenu en la cinquante-sixiéme année de son âge : car il auoit l'ame grande, le genie puissant, & l'esprit merueilleux, auec vne grace nompareille en tout ce qu'il faisoit, ciuil, de bonne-mine, eloquent, liberal, genereux, affectionné à la Noblesse dont il tiroit egalement son origine de l'vn & de l'autre costé depuis plusieurs siecles, Ami de la Vertu, Protecteur des Muses, soigneux de conseruer les droits de la puissance Royale, & merueilleusement prudent au choix des hommes Illustres qu'il auoit

M. le Chancelier. employez dans le Ministere, tels que Monsieur le Chancelier si digne des marques qu'il reçoit tous les iours de l'estime que le Roy fait de ses longs & importans seruices, Messieurs les Secretaires d'Estat, & tous les autres qui furent considerez pour leur grande capacité sous la puissance de son gouuernement, nous ayant au reste laissé vn Successeur à son Authorité auec tous les agrements imaginables de la puissance Souueraine, dont il ne faut pas douter que la posterité ne regarde la conduite & les succez auec étonnement.

Page 136. Monsieur le Comte de Cramail, Adrian de Mont-luc, petit-fils de Blaise de Mont-luc, Mareschal de France, l'vn des plus fameux & des plus grands personnages de son siecle, estoit digne heritier des vertus de son Pere & de son Ayeul. Ie n'ay iamais connu vn plus galand homme, ny vn plus homme d'honneur: il conuersoit le plus agreablement du monde, sçauoit mille belles choses, & nous a laissé en certaines pieces imprimées que nous auons de luy, quoy qu'elles ne portent pas son nom, quelque idée de son beau naturel, & des gentillesses de son esprit, qui estoit capable de tout ce qu'il vouloit. Il n'a point eu d'autres Enfans que Ieanne de Mont-luc, qui a porté sa grande succession auec ses Vertus dans la Maison de Sourdis, ayant espousé Messire Charles d'Escoubleau, Marquis d'Alluye Comte de la Chappelle Beloin, Seigneur de Iouy & de Montrichard en Touraine, Cheualier des deux Ordres du Roy, Gouuerneur de Blaisois, Orleanois & païs Chartrain, Seigneur de beaucoup de merite, frere de Monsieur le Cardinal de Sourdis, & de feu Monsieur l'Archeuesque de Bordeaux.

C. de Cramail.

M. de Sourdis.

Dans la page 138. où i'ay parlé de la seance du Roy au Parlement, le iour qu'il y declara la Reine sa Mere Regente de ses Estats pendant sa minorité en 1643. il faut rayer dans la 2. ligne ces mots *qui estoit lors en quartier*, au suiet de feu Monsieur le Marquis de Gesvres Capitaine des Gardes, parce que ce n'estoit pas luy qui estoit alors en quartier, quoy qu'il fust present à la Ceremonie; mais bien Monsieur le Comte de Charost qui m'eust sans doute bien fait le mesme honneur que ie receus de Monsieur le Marquis de Gesvres, si ie l'en eusse prié, m'ayant donné beaucoup de fois des marques de sa courtoisie & de sa generosité, estant l'vn des plus obligeants Seigneurs de France, comme il

C. d. Charost.

Hh ij

en est l'vn des plus valeureux, des plus sinceres & des plus courageux.

Gesures. Et pour Monsieur le Marquis de Gesvres fils aisné de Monsieur le Comte de Tresme, Capitaine des Gardes du Corps, ieune Seigneur qui dans plusieurs occasions tres-perilleuses & tres-importantes, auoit donné tant de marques de son courage & de sa valeur. Il estoit à la veille d'estre Mareschal de France, quand bien-tost apres il fut tué à l'assaut de Thionuille, où il fut emporté d'vne mine que firent ioüer les Ennemis, & a laissé vn regret extreme de sa mort, non seulement à sa famille, mais encore à toute la Cour, pour la grande opinion qu'il donnoit de sa valeur & de sa generosité qui estoit singuliere. De deux freres tres-braues, qui demeurerent apres luy, l'aisné a fini ses iours dans le mesme lict d'honneur, & le dernier console par vne egale estime la vieillesse de Monsieur son Pere, allié dans la maison de Luxembourg, & qui porte dans la sienne, auec la gloire des Armes, le lustre de la Robe dans la personne de Messieurs les Presidents de Nouion & de Blanmesnil, fils & petits-fils d'autres Presidents & de Secretaires d'Estat du surnom de Potier, l'vne des plus anciennes, des plus illustres, & des plus puissantes familles de Paris.

M. de Vardes. Page 150. quoy que i'aye parlé de Monsieur le Marquis de Vardes en diuers endroits de mes Memoires; ie ne puis m'empescher de dire encore à sa loüange, que son ame est grande, qu'il hait autant le vice, qu'il aime la vertu; qu'il periroit plustost que de consentir à la moindre lascheté; qu'il respecte l'authorité de l'Eglise & de l'Estat, & qu'il tient que la parole d'vn Gentil-homme, aussi bien que son courage, doit estre inuiolable. Des sentiments si nobles s'estendent à toute sa famille, & n'éclatent pas moins en Messieurs ses Enfans qui sont auiourd'huy à la Cour dans vne si haute reputation, qu'en Madame la Mareschale de Guebriant sa sœur, l'vne des plus illustres du siecle par toutes les grandes qualitez qui la font admirer.

Page 168. Monsieur le Comte Palatin Edouard de Bauieres dont la qualité, la grande naissance, la ieunesse & les perfections le rendoient tres-considerable, entra dans l'alliance de la Maison de Mantoüe espousant Madame la Princesse Anne : & de son Mariage sont sorties trois autres belles Princesses, qui pour peu qu'elles tiennent de leur Mere, & de leurs Tantes de l'vn & de l'autre costé, seront les personnes de la terre les plus accomplies. *M. le Prince Palatin.*

Page 172. Madame de Choisi de Caen, fille aisnée de feu Monsieur de Belesbat de l'illustre maison de Huraut, & petite-fille du Chancelier de l'Hospital & de Monsieur du Faur President de la Cour de Parlement de Paris, & Surintendant des Finances de France & Chancelier de Pologne, à cause de ses Ayeules du costé Paternel, & sœur de Monsieur de Belesbat Conseiller d'Estat, toutes qualitez que ie ne tiens pas moins auantageuses, que d'estre Espouse de Monsieur de Choisi Conseiller d'Estat & Chancelier de son Altesse Royale, & Mere de plusieurs Enfans parfaitement bien nez, fut eleuée dés sa grande ieunesse auprés de Mademoiselle de Neuers (car c'est ainsi qu'on appelloit la Reine de Pologne, estant fille, auant que Monsieur son Pere fust Duc de Mantoüe) ie dis eleuée auprés de cette excellente Princesse, parce qu'elle la voyoit fort souuent, & commença dés lors à noüer auec elle vne amitié toute particuliere. Elle l'a tousiours cultiuée depuis auec des soins merueilleux, & s'est acquis la reputation d'estre l'vne des plus agreables & des plus vertueuses personnes de la Cour : mais elle ne fut pas seule, Madame la Comtesse de More eut beaucoup de part en sa confidence, Madame la Marquise de Sablé, Madame de Fiennes, en ce temps-là Mademoiselle de Fruges, qui a tousiours eu de l'esprit infiniment, & quelques autres illustres, sans parler des Princesses & Duchesses. *Madame de Choisi.*

H h iij

Dames.   Ie ne sçaurois oublier en cet endroit, Mesdames les Marquises d'Espoisses & d'Arguien, qui ont épousé les deux freres Neueux de Monsieur le Mareschal de Montigni, & dignes fils d'vn pere tres-valeureux, qui auoit esté Gouuerneur de Calais, & autres places importantes. La premiere de ces Dames fille de Monsieur des Bordes, & Niepce & principale heritiere auec Monsieur son mari du vieux Marquis d'Epoisses de la maison d'Ancienuille, & petite-fille du Mareschal de Bourdillon Imbert de la Platiere : La seconde, Françoise de la Chastre, sœur de Monsieur de Breuilbaut & fille de Gabrielle l'Ami Dame d'honneur de Madame la Princesse Marie, depuis Reine de Pologne, l'vne & l'autre cherie de cette grande Princesse, aussi bien que Madame la Palatine de Plosko, sœur de Monsieur le Comte de Langeron, & quelques autres Dames qui suiuirent cette Reine en son Royaume, d'où est retournée depuis la tres-sage & tres-vertueuse Madame des Essars, qui ioint à l'esprit les sentiments d'vne solide & sincere pieté.

   Dans la page 179. ie diray sur le propos des Medecins dont les Conseils m'ont esté si salutaires iusques icy, que ie ne dois point oublier au rang des meilleures fortunes de ma vie, les precieuses amitiez de deux celebres Docteurs de la Faculté de Paris, Guy Patin, du *M.Patin.* mesme païs que le fameux Iean Fernel, & Iaques Mentel, d'vne famille Noble de Chasteau-Thierri, l'vn & *M.Mentel.* l'autre admirablement versez dans la connoissance de tous les beaux liures, dont leurs nombreuses Bibliotheques sont composées, aussi-bien que dans les Secrets les plus importants du grand art dont ils font profession. Ie les estime & les honore parfaitement, non tant pour les tesmoignages tres-obligeants qu'ils m'ont donné de leur bien-veillance, que pour leur Sçauoir tres-exquis, accompagné de beaucoup de Ciuilité.

   Dans la page 187. ligne 2. adioutez ces mots, Monsieur *M.Sarasin.* Sarasin de la ville de Lion, autre Medecin illustre, dont le sçauoir & la probité sont egalement recommendables.

Dans la page 190. Monsieur de S. Sauueur frere de Monsieur du Puy Conseiller d'Estat, qui occupoit si dignement la place du defunct dans la Bibliotheque du Roy dont la garde auoit esté confiée à tous les deux freres ensemble, & fut substituée de l'vn à l'autre, est aussi decedé luy-mesme depuis ce temps-là, & a fait vn testament bien digne de remarque & de la prudence, dont il a donné tant de tesmoignages pendant sa vie, qui est de laisser au Roy la grande & nombreuse Bibliotheque particuliere que luy & son frere auoient composée depuis cinquante ans auec vne depence de plus de vingt-mille escus, pour la ioindre à la Royale, s'il plaist à sa Maiesté de la receuoir auec plusieurs Manuscrits historiques, & qu'elle ait la bonté de gratifier d'vne charge militaire vn seul Neueu qui luy restoit de son Nom, qui est vn Gentil-homme fort bien fait, & qui pourroit sans cela meriter beaucoup de choses de luy-mesme. La place qui a vaqué dans la Bibliotheque par la mort de ce vertueux homme le dernier de cinq freres, qui s'estoient acquis beaucoup de reputation, Enfans de Claude du Puy Conseiller au Parlement, & de Claude Sanguin son Epouse, Niepce de Monsieur le President de Thou, a esté donnée à Monsieur l'Abbé Colbert, comme il estoit Prieur de Sorbonne dans la premiere année de sa licence, pour estre Docteur de la Faculté, & meriter sans doute par son Sçauoir & par sa Vertu beaucoup d'autres marques de l'estime qu'en fait son Eminence, qui peut auiourd'huy toutes choses dans l'Estat, par le credit que son merite & vne faueur extraordinaire luy donnent aupres du Roy, dont il est le Parrain, le Fauori, le premier Ministre, & estoit n'agueres le Supreme Intendant de son educatiõ, quand sa ieunesse en auoit besoin.

M. du Puy.

M. Colbert.

Monsieur du Puy a aussi laissé par son mesme testament à Monsieur le President de Thou son allié, ses anciens Manuscrits, pour ioindre à ceux qui occupent vne partie considerable de sa rare Bibliotheque: & les Amis du Defunt qui s'assembloient si souuent dans le Cabinet de la Bibliotheque Royale, se trouuent auiourd'huy chez Monsieur de Thou, heritier des Vertus de feu Monsieur le President Auguste de Thou son pere, aussi-bien que de sa dignité & de l'affection qu'il portoit aux Lettres. Entre ceux que i'y ay veus les plus assidus, outre les Neueux & les autres parents du defunct, & plusieurs personnes excellentes de toutes sortes de conditions, ie ne sçaurois oublier Monsieur l'Abbé de Colombier Conseiller d'Estat si recommendable pour son esprit, pour sa courtoisie, & pour sa generosité : feu Monsieur Guyet, Monsieur l'Abbé Hulon, Messieurs de Valois qui escriuent si elegamment en Latin, Monsieur Pelaud, Monsieur Bouillaud, Messieurs de Sainte Marthe, Monsieur du Chesne fils du celebre Historiographe André du Chesne, Monsieur du Bouchet, & plusieurs autres qui ne se mettent pas fort en peine que ie celebre icy leur nom.

Le Cabinet.

M. du Colombier.

Cependant d'autres illustres s'assemblent tous les mardis chez Monsieur le Febvre Chantereau si versé dans les matieres de Chronologie : d'autres tous les Mercredis chez Monsieur l'Abbé Menage de qui les connoissances pour les belles lettres sont si particulieres: & d'autres encore tous les Samedis chez la tres-vertueuse & tres-spirituelle Mademoiselle de Scuderi, dont le nom est si connu par son propre merite, aussi bien que par la reputation de Monsieur son frere, qui enrichit tous les iours le public de tant de Liures agreable, dont l'Antiquité ne nous a point laissé de modelle : sans parler de ceux qui composent l'Academie Françoise, qui se tient toutes les semaines, le Lundy & le Ieudy dans l'Hostel de Monsieur Seguier Chancelier de France, qui en est le Chef & le glorieux Protecteur. Ie suis aussi quelquesfois honoré des visites

M. le Febure.

M. Menag.

M. de Scuderi.

M. le Chancelier.

de

de quelques-vns de ces grands perfonnages que ie ferois raui de nommer en ce lieu, si cela ne paroiſſoit point vn peu trop affecté.

Ainſi Paris a cela de ſingulier entre toutes les villes du Monde, qu'il n'y en a peut-eſtre pas vne ſeule qui luy ſoit comparable dans la multitude nombreuſe *sçauants.* des hommes ſçauans en toutes ſortes de profeſſions & de literatures. Mes Amis ſe perſuaderont bien qu'eſcriuant cecy, leur merite me fait penſer à eux, ſoit qu'ils s'appliquent aux matieres ſublimes de la Theologie, ſoit qu'ils recherchent les principes de la Nature, ou qu'ils s'eſtudient aux demonſtrations de la Geometrie, ou bien aux curioſitez de l'Hiſtoire, ou dans les lettres qui appartiennent à la poëſie & à l'eloquence. Ils ſe douteront bien que ie regarde en eſprit ceux d'entre eux qui enrichiſſent noſtre langue de tant de belles verſions des Autheurs Grecs & Latins, qui eſcriuent des Vies d'hommes illuſtres, ou qui font de ſi nobles traitez de Philoſophie, de morale, & de politique, qui nous ont fait part de leurs meditations ſerieuſes, qui nous ont donné des Apologies, des Harangues imprimées depuis qu'elles ont eſté ſi bien prononcées, des Plaidoyers de grand merite, des Hiſtoires ſaintes & profanes, des Relations de voyages & des païs étrangers, des Lettres de Doctrine, des Genealogies, des Emblesmes & autres choſes ſemblables.

Dans la meſme page : que dirons-nous des ſeules pieces de Theatre, dont il s'eſt veu dans Paris vn ſi grand nombre de diuers Autheurs, depuis l'eſtime qu'en fit Monſieur le Cardinal de Richelieu, pendant les années de ſon authorité ? Ie n'y comprens point celles d'Alexandre Hardi, qui en auoit compoſé plus de huict cents, parce qu'elles eſtoient plus anciennes, & leurs vers vn peu durs, les rendirent deſagreables au meſme temps qu'on vit paroiſtre les Bergeries de Monſieur de Racan, la Thyſbé de Theophile, & la Syluie de Monſ. Mairet, qui furent ſuiuies de pluſieurs autres

I i

pieces de ce dernier Autheur, telles que sa Sidonie, sa Virginie, sa Sophonisbe, son Illustre Corsaire, son Roland le Furieux & son Duc d'Ossonne. On vit en suitte plus de trente pieces du sieur Rotrou, qui en imita quelques-vnes de Plaute, comme les Sosies, & les Menecmes: dix-sept de Messire Georges de Scudery, dont les plus illustres à mon auis furent la mort de Cesar, la Didon, l'Eudoxe, l'Andromire, l'Amour Tirannique, l'Arminius, & le Prince deguisé: vingt-deux pieces de Monsieur Corneille, qui a porté si haut la gloire du Theatre : huict ou dix de son frere, qui trauaille auiourd'huy auec beaucoup de succez : les six de Monsieur des Marets dont la seule Comedie des Visionnaires peut estre mise en comparaison des plus excellents Poëmes de cette espece qui nous soient restés de l'antiquité : douze de Monsieur de Boisrobert Abbé de Chastillon, qui ont trouué l'applaudissement du grand monde : cinq ou six du feu sieur d'Ouuille son frere : dix-huict ou vingt de Monsieur du Ryer, qui ne s'est pas acquis moins de reputation dans la Prose que dans les Vers : dix de Monsieur de la Calprenede, Autheur des illustres Romans de Cassandre & de Cleopatre : autant de feu Monsieur Tristan l'Hermite, dont la Mariamne fut la piece par laquelle finît l'admirable Mondori, le plus parfait Comedien de son temps : vn pareil nombre du feu sieur Baro qui auoit acheué les Bergeries d'Astrée : six de Monsieur de Benserade : trois de Monsieur de Gombaud dont vne seule est imprimée, qui s'appelle Amaranthe; mais non pas son Aconce & ses immortelles Danaïdes, où se lisent de si beaux Vers : cinq ou six de Monsieur Cheureau, qui a donné de si bonne heure des marques de son esprit, deux ou trois de Monsieur Scaron admiré de tous ceux qui le connoissent par ses Escrits & par sa conuersation : la Cyminde de Monsieur Colletet : l'Alinde de Monsieur de la Mesnardiere : l'Intrigue des Filoux de feu Monsieur de l'Estoile, l'Eunuque de Monsieur de la Fontaine, les Riuaux Amis de

Monsieur Baudoin : les deux pieces des cinq Autheurs: les deux des sieurs de Beys, Renaud, Alibray, Auuray, Raissiguier, & Pichou : les trois des Messieurs Gilbert, la Brosse, Guerin, le Clerc : les quatre des Messieurs Boyer, Sallebray & Magnon : les cinq ou six pour chacun de Messieurs Montauban, Gillet, & Quinaut, les huict de Monsieur Mareschal : Plus de cinquante que i'ay veuës sans nom d'Autheurs, & quelques autres encore sous les noms de Banzac, Chapoton, Chaulmer, Cirano, Claueret, le Comte, Cormeil, la Croix, Durual, Emauille, des Fontaines, Gougenot, Montfleuri, la Morelle, Nicole, Nouuelon, la Pineliere, Preuais, Richemont, du Rocher, S. Germain, du Teil, Veronneau, le Vert, & la Serre qui en a escrit plusieurs en Prose : sans parler de deux autres composées par Madame de S. Balmont de Loraine & par Mademoiselle Cosnard, & quelques-vnes de Monsieur Gaberot Prieur de S. Iean qui ne sont pas encore imprimées, telles que son Ioseph, son Cesar, & son Caton. Ce qui fait bien voir que les François sont capables de toutes choses, & que rien ne leur est impossible, quand les Princes & les grands Seigneurs encouragent ceux qui sont au dessous d'eux, par leurs bons exemples, ou par leurs caresses & leurs bien-faits à se porter au bien.

Page 193. Monsieur le Comte de Mouci de l'illustre Maison de Bouteillers de Senlis, parce que ses Ancestres estoient grands Bouteillers de France, ce que ses armes écartelées d'or & de gueules designent en quelque sorte, representant l'or de la coupe, & la couleur vermeille du vin, si le tesmoignage de l'histoire manuscrite de cette Maison composée par le fameux André du Chesne en est croyable, s'estant fondé sur vne ancienne tradition de cette famille. Quelque puissant en biens qu'il soit, ayant recueilli encore depuis peu la grande succession de la maison d'Anneual en Normandie fonduë dans la sienne; il est neantmoins beaucoup plus riche de vertu, d'esprit, & de sçauoir, que

C. de Mouci.

de tous ces grands auantages de la fortune, qui tombent indiferemment sur toutes sortes de personnes. Mais quand elles se rencontrent dans vn excellent suiet, comme luy, on les y regarde sans enuie, & si cela se peut dire auec quelque sorte de veneration. Il ne se voit rien de si facile, de si iudicieux, ny de si poli que mille choses fort iolies que nous auons veuës de son inuention. Il escrit agreablement en Prose & en Vers : & si sa modestie ne l'empeschoit point d'en faire part au public, ie ne doute nullement que cela ne luy fust aussi honorable, qu'il a esté glorieux à M. d'Vrfé d'auoir escrit l'Astrée, à Monsieur le Comte de Cramail, les Pensées du Solitaire, au Comte de Sydney, l'Arcadie de la Comtesse de Penbrock, au Comte de Scadian, Roland l'Amoureux, & ainsi de plusieurs autres.

M. de Linieres. Dans la page 194. ligne 27. quand i'ay dit de Monsieur de Linieres, que ie l'estime pour son bel esprit, & pour la douceur de son Naturel qui le portera tousjours au bien ; c'est peu de chose en comparaison de ce qu'il merite, & de l'opinion que i'en ay conceuë, ne faisant point de doute que son iugement & son courage ne le fassent tousiours marcher seurement dans le chemin de la vertu.

Dans la page 196. où i'ay parlé de feu Monsieur Molé Garde des Sceaux de France, de qui la memoire est si douce & si precieuse, i'adiouterois volontiers ; que depuis ce temps là, i'ay receu des marques si obli-
M. le P. Molé. geantes de la Ciuilité de Monsieur le President Molé son gendre, qu'il ne sera iour de ma vie qu'il ne m'en souuienne, & que ie n'admire dans vne personne de sa condition vne extreme courtoisie iointe à la dignité, & à vne grande erudition.

Dans la mesme page, au suiet d'vne traduction
M. Tarin. de Martial, ie veux bien dire sur ce propos, que Monsieur Tarin Professeur du Roy en eloquence, & l'vn des plus sçauants hommes du siecle, n'a pas loüé ce

Labeur, parce qu'il n'eſtime point le genie, ny le ſtile de ce Poëte, non plus que Muret, & cet Italien, ie croy que c'eſt Ange Politien ou Andreas Nauguerus Venitien, qui toutes les années brûloit vn Martial pour en faire vn ſacrifice aux Manes de Catulle ou de Virgile. Cependant d'autres excellents hommes n'ont pas laiſſé d'en faire de l'eſtat : & pour moy, ie n'ay pas encore aſſez de lumieres pour me ranger du parti de ceux qui le traitent auec tant de ●gueur, ſi ce n'eſt pour les Epigrammes impures, que ie voudrois qui ne fuſſent point venuës iuſques à nous, quoy qu'elles ſeruent touſiours à nous conſeruer vne partie de l'hiſtoire & de la langue Latine. Le R. Pere Matthieu Raderus Ieſuite, qui a fait vn illuſtre Commentaire ſur cet Autheur, eſt dans le meſme ſentiment, auſſi-bien que Turnebus & Scaliger, ſans parler des Modernes, tels que le ſçauant Monſieur Mercier Profeſſeur en eloquence au College de Nauarre, qui a fait vn ſi beau Traité de l'Epigramme en Latin, au meſme temps que Monſieur Colletet en a compoſé vn autre en François, où il a egalement reüſſi. *Mercier.*

Mais à propos d'Epigrammes Latines & Françoiſes, qui en fait auiourd'huy de plus elegantes & de plus iuſtes que Monſieur de Mon-mor Maiſtre des Requeſtes, à qui i'ay bien voulu de dédier ce petit Ouurage ? Celles de Monſieur Gaumin ne ſont-elles pas excellentes ? N'en auons-nous pas veu de pareilles de Monſieur Hallé Profeſſeur du Roy, de Monſieur du Perier Gentilhomme de Prouence, qui fait de ſi beaux Vers Latins, auſſi-bien que Monſieur de Petit-Ville Conſeiller au Parlement de Roüen, Meſſ. Marcaſſus de Vias & de S. Geniez, Meſſ. les Abbez Menage & Quillet, Monſieur Magdelenet : Monſieur de Maury : Meſſieurs de la Place & de la Vallee Profeſſeurs aux Colleges de Beauuais & du Pleſſis de Sorbonne, & les Peres Ieſuiſtes le Vauaſſeur, & Rapin entre autres, ce dernier de la ville Capitale de la Prouince d'où ie ſuis, *Poëtes.*

aussi-bien que Monsieur Marteau, qui n'est pas le dernier des Poëtes en cette langue-là.

Pour les Epigrammes Françoises, nous auons des Autheurs, à qui nos Voisins ne sçauroient contester les auantages de la Primauté, & qui n'en doiuent gueres aux Anciens, feu Monsieur Menard, Monsieur de Bautru l'vn des plus beaux Esprits de son Siecle, Monsieur de Gombaud, qui nous en vient de donner vn si excellent Recüeil : feu Monsieur de l'Affemas, Doyen des Maistres des Requestes : Monsieur de Racan & Monsieur de S. Amant, qui ont esté si souuent couronnez de la main des Muses sur le Parnasse : Monsieur Colletet qui en a composé vne diuersité si agreable & si nombreuse : Monsieur l'Abbé Taleman, qui tourne ses pensées si delicatement, Monsieur des Ruaux son frere, Monsieur l'Abbé de Boisrobert de qui les graces & la facilité egalent la reputation : Monsieur de la Mesnardiere de qui l'eloquence & le sçauoir sont si rares, dans l'vne & l'autre langue. Monsieur de Benserade qui reussit auec tant d'agreement dans les pieces qu'il compose pour les Balets du Roy, aussi-bien que dans toutes les autres choses que nous auons veuës de luy : Monsieur l'Abbé Bertaut, à qui le genie & le beau feu de son Oncle ne sont point deniez. Monsieur Scaron qui s'est rendu Original auec tant d'esprit dans sa façon d'escrire enioüée & si iudicieuse en mesme temps : Monsieur Cotin de qui les ouurages sont remplis de tant de Philosophie & d'vne expression si iuste, Monsieur de Furetiere qui mesle auec tant d'art le sel de la Satire dans ses Epigrammes : Monsieur Boileau de qui le goust est si fin, Monsieur de Liniere, dont i'ay desja parlé, Messieurs de Francheuille, Perrin, de Maucroy Isar, de Montreüil, de S. Laurens, Testu, Girard, Deprade, des Segrais, Bardou, Sarasin, & quelques autres sans oublier vne Dame de grande condition, & l'illustre Claudine de M. Colletet, sont de ce nombre là.

M. de Chaumont.

Dans la page 237. où i'ay dit de Monsieur de Chaumont Conseiller d'Estat, qu'il est si recommendable pour fon fçauoir & pour fa pieté, comprend à la verité les plus grandes loüanges qui fe puiffent donner à quelqu'vn de la condition de cet excellent homme, qui eft d'vn nom illuftre, & d'vne ancienne famille du Vexin où eft la Comté de Chaumont; mais non pas toutes les bonnes qualitez qui font en luy, fi ce n'eft, comme nous en fommes bien perfuadez, que les Vertus ne vont iamais feules, & que le fçauoir & la pieté fuppofent le iugement, le bel efprit, la bonté de l'ame, la generofité, la iuftice & tout le refte qui ne luy manque point, & qu'il repand dans fa famille, & fur tout fur vn fils d'vne grande efperance qu'il a deftiné de fort bonne heure à la condition Ecclefiaftique, & que le Roy qui l'honore de fon eftime, a iugé digne de fucceder à la Charge de Monfieur fon pere pour la garde fidelle de la Bibliotheque du facré Palais; car c'eft ainfi que ie croy pouuoir nommer le Louure où refide principalement la Majefté venerable, & la puiffance augufte de la Royauté.

Dans la page 241. Il faut bien prendre tout ce que i'ay dit de Monfieur de la Milletiere touchant fa penfée pour la reünion des Proteftans à l'Eglife Romaine: car i'ay pretendu marquer en partie fon grand deffein par fes liures qu'il en a efcrits exprés, & en partie auffi, i'ay voulu faire connoiftre les confequences qui s'en peuuent tirer des enfeignements du plus grand nombre des Docteurs Catholiques. Mais comme ie n'ay peut-eftre pas affez diftingué mon difcours, de celuy dont ie parle; ie crains d'auoir efté vn peu plus obfcur en cet endroit là que ie ne le fuis d'ordinaire en tout ce que i'efcris. Quoy qu'il en foit, le deffein de ce grand homme eft important : & ie veux croire, que s'il eft écouté, le fuccez en fera glorieux. Mais pour y reüffir, il faut de neceffité receuoir la doctrine enfeignée par le plus grand nombre, & maintenuë par ceux qui ont le plus d'authorité, telle que la doctrine que i'ay marquée dans mes inductions.

M. de la Milletiere.

Page 246. ligne 21. *apres que ce qui est escrit*, le *que* est superflu, & corrompt tellement le sens, si l'on ne l'efface point, qu'il s'entend malaisement.

Dans la page 247. vers la fin, on pourroit adiouter, que plusieurs ont escrit des reponses illustres au Liure de l'Autheur Anonyme qui a voulu maintenir que le premier des Hebreux, c'est à dire Adam, par le peché duquel la mort est entrée dans le monde, n'est pour- *Du Liure des Preadamites* tant pas le premier des hommes; entre lesquelles celle de Samuel Maresius, que i'ay luë tout du long auec vn singulier plaisir, m'a semblé si elegante & si forte, que ie ne voy pas qu'il soit facile d'y repliquer. Celles d'Antoine Hulsius, de I. Pythius, de Iean Hilpertus Hollandois, de Iean Conrad Daunhauuer Theologien de Strasbourg, & d'Eusebius Romanus de Paris, sont aussi tres-considerables, & ie les ay pareillement luës auec beaucoup de satisfaction. On m'a dit qu'il y en a encore vne autre de Iean Morin Medecin & Professeur en Mathematique decedé depuis peu de temps : mais tout cela n'est point necessaire ; parce que cette opinion, qui est peut-estre assez nouuelle, & que ie ne tiens pas de si grande consequence que quelques-vns se l'imaginent, se refute assez d'elle-mesme, & sur tout du biais que la defend l'Autheur Anonime, qui n'impugne point l'authorité des Saintes Escritures; mais qui la reçoit auec respect, & qui s'efforce d'y raporter sa doctrine & tous ses sentiments.

Page 254. ligne 16. de *Bauges* lisez de *Bourges*. Ie pourrois auoir mis dans cette page & dans la suiuante entre les illustres de la Prouince de Touraine pour les lettres, quelques personnes que d'autres Prouinces s'attribuent, comme Monsieur des Cartes, dont la reputation est si connuë, ou qui sont fort au dessous du merite *Des Cartes.* & du sçauoir d'vn si excellent homme. Monsieur Chanut qui a fait son eloge comme il estoit Ambassadeur pour le Roy aupres de la Reine de Suede, ne l'a point marqué de ce païs là, & se contente de dire qu'il estoit né né entre le Poictou & la Bretagne d'vne famille noble, sans dire le lieu : mais comme le Poictou & la Bretagne se touchent, ie ne voy pas qu'il y ait rien entre deux. Monsieur Clairselier beau-frere de Monsieur Chanut, dans la Preface du Recueil de ses Lettres Posthumes, dont il a depuis peu enrichi le Public, n'en escrit pas dauantage sur ce suiet en parlant de sa naissance. Et Monsieur Borel de Castres Medecin, qui nous a donné la vie de ce Philosophe à la fin d'vn Liure d'Obseruations, adioûte à la circonstance que ie viens de marquer, que ce fut à Chasteleraut; mais cette ville estant du Poictou, il s'est donc mespris d'escrire, apres l'excellent eloge de Monsieur Chanut, qu'il estoit né entre la Bretagne & le Poictou. Aussi n'est-ce point à Chasteleraut que Monsieur des Cartes a pris naissance : mais à la Haye en Touraine, ce que ie sçay de bonne-part, & Monsieur des Cartes luy-mesme dans la 46. de ses lettres à Monsieur Chanut escrit, *l'auoüe qu'vn homme comme moy qui est né dans les iardins de Touraine &c.* Ce qui non seulement n'est pas contraire à ce que i'en auois dit, mais qui le confirme & qui s'y raporte entierement.

Page 258. Monsieur de Vassé à qui les grands biens qu'il possede auec vne naissance illustre, sont egalement deubs à sa generosité & à toutes les bonnes qualitez d'esprit & de courage, qui ne luy ont pas acquis moins d'Amis que d'Estime. M. de Vassé.

Dans la page 259. où parlant de la haute extraction de Monsieur le P. de Courtenai, i'ay essaié de marquer l'opinion que i'en ay conceuë, apres auoir veu plusieurs tiltres de sa Maison; ce n'a peut-estre pas esté auec des termes si intelligibles ny si forts que le suiet le merite; mais quoy qu'il en soit, ie croy qu'il seroit mal aisé de iustifier la descente d'vne branche Royale plus clairement qu'il a fait la sienne, depuis Pierre de France Seigneur de Courtenai & de Montargis, sixiesme fils du Roy Louys le Gros : car toutes les preuues en sont M. de Courtenai.

K k

si iustes, & si conuainquantes, que ie ne voy pas qu'il y ait lieu d'en douter.

M. le Mar. d'Albret.

Dans la page 260. que i'ay employée pour la Maison d'Albret, dont nous auons encore auiourd'huy vn Mareschal de France qui soûtient auec tant de splendeur la gloire de ses Ancestres; i'ay essayé de iustifier par des preuues diuerses que ce Seigneur est descendu en ligne directe, & de masle en masle, de Charles d'Albret Connestable de France & d'Anne d'Armagnac, qui laisserent plusieurs Enfans, & entre autres Gilles d'Albret le plus ieune de tous qui épousa Anne d'Aguillon en 1463. dont sortit Estienne Arnaud d'Albret. De celuy-cy & de Françoise de Bearn sa femme heritiere de Miossens fut engendré Iean d'Albret, mari de Susane de Bourbon, & pere de Henri, qui d'Antoinette de Pons eut vn autre Henri pere de Monsieur le Mareschal.

Page 308. pour les armes de Faye Espaisses, il faut mettre d'argent à la bande d'azur, chargée de trois testes de Licornes d'or.

C. d'Aubigeoux.

Page 316. Monsieur le Comte d'Aubigeoux le dernier de l'illustre maison d'Amboise de la branche de Chaumont, n'auoit pas moins d'esprit que de cœur, & a fini ses iours sans laisser de posterité, ayant eu le malheur de tomber dans la disgrace du Roy pour vn combat singulier, où il s'estoit porté contre la defense des Duels.

M. le P. President.

Dans la page 323. i'ay marqué vne alliance bien glorieuse de ma maison auec celle de Monsieur le Premier President de Believre, bien qu'elle ne soit qu'au sixiesme degré. Ce Seigneur Prince du Senat, estoit la gloire de la robbe, & petit-fils de deux Chanceliers de France, à qui l'Estat se peut dire obligé par les soins merueilleux & la fidelité rare qu'ils ont employez à son seruice sous l'authorité Royale : & de ce qu'il auoit tesmoigné à quelques-vns de mes Amis, que cela ne luy deplaisoit pas, ie ne m'en suis pas senti moins glorieux, que i'ay depuis esté touché de la perte que le Public a faite d'vn si excellent homme, estant mort en la cinquante-vniesme année de son aage, le treziesme iour de Mars de l'an 1657. apres s'estre acquis l'estime de tous les honnestes gens, & l'amour du peuple, par vne sage & genereuse conduite qu'il accompagnoit d'vne presence agreable, & d'vne affabilité charmante, qui luy concilioit le respect, & les affections de tout le monde.

Dans la page 324. l'honneur que i'ay d'apartenir à Monsieur le Cardinal de Rets au cinquiesme degré, m'est si sensible, que ie ne sçaurois nommer sans eloge vne personne de si grande dignité. Et s'il eust esté si heureux dans sa fortune, qui n'estoit point au dessus de son courage, de sa naissance & de sa capacité, de conseruer les bonnes-graces du Roy qu'il a perduës par vne fatale & malheureuse conioncture, il ioüiroit à present d'vne prosperité merueilleuse, où ie suis persuadé qu'il feroit éclater vn merite extraordinaire. Mais toutes les vertus sont étouffées dans l'indignation du Prince, & rien ne les sçauroit faire paroistre dans vn tel suiet, si la puissance souueraine ne les iustifie, & si elle ne rayonne sur elles auec sa benignité accoûtumée. [M. le C. de Rets.]

Page 327. Monsieur le Marquis de Ramboüillet Cheualier des Ordres du Roy, Grand Maistre de sa Garderobe & Vidame du Mans, auec qui i'auois l'honneur d'estre allié au cinquiesme degré, aussi-bien qu'auec Messieurs de Maintenon, de Monlouet, de Poigni & Marquis de Marolles de la maison de Lenoncour, Gouuerneur de Thionuille, à cause d'André de Thurin, Seigneur de Iarnosse & de Bonne-faye son Espouse, dont nous sommes tous descendus du costé de nos Meres, estoit vn Seigneur à qui sa condition, son iugement, & son experience auoient merité plusieurs emplois honorables dont il s'estoit tres-dignement acquité, & a laissé de Catherine de Viuonne

son illuſtre épouſe, Madame la Marquiſe de Monto-
ſier, & Mademoiſelle de Rambouillet: (car peu de
temps auant ſa mort Monſieur le Marquis de Piſani
ſon fils vnique fut tué les armes à la main pour les
ſeruices du Roy) de ſorte que cette branche des Aînez
de la maiſon d'Angenes finît dans celle de ſainte Maure,
originaire de Touraine depuis plus de ſix cens ans.
Car Goſcelin de ſainte Maure, Seigneur de ſainte Maure, eſtoit de la Cour de Foulques Comte d'Anjou &
de Touraine dés l'an 1037. qu'il ſouſcriuit vne Charte
auec Suchard Seigneur de Craon & autres Seigneurs:
& ſous Geofroy Martel, il en ſouſcriuit vne autre pour
S. Nicolas d'Angers en 1050. Hugues de ſainte Maure fut ſon fils aiſné, qui épouſa Ænor fille de Berlay
Seigneur de Montreüil, & de la ſœur de Gilduin Seigneur de Saulmur: & de celuy-là ſont deſcendus par
pluſieurs generations alliées dans des Maiſons illuſtres,
Meſſieurs les Comtes de Ionzac & Marquis de Monto-
ſier, comme ie le pourrois iuſtifier par diuers titres
des Egliſes & des grandes Maiſons de Touraine &
d'Anjou: ces deux Seigneurs aſſez connus par leur valeur, par leur eſprit, & par les ſeruices qu'ils ont rendus à l'Eſtat, le premier allié dans la Maiſon d'Aubeterre, ayant épouſé Marie Bouchar d'Eparbez, fille
aiſnée de feu Monſieur le Mareſchal d'Aubeterre, &
ſœur de Monſieur le Marquis d'Aubeterre d'apreſent,
qui eſt vn Seigneur de grand merite, & que i'honore
infiniment.

M. Bignon.   Dans la page 442. honorée du nom de Monſieur
Bignon Aduocat General, de qui i'ay dit, *qu'il eſtoit
l'vn des plus humbles, & des plus ſçauants hommes de la terre;*
quoy que ce ſoit en peu de paroles l'eloge d'vn grand
perſonnage, comme il eſtoit, ſi eſt-ce que ie n'ay garde par là de pretendre d'auoir ſatisfait à l'opinion que
i'en ay. Et quand i'aurois cette riche eloquence qui
l'a tant fait admirer dans ſes actions publiques, deuant
l'vne des plus venerables compagnies du monde, ſi

est-ce que ie n'en viendrois pas aisément à bout. Mais la grande reputation qu'il a laissée de luy apres sa mort, suffit pour luy donner les loüanges qu'il a meritées : Et Messieurs ses Enfants qu'il a éleuez auec tant de soin dans toutes les belles connoissances qui rendent sa memoire si eclatante, conserueront dans sa famille la gloire qu'il luy auoit acquise. Au reste n'ayant suruescu que de peu de mois l'edition du Liure que i'examine presentement, Monsieur l'Abbé Rougeaut Conseiller au Parlement, qui m'honore de sa bienueillance, & que ie respecte aussi parfaitement pour toutes ses excellentes qualitez d'esprit, de sçauoir, & de probité, qui le rendent si considerable, m'asseure qu'il se donna la peine de le lire tout du long, & peut-estre auec quelque sorte de satisfaction, quoy que sa charge, & ses grands employs luy laissassent peu de loisir de reste, s'il faut adioûter foy au tesmoignage de Monsieur Bignon aussi Conseiller de la Cour, qui l'a sçeu de la propre bouche de Monsieur son pere. Il ne m'en faut pas dauantage, ie l'auoüe, pour me rendre tres-satisfait de mon petit labeur. Et ie suis raui que cette occasion se soit offerte pour en témoigner ma ioye, & consigner à la posterité les sentiments que i'en ay. Mais que Monsieur l'Abbé Rougeaut qui est vn homme de si grand merite, me persuade encore auec son illustre Ami Monsieur Doujat, que cette lecture ne luy ait pas depleu, ie deurois craindre d'en prendre vn peu trop de vanité, si d'ailleurs, ie ne sçauois pas qu'il est le plus obligeant de tous les hommes, & qu'il faut receuoir ces gratifications pour des encouragements à faire, s'il m'estoit possible, quelque chose de meilleur à l'auenir.

I'en pourrois dire autant de Monsieur le Procureur General de la Cour des Aides, qui m'oblige par sa vertu non commune & par son extreme courtoisie, à l'honorer entre plusieurs personnes illustres de la robe, & ie dois sa precieuse connoissance à l'amitié de Monsieur l'Abbé le Camus son frere, pour qui i'ay tous les sentimens d'estime & de veneration qui sont deubs à vne personne de sa generosité & de son erudition.

I'en dirois encore autant de Monsieur de la Gallissonniere Conseiller d'Estat, de qui l'esprit, le sçauoir & la probité sont si dignes de recommandation, de Monsieur de l'Amoignon Maistre des Requestes, qui ioint à son ancienne Noblesse, l'integrité & la science, pour le rendre tres-digne de la reputation qu'il s'est acquise dans les fonctions de sa charge : de Mess. de Refuge ; de Saueuses & Tambonneau, tous Ecclesiastiques de Condition & de grand merite, Conseillers de la Cour qui sont des Iuges incorruptibles & parfaitement éclairez : mais il se faut prescrire des bornes : & quelque sorte de bien-sceance empesche de dire tout ce que l'on voudroit bien sur vn pareil suiet.

DOVZIESME DISCOVRS.

De l'excellence de la ville de Paris, seruant de suitte au premier, par lequel nous auons monstré que les Parisiens & le reste des François ne sont point Barbares.

IE pouuois adiouter à l'article de Paris, où i'ay parlé des singularitez de cette grande ville dans la page douziesme de cette suitte de mes Memoires ; Outre les sciences & les beaux Arts qui y florissent par le concours de toutes sortes de Nations, combien y a-il de familles considerables & de personnes illustres dans les Charges, & mesmes dans les emplois militaires, ou dans les Lettres, qui en tirent leur extraction ? Le Conseil, le Parlement, & tous les autres

DE M. DE MAROLLES. 255

Tribunaux de la Iustice ne sont-ils pas remplis de grands personnages qui doiuent leur Naissance à Paris ? si bien que nous pourrions dire qu'il s'y en trouue fort peu qui soient venus d'ailleurs. Les Chaires & le Barreau en reçoiuent leur plus grand ornement.

Quant à ceux que leur courage ou leur condition a engagez ou arrestez dans la profession des armes; combien de Capitaines valeureux, de Princes, de Mareschaux de France, de Ducs & de Seigneurs de qualité sont-ils nez dans cette Capitale du Royaume, où tous les autres viennent chercher leur instruction? Combien de Prelats illustres sont-ils sortis du sein de cette ville populeuse, d'où quatre Eglises Metropolitaines & seize Episcopales tiennent auiourd'huy ceux qui les gouuernent auec toute la prudence & la pieté qui se peuuent desirer dans le siecle assez malheureux auquel nous viuons.

Pour les personnes de lettres; Entre ceux qui ont escrit ou qui escriuent encore à present auec reputation, nous y auons des Theologiens, des Iurisconsultes, & des Medecins celebres : nous y auons des Mathematiciens, des Orateurs, des Poëtes, & des Historiens, aussi bien que des Autheurs de Liures de pure galanterie, & de choses parfaitement agreables.

Les Arts s'y perfectionnent aussi tous les iours, & les plus nobles y sont venus à vn tel point, qu'il seroit fort mal-aisé de nous faire à croire qu'il y eust quelqu'autre ville dans le monde, qui fust plus heureuse que la nostre de ce costé-là. L'Orfeurerie a-t-elle quelque chose de plus exquis en Alemagne & en Italie que chez nous ? Nos ouurages en fer & en bois, le cedent ils à ceux des Etrangers ? Serions-nous tous nuds, & n'aurions nous point d'estoffes ny de linges, si nous ne les allions chercher hors de chez nous? Si est-ce que i'ay veu des Princes d'Alemagne & d'Italie s'en fournir en France. On a enuoyé de nos tabis à fleurs, de nos panes, de nos draps, & de nos passements à l'Imperatrice, aux Reines d'Espagne, d'Angleterre, de Pologne, de Dannemarc & de Suede, & aux Duchesses de Sauoye, de Florence & de Mantouë. Les Teintures de nos Gobelins enuient-elles auiourd'huy la pourpre de Tyr & de Sydon? ou bien, sans aller si loin, les eaux de la petite Bieure, sont elles contraintes de le ceder aux eaux de Galeze ou de la Brente d'Italie? Nos ouurages de la Sauonnerie ne passent-ils pas les montagnes, les riuieres & les Mers, quand nos riches Citoyens en laissent quelques-vns de reste.

Que diray-ie de nos Librairies? Est-ce dans Paris que l'on ne trouueroit que de mauuais Canonistes, & peut-estre pas vn seul liure de S. Augustin? Les Imprimeries de Rome & de Venise, quoy qu'elles ayent esté assez belles autresfois, ont elles rempli nos Bibliotheques de meilleurs Liures que les Imprimeries de Paris & de Lyon? Les Estiennes, les Patissons, les Colinets, les Vascosans, les Plantins, les Griphes, les Morels, les Angeliers & cent autres illustres, estoient pourtant des François, & ne se tenoient point inferieurs aux Aldes, & aux Manuces, quoy qu'ils ayent esté fort celebres. Qu'on nous montre d'ailleurs

La Bible d'Ant. Vitré, Les Conciles du Louure &c.

des Bibles, des Conciles, des ouurages des Peres & des Theologiens modernes, & des liures des Philosophes, & des Autheurs Grecs & Latins, plus considerables, pour les editions, que les Nostres. Les relieures de nos Liures sont estimées par dessus toutes les autres: & nous en auons qui à peu de frais, font ressembler le parchemin à du veau, y mélant des filets d'or sur le dos, qui est vne inuention que l'on doit à vn Relieur de Paris, appellé Pierre Gaillard, comme celle du parchemin vert naissant est venu de Pierre Portier qui

Le Muet est vn Archit. de Paris.

de son temps a esté vn autre excellent Relieur.

Dans l'Architecture, nous auons des Muets qui parlent

parlent elegamment de leur Metier, des Manſars, des le Pautre, des Gamars, & quelques autres aſſez connus par leurs grands ouurages, apres Iaques Androuet du Cerceau, de l'Orme, Metezeau, Maiſtre Iulien Maucler ſieur de Ligneron, le Mercier, Roland Freart ſieur de Chambray, & pluſieurs autres, ſans parler de ceux qui ont eſcrit de la coupe des pierres, tels que le Pere Deran Ieſuite, Iean Curabelle, Mathurin Ioſe, & le ſieur des Argues, & de pluſieurs qui ont traité des ornements d'Architecture, de toutes les ſortes de Colomnes, de Pilaſtres, de Portiques, de Corniches, de Chapiteaux & de friſes enrichies de feſtons, de maſques, de feuillages à l'antique & de bas reliefs.

Les iardins de France, & ſur tout ceux des enuirons de Paris, leſquels ſont ſi bien cultiuez & accompagnez de ſi belles eaux, & de promenoirs ſi delicieux, ſont bien voir que nous ne manquons pas de gens qui s'y entendent. Le Iardin Royal du Fauxbourg S. Victor où ſe trouuent des Simples de tant d'eſpeces diferentes, eſt vne choſe rare. Les allées & les palliſſades des Tuilleries & du Palais d'Orleans ne ſont pas moins exquiſes, que les grands parterres qui s'y decouurent dés l'entrée : & en d'autres lieux on peut admirer les Iets d'eau, les Canaux, les Caſcates, les Cabinets, les Compartiments, les Fleurs, les Arbriſſeaux, & mille autres varietez qui ſe trouuent ſi bien deſcrites dans les liures qui en ont eſté faits expres. Nous en auons d'Androuet du Cerceau, du ſieur Rabel, qui eſtoit ſi fecond dans toutes ſortes d'inuentions, de Iaques Boyſſeau ſieur de la Barauderie, dans ſon traité du Iardinage : d'André Mollet dans ſon liure intitulé le Iardin de plaiſir*, d'Oliuier de Serres Seigneur du Pradel, dans celuy qu'il a eſcrit de l'Agriculture : du ſieur le Gendre Curé d'Henonuille dans ſon Liure de la maniere de cultiuer les arbres fruictiers; & du Iardinier François.

Pour la Peinture les Noms de Bunel, de du Breuil, de Freminet, de François Clouet dit Ianet, de Daniel du Montier, du vieux Quefnel, de Simon Vouet, de François Perier, de Iaques Blanchar, de l'Aleman, de du Chefne, de Boucher, de du Bois, de Fouquieres, de Patel, de Teftelin, de la Hire, de Chapron, & d'Euftache le Sueur, font encore affez connus, & nous pouuons nous confoler de leur mort par ceux qui nous reftent, tels que le fameux Pouffin de Normandie, Vignon, François, & les Beaubruns de Touraine, le Brun, & Bourdon qui trauaillent auec tant de fuccez, le vieux & le fçauant Stella, Eray Mignart, Champagne naturalifé François, Dorigni, du Loir, Bernard, Boulogne, Baugain, Perfon, les Ferdinands, Nocret, Gribelin, François Gouffai, Frenoy, Cheuineau en petit, & plufieurs autres, où il ne faut pas oublier pour la miniature, Richardière, Hans & Garnier dont i'ay veu des ouurages merueilleux.

Pour la graueure en taille douce, & pour celle qu'on appelle en eau-forte, entre ceux qui s'y peuuent dire excellents, nous auons Claude Melan pour vn feul trait, & Robert Nanteuil de Rheims pour les traits croifez & multipliez auec des points, l'vn & l'autre parfaitement habiles dans le deffein, & qui nous ont donné des pieces que l'on peut mettre en comparaifon de tout ce qui a paru iufques icy de plus rare en ce genre-là, foit des Holandois, des Flamants, des Alemans ou des Italiens, quoy que plufieurs y ayent acquis beaucoup de reputation, & fur tout du temps de Raphael & de Titien : & de fait a-t-on iamais rien veu de plus exquis que le feul trait de la Veronique de Claude Melan, fon S. François, fon S. Bruno, & fa petite Magdelaine pointillée, fes portraits du Pape Vrbain VIII. du Roy & de la Reine, de feu Monfieur le Cardinal de Richelieu, du Cardinal Bentiuoglio, du Marquis Iuftinien, de Monfieur Peirefc, de Pierre Gaffendi, de Iouanetus, de feu Monfieur l'Euefque de Beley, de feu Monsieur le Mareschal de Crequi, de Monsieur le premier President Molé, & plusieurs autres, sont toutes pieces considerables : Et pour dire quelque chose de Robert Nanteuil qui ioint l'esprit, l'heureuse memoire & le iugement, au bel art dont il fait profession, il trauaille au mesme temps que i'escris cecy au huictiesme portrait de Monsieur le Cardinal Mazarin ; quoy qu'il ait parfaitement reüssi aux sept premiers, ce qui est vne marque bien asseurée de l'estime qu'on fait de son admirable Burin. D'ailleurs se voit-il des portraits mieux grauez & plus ressemblans que ceux qu'il a faits de la Reine de Pologne, de Monsieur le Duc de Longueuille, de Monsieur le Duc de Bouillon, de Monsieur le Mareschal de Turene son frere, de Monsieur le President Ieannin, de Monsieur le Telier, de Monsieur d'Ormesson, de Monsieur l'Archeuesque de Tours, de Messieurs les Euesques de S. Malo, de Troyes & de Bayeux & de plusieurs autres Prelats, & Seigneurs de la Robe, de Monsieur Hesselin, de Monsieur Menage, de Monsieur de Scuderi, de Monsieur Chapelain, & peut-estre de moy, à ce que disent ceux qui me connoissent, où il a voulu arrester son Crayon & son Burin, quoy qu'ils ne deussent estre employez que pour les grands personnages, tels que ceux que i'ay nommez.

Outre ces deux excellents Graueurs, de combien de belles choses sommes-nous encore redeuables à la main de Michel l'Asne, qui a fait plus de trois cent portraits ? à celle du vertueux Gilles Rousselet, de Charles Audran, de Pierre Daret, des deux admirables Poillis, de Georges Huret si riche dans ses inuentions, de Iean Conuai, de Nicolas Regnesson, beau-frere de Nanteuil, de l'Enfant disciple de Melan, de Boulanger, du ieune le Brun, & de quelques autres que ie ne connois pas. Pour l'eau-forte, les plus habiles sont sans doute Abraham Bosse, François Chauueau, qui est si laborieux & dont les belles imaginations sont si heureusement exprimées, Michel Dorigni, gendre & Disciple de Vouet, Iean le Pautre admirable dans l'abondance de ses inuentions pour les cartouches, & pour les ornements d'Architecture & de Menuiserie, Nicolas Cochin pour les sieges de Villes & pour les petites figures, Guillaume Perelle & Israel Sylueſtre pour les païsages, Mauperché pour les Histoires, Marot, Cottelle & Pierriers pour l'Architecture & plusieurs pour l'Escriture entre lesquels ont excellé Guillaume le Gagneur: Lucas Materot: Simon Frisius: Hubert Druet: Marie Pauie: Iaques le Beaugran Parisien: Beaulieu de Monthelier: Nicolas Gougenot: François des Moulins: Iaques Raueneau: Alexandre Iean: Iaques de His: Pierre Moreau: Philippes Limosin Parisien: André le Bé: Robert Vignon: Louys Barbe-d'or: Petré & Pietre Pé: & quelques autres, dont nous auons des liures entiers.

Pour les Cartes Geographiques lesquelles se peuuent mettre en suitte des liures d'escriture, nous en auons auiourd'huy d'admirables de Nicolas Sanson d'Abbeuille, & quelques-vnes du Pere Philippe Briet Iesuite, de Philippe de la Ruë, & de Pierre du Val Parisien, grauées par Cordier d'Abbeuille & Riuiere Parisien qui excellent en cela, aussi-bien que le sieur Peroni, quand il s'en veut donner la peine, s'estant acquis d'ailleurs vne connoissance parfaite dans les tableaux & les tailles-douces.

Il se trouue encore dans Paris de bons Sculpteurs en pierre & en marbre, entre lesquels excellent Sarasin, Guillin, Biar Masse, Claude Poussin Lorrain, les Andiers & quelques autres. Il s'en trouue en bronze: & la reputation de Vvarin & de l'Orphelin pour la graueure des medailles est assez bien establie, sans qu'on la puisse contester. Les Disciples de Nicolas de la Fage & du sieur de la Fleur soûtiennent celle de leurs Maistres pour la broderie. On sçait l'art de tailler les Diamants, & les autres pierres precieuses. Les ouurages de Perse & des

Indes sont admirablement imitez par nos Artisans, & nos poteries de faïance dorées de diuerses manieres, ou peintes de plusieurs couleurs, peuuent en quelque sorte contester la gloire de la beauté auec les porcelaines de la Chine; sans parler de nos Emaux de la façon que les employoit depuis peu dans ses petites figures vn Maistre industrieux, qui s'appeloit Marc Antoine.

Ie ne diray rien de la Musique des François qui vaut bien, à ce qu'on dit, la Musique des Italiens, bien qu'elle ne soit pas si bruyante, & qu'elle ait plus de douceur; mais il semble que ce ne soient pas des qualitez pour la rendre plus mauuaise. Les concerts de nos Luts, de nos Tuorbes, & de nos Violons ont quelque chose de singulier. Les Hauts-bois & les Musettes de Poictou souffrent peu de comparaison, vn certain le Maire a inuenté l'Almerie: & ie ne sçay si l'haleine des trompettes etrangeres est plus forte & mieux conduite que l'haleine des nostres, & sur tout quand il s'agit de dôner quelque assaut. Entre les excellents Musiciens que i'ay connus & dont quelques-vns ont laissé de si beaux Ouurages, ie nommeray les sieurs Formé, Picot Abbé de l'Auroy, Gobert & Veillot qui leur ont succedé, le Bailly, Guedron, Boisset, tous Maistres de la Musique du Roy, Moulinier, Iustice, Lambert & plusieurs autres. Le Pere Mersene Minime auoit escrit de la Musique, & depuis luy Iaques Cossard Curé de Dormans, & le sieur de la Rouliere Malherbe, & depuis peu le sieur de la Voye.

Pour le Luth, ie l'ay ouy toucher admirablement par quelques-vns de ceux-là, & encore par les sieurs Mesangeau, le Bret, Gaultier, Marandé, Blanc-rocher & des Forges. L'Epinette & les Orgues ont esté rauissantes sous la main des sieurs de la Barre, Chantelouse, Chambonniere, Henry, du Mont & Monar. La Mandore de Fauerolles a esté entenduë auec étonnement, aussi-bien que celle de feu Monsieur de Belleville, & plusieurs ont esté rauis de la poche & du Violon de Constantin & de Bocan, de la Viole d'Orman, & de Mogar, de la Musette de Poicteuin, de la Flute douce de la Pierre, & du Flageolet d'Osteterre. Mais s'il faut aussi nommer des Dames, qui ont aimé la musique des voix & des instruments, qui n'a point ouy parler de la Harpe & du Luth de feu Madame de Ioyeuse, de Madame de Fiennes, de feu Mademoiselle Paulet, de Mademoiselle Dupuy, de Madame de Sassi sa fille, de mes Demoiselles du Bouchet, de la Barre, & des Nots, & de la Nompareille Mademoiselle l'Enclos, si elle ne se fust point broüillée à la Cour ? En voilà autant que l'ancienne Grece auoit autresfois conté de Muses, sans parler de Mesdemoiselles Boni, & Hilaire & de Madame de S. Thomas.

La Dance qui suit la Musique a eu dans Paris ses Heros, entre lesquels, sans parler de plusieurs Seigneurs de grande condition que ie m'abstiendray de nommer, i'ay connu entre autres le Baron de Clinchan, Messieurs de Saintot, Poyane, feu Monsieur de Belleville, Monsieur Preuost son sçauant disciple, & les sieurs Francinet, Marets, Monioli, Picot, Hainaut, Verpré, les deux l'Anglois, Montaigu, la Barre, Robichon, & plusieurs qui sont encore à present.

Dans l'exercice des armes, iusques à quel point est-ce que l'ont porté feu Monsieur de Bouteuille, les Barons de Lupes & de Vaillac, Gauuille, Monsieur le Comte de S. Aignan d'auiourd'huy, qui excelle en tout ce qu'il entreprend, sans parler de plusieurs autres, & vn tres-grand nombre de Maistre tireurs d'armes, & de Preuots de Sale, que ceux de dehors ne sçauroient se vanter d'auoir battus.

Dans les courses de Bague, & dans le maneige des grands cheuaux, si i'osois nommer les grands Princes qui ne les aiment pas seulement, mais qui en emportent le prix toutes les fois qu'ils s'y diuertissent, ou qu'ils s'en veulent donner la peine; qui doute que tout le monde ne tinſt à gloire de leur ceder? Monſieur de Guiſe, apres le Roy, eſt celuy des Princes & des Seigneurs qui s'y plaiſt dauantage, & qui s'en aquitte de meilleure grace, quoy qu'il y en ait pluſieurs autres, qui s'y ſont aſſez ſignalez. Feu Monſieur de Pluuinel en a fait vn Liure exprés, en quoy il a eſté ſuiui par feu Monſieur de Charniſai ſon Diſciple dans ſon Liure de la Pratique du Caualier ou de l'exercice de monter à cheual. Feu Monſieur de Beniamin Eſcuyer du Roy, & le Baron du Pré ſon fils y ont egalement excellé, auſſi-bien que Meſſieurs de Poictrincour, de Memont, d'Arnolfini, Dupleſſis, Delcampe, de Vaux, & pluſieurs autres, en quoy la France eſt auiourd'huy auſſi abondante, qu'il s'en trouue peu qui les egale dans les autres païs.

Au reſte nous auons pluſieurs Liures de Tournois & de Carouſels, & entre autres ceux de Marc de Vulſon Seigneur de la Colombiere, & le Liure du Carouſel de la Place Royale en l'année 1612. qu'eſcriuit le ſieur de Porcheres. Nous en auons pluſieurs de l'Art militaire, de la Milice Françoiſe, des Machines de guerre, & de l'artillerie: nous en auons de la pyrotecnie ou des feux artificiels, des fortifications, & des ſieges de place, parce que pluſieurs ſe ſont ſignalez dans ces emplois & dans ces ſortes d'exercices. Iean de l'Eſpinace a eſté vn homme merueilleux pour la compoſition de feux de ioye.

Les curioſitez de l'Optique & de la Perſpectiue, ne ſont point negligées parmi nous. Le Pere Iean François Niceron Pariſien de l'Ordre des Minimes, nous en a encore donné vn Liure conſiderable en l'année 1652. auſſi-bien que Frere de Breuil Ieſuite Pariſien, les ſieurs Aleaume, Deſargues & Boſſe, dont ſe peuuent ſeruir vtilement les Peintres, les Graueurs, les Sculpteurs, les Architectes, les Orfevres, les Brodeurs, & les Tapiſſiers.

On ſçait en France l'Art de faire des Cadrans & des

Horologes en toutes sortes de manieres dont nous auons des Liures expres des Peres Dom Pierre de sainte Marie Magdelaine de la Congregation des Feuillans, du Heaume Prestre de l'Oratoire, & Pierre Bobynet de la Compagnie de Iesus, de Iean Bulan, & des sieurs de Roberual & Desargues.

La connoissance des Mecaniques tirées des Mathematiques, nous a esté donnée par diuers Autheurs, & entre autres, par Iaques Besson Dauphinois excellent Mathematicien dans son Liure qu'il intitule Theatre des instruments Mathematiques & Mecaniques. Nous auons celle de leuer les eaux par diuerses sortes de Machines, dont Isaac de Caus Ingenieur & Architecte a fait des liures entiers.

Dirons-nous aussi quelque chose de l'Art de faire tant de distilations & de compositions diuerses; de tirer tant de sortes d'essences, de broyer les choses les plus dures & de les reduire en poudre, pour les employer dans des remedes qui seruent aux maladies les plus aiguës, quand elles sont bien preparées? C'est sans mentir vne chose digne d'estre veuë dans les Apoticaireries des Hospitaux, & de plusieurs maisons Religieuses, telles que les maisons de la Charité, des Peres Dominicains & des Augustins du Faux-bourg sainct Germain, des Feuillans de la ruë de sainct Honoré, des Peres Minimes de la Place Royale, & de plusieurs autres lieux, où le seul Frere Valerien que ie connois dans le Monastere des Augustins du Faux-bourg S. Germain, est certainement vn homme rare en ces choses-là, aussi-bien que dans la pieté & dans le bon sens. Les Liures de Chimie nous enseignent mille belles choses de cet art qui fait partie de la Medecine, aussi-bien que la connoissance des humeurs & des temperaments des Corps, qui s'appelle *Pathologie*, des Simples & des compositions des remedes, qui s'appelle *Pharmacie*, & de la guerison des playes, & des membres rompus, deboitez ou brisez, qui s'appelle *Chirurgie*,

en

en quoy cette grande ville excelle principalement, dans toutes les fortes d'operations qui fe peuuent imaginer, non feulement pour la feignée, & pour les diuerfes manieres de ligatures; mais encore pour les diffections, pour tirer les pierres, pour guerir les maux des yeux, pour les accouchements des femmes, pour les hergnies, pour arracher les dents, pour renoüer les membres difloquez, & mefmes pour faire le poil proprement, qui font toutes fonctions fingulieres, tirées d'vn feul nom; car toutes ces chofes, à le bien prendre, appartiennent au Chirurgien, dont les Riolans, les Dulorens, les Ambroife Paré & mille autres François illuftres ont laffié des ouurages tres-importants.

Les fieurs Ruffin, Dalencé, Mainar, le Large, Dauid, Bertrand, Renard, Perducat, Robin & plufieurs autres excellent auiourd'huy dans cet art, apres les fieurs Toinier, Halot, Teuenin, Giraut, les Colo, Iuif, Pimprenelle, & la Cuiffe que i'ay connus. Le fieur Goureau dont ie me fers à prefent pour la faignée eft vn homme admirable en cela.

Les Apoticaires ont auffi leurs illuftres dans Paris, tels que les fieurs de la Vigne, Racine, Gamars, Tartarin, de l'Eftang, Geofroy, Renier, Naudin, defquels mes Amis & moy auons tiré des remedes fouuerains, non feulement par les confeils des Medecins que i'ay nommez ailleurs, mais encore par les leurs propres.

Au refte Meffieurs Falaifeau, Bouuar, Tournier, le Moine, Vaultier, de l'Orme, Dupuy & Guenaud tous Medecins fameux, font ceux-là qui ont eu la bonté de me voir en diuers temps, & pour les diuerfes maladies dont ie me fuis trouué accueilli depuis que ie fuis au monde.

Les Apoticaires qui preparent fi bien les remedes pour les malades, me font fouuenir de ceux qui en appreftent d'autres auec tant d'art pour les fains; ie veux dire des Boulangers, des Patiffiers, des Cuifiniers & des Confituriers. Y en a-t-il ailleurs, & fur tout pour les derniers, qui soient comparables à ceux de Paris? En quelle réputation ont esté Cormier, Poliac, Coëfier, le Clerc, Tribou, la Basoche, Guille & la Varenne, qui en a mesmes fait vn Liure exprés? Il s'en voit encore des preceptes de quelques autres qui sont imprimez; de sorte que ny le Platine, ny l'Æginette, ny l'Apicius des Anciens ne sont point comparables à ces gens là.

Ie ne parleray point du reste des Mecaniques qui s'exercent dans Paris auec tant de perfection, de la diuerse fabrique des tapisseries, des etoffes, & des passements qui s'y debitent, des modes qu'inuentent tous les iours les tailleurs d'habits, les chapeliers & les cordonniers, de la propreté de lingers, de l'addresse des peletiers, de la taille des lapidaires, du trauail des serruriers, de l'industrie des fondeurs, de l'excellence de quelques faiseurs d'espées, de l'abondance des Epiciers, & ainsi de mille choses qui ne sont pourtant point si peu considerables que les plus honnestes gens de ceux de dehors, & des Estrangers n'en desirent auoir plustost des ouurages, que des Artisans de tous les autres lieux du monde.

Mais afin d'acheuer cette longue deduction par quelque chose qui merite qu'on s'y arreste, qu'on se donne la peine de voir les Cabinets de ceux qu'on appelle Curieux. Il y en a plusieurs dans Paris de tableaux tres-exquis, tels que ceux de Madame la Duchesse d'Aiguillon, de Monsieur de Liancour, de Monsieur le Marquis de Sourdis, de Monsieur de la Vrilliere, de Monsieur de Crequi, de Monsieur du Houssay & de Monsieur de Chantelou. Il y en a de tableaux, de tailles douces, & de Liures choisis, tels qu'estoient ceux de Claude Maugis Abbé de S. Ambroise, de Monsieur le Baron d'Ormeille, & du sieur Keruel. Il y en a de medailles, d'or, d'argent & de cuiure, de figures en bronze, de Camaïeux, de basses tailles & de Carnioles antiques, auec des peintures exquises, tels qu'eſtoient ceux des ſieurs des Nœuds, Goilar Secretaire du Roy, Gaud, Bretagne, & à preſent ceux de Monſieur de Seue Preuoſt des Marchands, & de Iean Triſtan ſieur de S. Amant & du Puy-d'Amour, l'vn des plus ſçauants hommes qui fut iamais dans la connoiſſance des Medailles & des Antiques, comme il en a donné des marques bien aſſeurées dans les trois volumes de ſes illuſtres Commentaires Hiſtoriques, auſſi-biē que Guillaume du Choul dans ſon liure de la Religion des anciens Romains; mais pardeſſus tout cela le Cabinet Royal de Monſeigneur le Duc d'Orléans, eſt merueilleux en ce genre là: comme ceux de Madame la Ducheſſe d'Aiguillon, & de Madame de Chauigni, ſouffrent peu de comparaiſon pour la magnificence des Criſtaux, des Lapis, des Agates, des Onices, des Calcedoines, des Coraux, des Turquoiſes, des Aiques marines, des Ametiſtes, des Eſcarboucles, des Topaſes, des Grenats, des Saphirs, des Perles & des autres pierres de grands pris qui y ſont miſes en œuure dans l'argent & dans l'or, pour y former des Vaſes, des Statuës, des Obeliſques, des Eſcrins, des Miroirs, des Globes, des Coffins, des Chandeliers ſuſpendus, & autres choſes ſemblables; de ſorte que l'on pourroit dire en quelque façon qu'il ne s'en perdit pas tant au ſac de Mantouë, qu'il s'en trouue en ces lieux là, tant la magnificence y eclate, quoy que ce ſoit auec beaucoup moins de luſtre que la vertu des deux admirables perſonnes qui la poſſedent.

Parleray-ie apres cela des autres cabinets qui ſont dans Paris? il y en a qui ne ſont que de tailles-douces, comme celuy de Monſieur de l'Orme où il a fait vne depence tres-conſiderable, celuy de feu Monſieur de la Mechiniere, & le mien, où i'en ay ramaſſé plus de quatre-vingts milles diferentes. D'autres ſont de tailles douces, & de deſſins à la main des plus excellents Peintres, tels qu'eſtoit le Cabinet du feu ſieur de la Nouë. D'autres ſont des ſingularitez de la Nature, dans les

Plantes, les Fruicts, les Mineraux, & les Animaux deſſeichez, comme celuy du ſieur Robin. Il y en a qui ne ſont que de Coquillages : & dans celuy du ſieur Morin le Floriſte, & l'vn des hommes du monde le plus intelligent dans toutes ces raretez, i'ay veu des Papillons naturels, & contre-faits en miniature auec les Chenilles dont ils naiſſent, & les plantes dont ils ſe nourriſſent, auec vne ſi nombreuſe diuerſité qu'il y a lieu de s'en etonner, auſſi-bien que de ſes Marbres de mille eſpeces, & de ſes admirables coquilles. Au reſte la connoiſſance qu'il a pour les tailles-douces qui font partie des belles curioſitez, ne luy fait rien perdre de celle qu'il s'eſt acquiſe dans les Tulipes & dans toutes les belles fleurs qu'il cultiue en ſon iardin auec beaucoup d'experience & de ſoin. Il y a d'autres Cabinets de Curieux dans Paris, qui ne ſont que de petites figures de pierreries, tel que celuy de Monſieur Faideau Chanoine de Noſtre Dame. Il y en a qui ne ſont que d'anneaux, d'autres que de Coupes de Calcedoine ou d'Albaſtre, & de Vaſes de Criſtal, de Porcelaine & de terre ſigelée. I'en ay veu qui n'eſtoient que de Verres de diuerſes couleurs, comme celuy de feu Monſieur l'Abbé de Louye : d'autres ne ſont que de lames, de fuſils, de carquois, de dars, & de traits empennez : d'autres ne ſont que de liures & d'inſtruments de Mathematique, dont Ferrier & Blondeau ſont des Artiſans nompareils : quelques-vns ne ſont encore que de Cizelures : Et celuy de Monſ. de Mon-mor Maiſtre des Requeſtes ſe peut dire compoſé de toutes ces choſes là : mais les Galleries de Monſieur le Cardinal Mazarin ornées de cent Cabinets merueilleux, ſont encore remplies de ſtatuës antiques de Marbre, de Bronze & de Porphire, de tapis de Perſe d'vne longueur prodigieuſe, de tapiſſeries tres-riches, & de tableaux qui n'ont point de prix.

Toutesfois ces choſes là ne ſont rien, nous dit-on, en comparaiſon des richeſſes & des ſingularitez que la Pompe & la Magnificence étalent dans les Palais de

Rome. Ie ne le voudrois pas contester, puisque des Romains, & des Officiers mesmes de S. E. nous l'asseurent: mais si i'estois fort ambitieux, ie n'en souhaiterois pas dauantage, & ie croy que ce peu pourroit suffire, pour nous mettre au moins à couuert du reproche de la Barbarie, contre ceux qui regardent la politesse & la Ciuilité des Nations de ce costé-là. Ie m'en suis assez expliqué: & si l'on ne fait point de scrupule apres toutes ces choses de dire, que *les François sont grossiers & barbares, & que Paris est à la verité vne grande Ville, mais qu'elle est barbare en comparaison de quelques villes d'Italie & des Païs-bas*, chacun en pourra iuger. l'apprehende pourtant, qu'vn tel langage ne paroisse vn peu affecté, pour se rendre trop complaisant à ceux qui n'ont point d'estime pour nous, ou pour mieux dire, qui ne nous aiment point. Dieu veuille que le Discours Sceptique que Monsieur de S. S. a escrit sous le nom d'*Alethophile*, & auquel i'ay essayé de repondre pour ce regard, ne contienne pas ses sentiments: car, si cela estoit, ie croy, par le malheur du temps auquel nous viuons, qu'il seroit assez mal-aisé de luy faire changer d'aduis, pour quelque eloquence soûtenuë de puissantes raisons dont l'on se pust seruir.

Il n'y a donc personne qui puisse loüer vn discours si desobligeant que des Etrangers inciuils qui attribuent indiscrettement à toute la Nation la sotise d'vn particulier, qui confondent les Escoliers, les Pages & les Laquais auec les plus honnestes gens, & qui alongeant le col, & tournant les yeux à la teste, en variant le ton de leur voix, disent d'assez mauuaise grace, Messieurs les François vont vn peu bien viste, ou bien ceux de nostre païs n'auroient iamais fait cela, tant ils s'imaginent que tout le monde y doit passer pour infaillible. Quoy qu'il en soit, vn François seroit bien ridicule, si se trouuant à la Cour d'vn Prince Etranger, il en blasmoit toutes les coûtumes & tous les vsages, & s'il entreprenoit indiscretement d'eleuer son propre merite au-deſſus de tout le reſte. Mais ie n'ay point ouy parler qu'il s'en ſoit encore trouué quelqu'vn de ſi emporté qui euſt ſeulement eſté tanté de dire aux Courtiſants du Grand Duc ou de quelque autre Prince d'Italie eſtant chez eux: vous eſtes des pipeurs & des fourbes, ou bien en reprenant ſes propres domeſtiques, s'il eſtoit à Veniſe, de leur dire tout haut deuant le monde, i'aimerois autant parler à des Nobles Venitiens qui n'ont pas le ſens-commun : car en effet, bien que les Eſtats de Veniſe & du grand Duc, ne ſoient pas remplis de pipeurs, de fourbes, ny de gens de mauuais ſens, il me ſemble qu'vn tel diſcours ne laiſſeroit pas d'eſtre groſſier & temeraire, & d'offencer en meſme temps ; de ſorte qu'vn Courtiſan du grand Duc & vn Noble Venitien, ſeroient aſſez bien fondez de ſe moquer de cet impertinent. Ie ne dis cecy que pour exemple, afin d'inſtruire, ſans auoir deſſein d'offenſer perſonne, ny de blaſmer quelque Nation que ce ſoit, parce qu'il n'y en a pas vne qui n'ait ſes perfections & ſes defauts : mais il eſt bien mal ſeant de prendre à taſche de meſeſtimer ſon païs, & d'eleuer ſur les ruines de ſa reputation la gloire des Etrangers.

Au reſte ie ne doute point, comme ie l'ay deſia dit ailleurs, qu'il n'y ait parmi les François trop de gens imprudents, & intereſſez, qui deshonorent leur Nation par des flateries & des baſſeſſes inſupportables, qui foulent aux pieds ce qu'il y a de plus ſaint & de plus venerable pour aſſouuir leur auarice ou leur ambition, qui perdent le ſouuenir des choſes à quoy leurs charges & la dignité de leurs emplois les obligent, qui traittent de ridicules tous les genereux ſentiments, & qui pour s'enrichir de toutes ſortes de depoüilles, applaudiſſent à l'ignorante multitude, à l'orgueil & au luxe. Certes ie blaſme ces gens-là, comme des peſtes publiques; mais ie loüe les autres, & ie ſuis raui, quand i'ay ſuiet de dire du bien des perſonnes de merite. Ie voudrois obliger tout le monde, si ie pouuois, & l'amitié des honnestes gens m'est infiniment chere. Ie n'enuie point la reputation, la fortune, ny le bien d'autruy. Ie reuere la vertu en quelque lieu qu'elle se trouue. I'aime ma Patrie, quoy que ie m'aperçoiue peu de ses faueurs, & ie hai les troubles iniustes & les animositez cruelles dans l'Eglise & dans l'Estat. Ie crains Dieu, & i'adore ses iugements. Ie respecte ceux qui sont au dessus de moy : ie defere volontiers à mes Egaux en toutes choses, & ie ne mesprise point les plus petits. La Paix & la Iustice me semblent des biens incomparables : leurs contraires me donnent des peines que ie ne sçaurois exprimer. La misere du Pauure m'est sensible, aussi-bien que l'oppression des Innocents : & quoy que la prosperité des Mechants, des Impies, des Hippocrites, des Faussaires, & des Calomniateurs impitoyables ne me soit pas vn suiet de grande ioye ; si est-ce que ie serois marri d'auoir offencé personne, & ie me passionne sur toutes choses pour la gloire de la verité.

I'ay fait ce douziesme Discours aux heures que i'ay euës de reste les deux Festes d'apres Pasques de l'année 1657. Et parce que le traité du Poëme Epique que i'ay promis est vn peu long, & qu'il est capable luy seul de composer vn volume entier, on a esté d'auis de le separer de celuy-cy, & de l'imprimer ailleurs.

SVITTE DE LA LETTRE A
Monsieur de Mon-mor.

Voila, Monsieur, ce que i'auois à dire de Paris & des François pour les iustifier de la Barbarie qu'on leur a imputée dans le premier Discours Sceptique du Sçauant Alethophile : & si cette suitte de mes Memoires qui contient ma reponse, auec d'autres petits Traitez sur diuers Suiets, a encore le bon-heur de vous plaire, ie ne m'en tiendray pas moins glorieux, que ie le suis des-ja des eloges qu'il vous a plû de me donner pour mes Armes & pour mon portrait. Vne marque si obligeante de vostre bien-veillance me force agreablement d'en parer mon Ouurage, & ie les reçois auec respect, d'vne main si pure & si liberale que la vostre ; mais non pas sans quelque sorte de pudeur, comme la couronne de tous mes petits labeurs. Ie suis

Monsieur,

Vostre tres-humble & tres-obeissant seruiteur,
MICHEL DE MAROLLES
Abbé de Ville-loin.

Fin de la IV. Partie des Memoires de M. de Marolles.

TABLE

Cld.H.Haberti Montmorij libel.Sup.Magistri Viri præstantiss.EPIGRAMMA.
De Insignibus Familiæ MAROLIANÆ.
Ad Illustrissimū Virum Michaelem de MAROLLES Abbat.de Villeloin.

Ominibus faustis Gladio quo Stemmata fulgent;
Docte MAROLLE duplex addita Penna fuit:
Nam patriam Martem Phœbi quod honoribus auges,
Te Belli et Pacis Signat utrumque Decus.

TABLE DES NOMS
& des Matieres.

Ages des Animaux. 93
Ablauius Cōful. 213
Adrien Empereur. 201.213
Afranius Poëte. 203
Aiguillon Duchesse. 266.267
Alais Comte. 220
Albret. 250
Afeaume. 263
Alethophile. 79. 86. 130. 269
Alexandre. 108
Alexandre Hardi. 241
Alibray. 243
Ambleuille. 228
Amboise. 232
Amphion. 161
Amsterdam. 57.66
Andier. 260
Animaux. 91.&c.
Anuers. 57
Apologue. 126
Apoticaires. 264. 265
Araignées. 92
Architectes. 257
Architronius Poëta. 77
Ariste. 80
Aristocratie. 102
Aristote. 68. 75. 108. 114. 117. 138. 150
Armoiries Balet. 185
Arnolfini. 253
Arquien. 238
Atilius. 45
Auarice. 142
Aubeterre. 252
Aubigeoux. 250
Audran. 259
Aulugelle. 128. 129
Ausone. 172
Autheurs incertains. 204. 210. 211
Auuray. 243

B

Bailli. 261
Balet. 167. &c.
Ballista. 215. 216
Banzac. 243
Barbe d'or. 260
Bardou. 246
Barillon. 232
Baroderie. 257
la Barre. 261. 262
Bartas. 56
Basoché. 266
Baudoin. 243
Bautru. 246
le Bé. 260
Beaubrun. 258
Beaugran. 260
Beaulieu. 260
Beauté de l'homme. 91
Beauuilliers. 225
Besesbat. 237
Belieure. 250
Bellay. 66
Belteuille. 98. 261. 262
Benjamin. 263
Benserade. 242. 246
Bentiuoglio. 70

TABLE DES NOMS

Bertaut.	246	Caius Cassius Poeta.	164
Bertrand.	265	Calprenede.	242
Besson.	264	Caluus.	211
Betune,	224	le Camus.	5. 52. 253
Beys.	243	Caninius.	212
Biar.	260	Carces Comte.	222
Bibulus Consul.	211	Carousel.	263
Bignon.	252	des Cartes.	248. 249
Blanchar.	258	Catalectes.	216
Blammesnil.	236	Caton.	45. 120. 214
Bobynet Iesuite.	263	Catule.	99. 176
Bocan.	262	Caumont.	220
Boileau.	246	Caus.	264
du Bois.	258	Cerceau.	257
Boisrobert.	242. 246	Cesar.	210
Boisset.	261	Chabot.	230
Boni.	262	Chalais.	223
Borrel.	249	Chambonniere.	261
Bosse.	259. 263	Champagne.	258
Boucher.	258	Chantelouse.	261
Boulanger.	259	Chanut.	248. 249
Boulogne.	258	Charnisai.	263
Bourdeilles.	224	Charost.	235
Bourdon.	258	la Chastre.	220. 224. 238
Bouteuille.	222. 262	Chaulmer.	243
Bouuar.	265	Chaumont.	246
Boyer.	243	Chauueau.	259
le Bret.	261	Chaqueron.	231
Bretagne Curieux.	267	Cheureau.	242
du Breuil Iesuite.	265	Chirurgiens.	265
du Breuil Peintre.	258	Choisi de Caen.	237
Breuilbaut.	238	Christine Reine de Suede.	5
Briet.	260	Ciceron.	45. 51. 129. 138. 160. 212
Brigueil.	236	Cirano.	243
Brito Poeta.	71	Citerius Sidonius Poeta.	200
la Brosse.	243	Clairselier.	249
Brouilli.	238	Claudien.	28. 42
le Brun.	258	le Clerc.	243. 266
Brutus.	45	Clinchan.	262
Buade.	229	Colbert.	239
Bulan.	264	Colletet.	242. 245. 246
Bunel.	258	Colombe de Stella.	99
		Colombier Abbé.	240
C		la Colombiere.	263
Cabinets.	266		
Cadrans.	263	Comedies.	241

ET DES MATIERES.

Constantin Empereur.	213	Essars.	238
Coquillages.	95	Estempes Valençai.	226
Corneille.	77. 242	l'Estoile.	242
Cossart Iesuite.	261	Estrées.	224
Cotin.	246	Eugenius Poeta.	201
Course de Bague.	262	Eusebius Romanus.	248
Courtenai.	249	**F**	
Couuai.	259	la Fage.	260
Cramail.	235	Faideau.	268
Crosilles.	219	Falaiseau.	265
Crussol.	220	Faye.	250
Cuisiniers.	265	le Febure Chantereau.	240
la Cuisse.	265	Fées Balet.	173
Curabelle.	257	Ferdinand.	258
D		Fermeté de l'ame.	38
Dalancé.	265	Festus Auienus Poeta.	154
Dames.	238	la Feuillade.	231
Daret.	259	Fiennes.	237
Delcampe.	26	Fiesque.	228
Democratie.		Flatterie.	140
Deran Iesuite.	257	la Foleine.	228
Desargues.	257. 263. 264	la Fontaine.	242
Despotique.	101. &c.	des Fontaines.	243
Directeurs spirituels.	105	Formé.	261
Diuertissemens de Paris.	25	Foucaud.	222
Dorigni.	258. 260	France.	108
Doujat.	253	Francheuille.	245
Douuille.	242	François, legers & constans. 26. 31. 32	
Dulorens.	265		
Dupuy	259. 265	François Peintre.	258
Durier.	242	Freminet.	258
E		Fronsac.	219
Eaux de Paris	23	Frontenac.	259
Edicts.	7	Furetiere.	246
Edoüard Palatin.	237	**G**	
Eloges de personnes illustres. 217. &c.		Gaberot Prieur de S. Iean.	243
		le Gagneur.	260
Emblesmes Balet.	189	Galien. ?	98
Empire absolu.	83	la Gallissonniere.	254
Ennius.	209	Gaud.	267
Epigramme anciennes.	93	Gaulmin.	245
Epique.	157	Gaultier.	261
Escritures.	250	Gauuille.	261
Epaisses.	250	Geofroy.	265
Espoisses.	238	Gerson.	58

Nn ij

TABLE DES NOMS

Gesures.	235.236	Iardinier François.	257
Gilbert.	243	Iardins.	257
Gillet.	243	Imprimeurs.	256
Girard.	246	Ionzac.	252
Giraud.	265	Iosse.	257
Gobert.	261	Italie.	31.&c.
Goilar.	267	Iuge.	146
Gombaud.	242.246	Iuif.	265
Gougenot.	243.260	Iulius Florus Poeta.	213
Gournai.	99	Iussac.	227
Gouuernement despotique.	83	Iuuenal.	18.19.28.161.172
Gouuernements politiques.	102	Keruel.	266
Gramont.	219		

L

Grançai.	221	L'Aduocat.	228
Graueurs.	259	Laertius.	117
Guebrian.	236	Laffemas.	246
Guedron.	261	Laleman.	258
Guenaud.	265	Lambert.	261
Guerin.	243	Lamoignon.	254
Guerre.	106	Lanclos.	262
		Lancosme	231

H

Habits.	36	L'Asne.	259
Hainaut.	262	Langeron.	231
Hales de Paris.	21.62	Lauerdin.	222
Hallé.	245	Liancour.	253.266
Hamel.	228	Libraires.	256
Hans.	258	Licinus.	214
Heruaut.	225	Limaçons.	96
Hilaire.	262	Liniere.	244
la Hire.	258	Linote.	98
Homere.	46	Lorme.	257.265.267
Homme de bien.	145	Louuigni.	219
Hommes pires que les bestes. 80.81		Louure.	24.64
		Lucain.	27.49.107
Hommes les plus excellents des Animaux.	89	Lucien.	49
Honneste homme.	144	Lucrece.	49.68
Horace. 27.49.118.151.155.156. 163		le Luth.	261
		Luxe.	12.13

M

Huistres.	95	Magdelenet.	245
Hulsius.	248	Magnon.	243
Humieres.	216	Main de l'homme.	91
Huret.	259	Mainar.	265
		le Maire.	261

I

Ianet.	258	Mairet.	241

ET DES MATIERES.

Manfar.	257	Montauban.	243
Mantel.	238	du Montiere.	258
Marais, danceur.	171.162	Montluc.	235
Marandé.	261	Montmoranci.	233
Marcaſſus.	245	Montoſier.	252
Marc Antoine.	261	Montreſor.	224
Mareſius.	248	Morangis.	233
des Marets.	242	Moreau.	260
Mareſchal.	243	Morin floriſte.	95.268
Marſai, le Boſſu.	225	Morin Philoſophe.	248
Marteau.	246	Moriniere.	228
Martel.	4.142	Mothe le Vayer.	252
Martial.	196.214.245	Mouci.	243
Maſſe.	260	Moulinier.	261
Materet.	260	le Muet.	256
Maucler.	257	Muſes.	204
Maucroy.	246	Muſes Balet.	191
Maugis.	266	Muſique.	261
Mauleurier.	230	**N**	
Mauperché.	260	Nanteüil.	258
Mauri.	245	Naudin.	265
Mazarin Card.	234.239.268	Neron Emp.	236
Mazure.	219	Niceron.	263
Mecaniques.	264.266	Nicole.	243
Mechiniere.	267	Nicomede.	210
Medecins.	265	Nocret.	258
Melan.	258	des Nœuds.	267
Memont.	263	la Nouë.	267
Menage.	240.245	Nouion.	236
Mercier.	245	**O**	
le Mercier.	257	Obaſine.	219
Merſene.	261	Obtique.	263
Meſnard.	246	Onane.	221
Meſnardiere.	97.242.246	Oracle.	209
Metezeau.	257	Orateur.	146.157
Mezangeau.	261	Orfebures.	255
la Milletiere.	247	Orleans Duc.	267
Modes.	32.33	Orphée.	161.166
Mois.	204.205	Othon Emp.	213
Molé.	244	Ouide.	50.163
Mollet.	257	**P**	
Monarchie.	103.107.108	Paix.	106.107
Mondori.	242	Palludas.	97
Monioli.	262	le Pape.	37
Monmor.	245.268.271	Paré.	265

Nn iij

TABLE DES NOMS

Paris.	7.55.56.&c.73.254.&c.	Poussin.	258.260
Passereau de Lesbia.	99	Pralain.	221
Patin.	238	du Prat.	144
Patrie.	41.&c.	Preadamites.	248
Paul Ioue.	30	Preaux.	227
Paulet.	262	Prie.	221
Paulmi.	226	Procope.	29
le Pautre.	254.260	Properce.	163
Peintres.	258	Preuost.	262
Pelaud.	240	Prudence du siecle.	113.&c.131.&c.
Pelée & Thetis Balet.	175	Prudence veritable.	132.133
Perelle.	260		
Perier.	258	**Q**	
du Perier.	245	Quillet.	245
Perrin.	246	Quinaut.	243
Pertoquet de Melior.	99	Quintus Cicero.	205
Perse.	200	**R**	
Perspectiue.	263	Rabel.	257
Petit ville.	245	Racan.	241.246
Petré.	260	Racine.	265
Petrone.	207.208	Raderus Iesuite.	245
Philotime.	53.127	Raissiguier.	243
Phocas Grammairien.	215	Rambouillet.	251
Pichou.	243	Rapin.	245
Picot.	261.262	Raueneau.	260
Pienne.	218	Refuge.	254
la Pierre.	262	Rets.	291
la Pineliere.	243	Richardiere.	258
Pison.	150	Richelieu.	8.253
Pithius.	248	Riolan.	265
la Place.	245	Robin.	265
Platon.	157	Rochefort.	218
Plessis.	263	Rochefoucaud.	226
Plosko.	238	Rohan.	230
Pluuinel.	263	Romans Balet.	194
Poillis.	259	Rome.	18.57.65
Poiteuin.	262	Rotrou.	242
Poitrincour.	263	Rougeaut.	253
Poliac.	266	Rousselet.	259
Politique.	146.155	Ruës de Paris.	17
Pologne.	84	Ruffin.	265
Pompée.	211.214	Ruuigni.	231
Pontgibaud.	223	**S**	
Pons Argi.	226	S. Aignan, Comte.	225.265
Porcheres.	263	S. Amant.	246

ET DES MATIERES.

S. Amant Tristan.	267	Tambonneau.	254
S. Balmont.	243	Tarin.	244
S. Germain Beaupré.	212	Tauanes.	222
S. Geniez.	245	du Teil.	243
Sainte Maure.	252	Teintures.	256
Salebray.	243	le Temps, Balet.	174. 177
Sanasare.	52	Theophile.	241
Sanson.	260	Thienne.	227
Sarasin.	246	Thou.	239. 240
Sarasin Medecin.	238	Tibere.	213
Sauari.	230	Tibule.	50. 107
Saueuses.	254	Tite-Liue.	30
Sçauants.	241	Torrent.	137
Scaron.	245. 246	Tortuës.	95
Sceptique.	136	Tristan.	242
Schomberg.	233		

V

Scuderi.	111. 240. 242	Vaillac.	223
Sculpture.	260	Vardes.	236
Seguier.	234. 240	Varron.	197. 206. 210
Seneque.	122. 155. 163	Vassé.	249
Septimius Seuerus Poëta.	209	Vauasseur Iesuite.	245
la Serre.	243	Vaultier.	265
Serres.	257	Vaux.	263
Seue.	367	Veillot.	261
Silius Italicus.	156	Ventidius Bassus Poëta.	212
Siluestre.	260	Verité.	159
Sophocle.	50	Version des Poëtes.	196
Sourdis.	235. 266	Vertu.	149. &c.
Souuerain bien.	147	Vertus funestes.	141
Stace.	99	Vertus Morales.	153
Stella.	258	Vertus Theologales.	152. 153
Suede.	84	Vignon.	258. 260
le Sueur.	258	Virgile. 26. 29. 40. 48. 110. 111.	
Suiets de Balet.	184. &c.	117. 135. 138. 139. 160. 162. 168.	
Sulpicius Lupercus Poëta.	142	198. 199. 203. 215.	
		Vouet.	258

T

Taleman.	232. 246	Vvarin.	260

F I N.

Extraict du Priuilege du Roy.

PAR Grace & Priuilege du Roy, en datte du 17. de Decembre 1655. & signé par le Roy en son Conseil, PELISSON FONTANIER: Il est permis à Messire MICHEL DE MA-ROLLES Abbé de Ville-loin, de faire imprimer *Sa Vie, ou ses Memoires*, Contenant ce qu'il a vû pendant sa vie, depuis l'année 1600. iusques à present : & ce durant le temps de dix ans entiers & consecutifs, à commencer du iour que lesdits Memoires seront acheuez d'imprimer : & deffences sont faites à tous Libraires, Imprimeurs & autres, d'en vendre, ny distribuer d'autre Impression que de celle qu'il aura fait faire, ou celuy qui aura droit de luy, pendant ledit temps, sous peine de trois mille liures d'amende, & autres peines mentionnées esdites Lettres, qui sont en vertu du present Extraict, tenuës pour bien & deuëment signées.

Et ledit Sieur DE MAROLLES a cedé & transporté le Priuilege mentionné cy-dessus à ANTOINE DE SOMMAVILLE, Marchand Libraire à Paris, pour iouïr du contenu en iceluy, suiuant l'accord fait entr'eux.

Les Exemplaires ont esté fournis.

Acheué d'imprimer le 21. Auril 1657.

www.ingramcontent.com/pod-product-compliance
Lightning Source LLC
Chambersburg PA
CBHW070542160426
43199CB00014B/2337